極度專注

精準打造專屬你的最佳學習模式

F O C U S

姚建明 ——— 編著

目錄

序

人類思想史上具有永恆價值的處世智慧，包含於三大奇書之中：一是馬基維利的《君王論》（*Il Principe*），為了那些處心積慮想取得或保有王權的帝王而寫；二是孫武的《孫子兵法》，主要是為那些運籌於帷幄之中的將帥們而寫；三是葛拉西安（Baltasar Gracian）的《智慧書》（*Oráculo Manual y Arte de Prudencia*），為每一個人為人處世、安身立命而寫。

我們這本關於學習和腦科學研究的書就會按照《智慧書》的導引，為你闡述：學習需要態度、計畫與方法，學習更需要深刻地了解自己。

我們最需要告訴你的是：終身學習是我們共同的理念。

本書直接的讀者首先是青少年，是那些正在學校裡讀書的孩子們，另外的直接讀者是那些關心孩子們的師長。

本書大致分為三個部分。

第 1、2 章，我們從時間到空間、從理論到實踐，為讀者講述了「學習是一件快樂的事情」，從學習的方方面面為讀者論述「學習是一門藝術」；第 3～5 章，為讀者闡述我們提倡的「三位一理」的學習理念（體系），即學習是一個整體，學習是一個過程，學習這個體系是由學習者、學習引導者和學習媒介三者共同作用構成的，他們的共同目的就是 —— 終身學習。所以，這三章，我們分別從學習者、學習引導者和學習媒介三者的角度，為讀者探討與學習有關的問題；第

6 章是讀者「決定」的時刻，是為自己選擇適合自己的學習模式的時候。所以我們建議在讀這本書的過程中，做一些筆記，將各式各樣的學習者，不同的學習環境，各類的學習方法（模式）分別對照自己記錄下來。

怎樣突出自己學習的主題，走出自己的「主線」呢？我們一起來探討兩個問題吧：第一個問題，一個人驕傲自滿是壞事嗎？我說，不一定。當然，為自己驕傲可以；自滿，那就不對了。可是你也要想到，驕傲也是要有本錢的，也是要具備能超越別人的實力的，這些本錢、實力從哪裡來？從學習中來。還有一點「歪理」，我們說學習需要心態，保持驕傲的心態（還是不能自滿），會讓你保持學習的動力，除非你想看著別人超越自己。

可說到最終，選擇還是要自己做出的。我們的人生實際上就是由無數的選擇所構成的，每一個選擇都很關鍵，似乎都能決定我們的命運。我們並不能保證我們的每一次選擇都是正確的，但我們可以讓我們做出更多更好的選擇。最重要的，是需要我們為自己不斷地積蓄正能量。那麼正能量從哪裡來？從書中來 —— 書中自有顏如玉、書中自有黃金屋。

讓我們時時刻刻、無處不在地去學習、去讀書吧。

編者

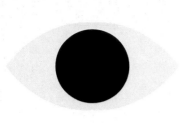

第 1 章
學習是一件快樂的事情

　　許多人做事喜歡從「三個 W」開始。從心理學角度分析，他們應該屬於那種思維縝密、做事認真、熱愛學習的人。而無論你是什麼樣的人，縝密思考、態度認真就是學習開始的第一步。

　　「三個 W」，即「Why、What、When」。針對學習來說，就是：我們為什麼學習？我們需要學習什麼？我們在什麼時間（時候）學習？我認為，這三個問題很好回答，而且似乎並不需要回答。因為，不學習就不能生存；不管學習什麼，只要你抱著認真的態度，都會是一種收穫；至於什麼時候，什麼時間學習？回答就是 ── 任何時間、任何地點，終身學習。

　　你可能會說，這樣說太籠統，太「口號」了吧？

　　所以我們還是要慢慢地、細細地討論「三個 W」。

1.1 何謂「學習」，為什麼要「學習」

> 有膽有識是成就偉大事業的基礎，它們是永不磨滅
> 的，所以也能夠讓你不朽。一個人掌握了什麼樣的知識，就
> 會成為什麼樣的人。如果真的學識淵博，任何事情都難不倒
> 他。無知的人就如同把自己困在一個沒有光明的世界裡。知
> 識和勇氣就好比人的雙眼和雙手，只有知識沒有勇氣的人，
> 是不會有所作為的。
>
> ——《智慧書》（4）

我把這章的題目表述為學習是一件快樂的事情。也就可以說，學
習是為了快樂，快樂是為了生活，快樂生活就是人生的全部意義。

1.1.1 學習是人的本能

人的學習是超越生物的本能活動之一。如幼兒學走路時，他心裡
已有了許多大人自由走來走去的活動情景，他很想知道走路的滋味，
最後終於在跌跌撞撞中走一步、兩步，直到學會跑步。

幼兒們的這種學習一直被人讚賞和羨慕，它體現了人類最本源、
最和諧的天性。他們真是隨時隨地地學習，毫無顧忌地吸取一切資
訊，不怕疼痛和失敗，反覆練習。

本質上來說，學習就是身體的條件反射和大腦記憶的結合，因此
可以把學習歸為本能，這也是生物演化的一種方式。

然而，條件反射和記憶僅僅表述了先天性學習的需求。準確地
講，我們可以把學習分解為先天性學習和後天性學習兩種。先天性學

習以生存為單一目標，身體的條件反射和對環境的適應是它的主要特徵；後天性學習以改善生存環境為目的，是透過積累、觀察、整理和歸納而進行的。所以，先天性學習屬於人和動物共有的本能，而本能是屬於先天性行為；後天性（學習）行為，是需要對事物進行邏輯分析、判斷，還需要對已掌握資料進行分析整理，所以只有高智商的人類才能做到。

1.1.2 學習是生存和適應環境的方法

動物要在後天環境中求得生存和種群延續，首先要依靠先天遺傳的種群本能行為，但這種先天本能只能適應相對固定或變化較小而緩慢的外界環境。所以動物和人為了生存下去，還必須透過學習獲得個體經驗。這種後天習得的行為經驗可適應相對迅速的變化，與先天本能相比，其意義顯然要重要得多。譬如，一隻小羊透過不斷地向羊媽媽學習，知道了哪裡可以尋找到豐富的食物，知道了怎樣躲避狼的追捕。如果小羊不學習，就不能適應不斷變化的外界環境，也就無法生存下去。

然而，學習對個體生活的作用和重要性的程度，在各種動物之間的差異很大。越高等的動物，生活的方式越複雜，本能行為的作用也越小，學習的重要性就越大。在低等動物中，習得的行為很少，獲得的速度也很慢，學習對其生活可以說不起什麼作用。例如原生生物剛出生不久，其一生中的大部分動作就已出現了，後天所需要的反應也已大都具備。它們學習的能力很低，保持經驗的時間也很短，因而學習的結果對它們生活的影響是很小的。

人是最高等的動物，生活方式極為複雜，固定不變的本能行為

最少。人類行為的絕大部分是後天習得的，學習的能力以及學習在人類個體生活中的作用也就必然是最大的。人類嬰兒與初生的動物相比，相對來說，獨立能力低，天生的適應能力也低。可以說，離開父母的養育，嬰兒是無法生存下去的。但是人類卻有動物不可比擬的學習能力，可以迅速而廣泛地透過學習適應環境，如，種植穀物，獲取糧食，靠的是學習；戰勝毒蛇猛獸等天敵，對付可怕的瘟疫，靠的也是學習。總體來看，人和自然界的其他動物如獅子、老虎甚至麻雀相比，很多方面都處於劣勢，人能夠成為萬物之靈，靠的就是學習。

　　有時候，為了向學生強調學習和智慧的重要性，我會問他們一個問題：人跑得沒有馴鹿快，力量沒有大猩猩大，人跳得沒有猴子高。那為什麼我們是哺乳動物圈裡的「領袖」呢？大家都會下意識地去指指自己的大腦。好吧，難聽的來了……是，人是憑藉高容量的大腦，才體現出比其他動物的「高貴」。可是，如果一個人不去使用他的大腦，那就只能連畜生都不如！

1.1.3 學習可以促進人的成熟

　　隨著年齡增長，人的生理和心理會逐漸成熟，但成熟並不是完全脫離環境和學習影響的純自然過程。學習對成熟的影響作用，首先得到了動物心理研究的支持。許多心理學家的實驗研究發現，動物，尤其是初生動物的環境豐富程度，可以影響其感官的發育和成熟，也會影響其大腦的重量、結構和化學成分，從而影響其智慧的發展。

　　一個具體的實驗是這樣進行的，實驗者將幼鼠分成三組：對第一組給予豐富刺激，使牠們的反應越來越複雜；讓第二組在籠中過著正常的生活；第三組與環境刺激完全隔離。八十天之後對三組幼鼠進

行解剖比較分析。結果發現，在大腦皮質的重量和密度方面，第一組最優，第三組最差；在與神經衝動的傳遞密切相關的乙醯膽鹼酯酶方面，三個組也呈現重大差異，第一組含量最豐富，第二組次之，第三組含量最少。第一組和第三組相比，在四～十週的實驗中，前者大腦皮質的重量與厚度增加，神經膠質細胞數量增加，神經突觸變大或增加，乙醯膽鹼酯酶含量更豐富且活動提高，核醣核酸和去氧核醣核酸的比例也有所改善。

關於人類學習對成熟的促進影響，兒童心理學家認為，可以透過技能的練習來促進兒童的成熟，兒童年齡漸長，自然及社會環境影響的重要性將隨之增加」。

關於對初生嬰兒眼手協調的動作訓練的實驗研究，說明了學習和訓練對成熟的促進作用。經過訓練的嬰兒，平均在 3.5 月時便能舉手抓取到面前的物體，其眼手協調的程度相當於未經訓練的 5 個月嬰兒的水準。這就說明了學習、訓練對成熟的促進作用，學習促進了潛能的表現和能力的提高。有學者的研究表明，在嬰兒出生後的四五年裡，除了營養條件外，缺乏適當的學習訓練或教育不當，也會給腦的發展帶來不利的影響。

有人研究聾啞人死後的大腦皮質，發現控制視聽器官的部位趨於萎縮；對先天盲人復明後進行測驗，發現他們眼運動不規則，難以集中注意於一點，不能精確地區分圓形和正方形。印度狼孩卡瑪拉（Kamala）回到人類社會時雖然大約已七八歲了，但智力水準僅相當於六個月的嬰兒；她死時大約十六歲，可只相當於三四歲幼兒的智力水準。所有這些研究與事實說明，早期的學習、訓練以及相應的文化環境，對人的感覺器官和大腦等有機體功能的發展是有著一定

的影響。

　　據此，對兒童的幫助，要以其成熟程度為依據，又絕不能等待成熟。應該在合適的「生長點」上將恰當的學習內容、合理的訓練方法和教育方式結合運用，促進其生理和心理的成熟。

　　人文素養和文化修養是人的成熟的標誌之一，學習可以提高人的文化修養。人類在社會歷史發展過程中創造了大量的物質文化與精神文化，特別是精神文化，如文學、藝術、教育、自然科學等方面的成果尤其需要我們透過學習去獲得，以提高自己的文化素養。缺乏一定文化素養的人不能算作真正健全的人，現代社會的新型人才必須是具有較高文化素養的人。

　　心理成熟是一個人成熟的標誌。學習可以提升人的心態。一個現代社會的新型人才，應該具備諸多方面的良好心態，如高尚的品德，超凡的氣質，敬業的精神，目標專一的性格，以及堅韌不拔的意志等等。現在常聽到：你的智商（Intelligence Quotient，IQ）要高，更重要的是你的情商（Emotional Quotient，EQ）也要高。這些都可以透過學習來達到。正如薩克萊（Thackeray）所言：「讀書能夠開導靈魂，提高和強化人格，刺激人們的美好志向，讀書能夠增長才智和陶冶心靈。」

1.1.4 學習是文明延續及發展的紐帶

　　美國著名民族學家、原始社會歷史學家摩根（Lewis H. Morgan）認為，人類社會的歷史可概括為三個時代，即蒙昧時代、野蠻時代和文明時代。在蒙昧時代，人類世代地生活在熱帶或亞熱帶的森林中，以野生果實、植物根莖為食，還有少部分棲居在樹上。隨著地

殼的變化，氣候的改變，人類不得不從樹上移居地面，學會了食用魚類、使用火、打製石器、使用弓箭、磨製簡單工具等生存的本領，世代相襲；到了野蠻時代，人類又學會了製陶術、動物的馴養繁殖和植物的種植。這一時代的後期，還學會了鐵礦的冶煉，並發明了文字，從而使人類歷史過渡到文明時代。

由此看來，人類文明的延續和發展，就如同一場規模宏大而曠日持久的接力賽：前代人透過勞動和生活獲得維持生存和發展的經驗，不斷總結，形成知識和技能，傳給後人；後輩人在學習前人經驗的基礎上，進一步豐富和提高，以適應時代與環境的變遷。如此代代傳遞，便形成了一部人類文明延續發展的歷史。

顯而易見，野蠻時代的人類如果不世代相襲地向先輩學習使用火，就只能像自己的祖先一樣過著茹毛飲血的生活；文明時代的人類如果不世代相襲地向先輩學習畜牧業和農業，也只能像自己的遠祖一樣靠現成的天然產物為食。

另外值得注意的是，由於人類文明在一定意義上存在加速發展的趨勢，所以學習活動對人類社會的影響更加明顯。

18 世紀的工業個命，以蒸汽機的出現為標誌。那時，瓦特等革新能手，透過學習，掌握物理學、機械學等知識，設計、製造、實驗，最終發明了蒸汽機；19 世紀的技術革命以電力為標誌，而這一新生產力的創造是無數人學習、創造的結晶。厄斯特發現電生磁，法拉第發現磁生電，建立電磁感應定律，馬克士威又建立電磁理論，西門子發明發電機等等，從而促使人類進入電力時代；20 世紀以電子電腦、核能、太空技術為標誌的新技術革命，又一次證明學習的巨大促進力。當前的資訊時代，我們只要考慮一下這個事實：以極便宜的

價格買到性能優良的個人電腦，自由地在網上漫遊，不出門而立知天下事，就不能不驚詫於科學技術給現實生活帶來的巨大變化，不能不心悅誠服地承認學習對人類文明與進步的重要影響。

1.1.5 推動學習的四種力量

進入 21 世紀，人類和社會的發展速度都到了「無以復加」的程度。學習對我們的影響更大、學習也變得更加重要、更加受歡迎。它們最強烈的體現在推動學習發展的「四種力量」—— 新知識、新閒暇、新失業和新個人道德。

1. 獲得新知識

知識的更新程度早就令很多人瞠目結舌了，廣播電視、網際網路、報紙雜誌都在反覆地強調。人們正在越來越快地發現前所未有的、令人震撼的事實真相。各種新鮮事一天天與日俱增。沒有人能阻止它，也沒有人能深刻領會它。

你讀過莫言先生最新的作品嗎？使木材馬上具有防水和防火功能的新型化學物質怎麼樣？在遠離亞馬遜河上游源頭處發現的石油如此豐富，甚至所有南美國家的政治都將因它而改變。如今人們在說，是震動引發了恆星的形成和分解……你願意和自己的同代人保持聯繫嗎？如果願意，就必須學得更快更多。不出一年，你就會揭開比亞里斯多德一輩子了解更多的事實真相！

2. 享受新閒暇

大量的資訊傳遞、不斷加速的交通能力、更高效率的工具，都在為我們創造出更多的「新閒暇」。我們已經對此並不陌生，甚至認為

是理所當然的現象。然而，它也變成了一件多麼令人難以理解的奢侈品！愕然、驚奇、討厭，這都是人們對「新閒暇」的態度！在休閒方面的多數問題，社會傳統都無法提供滿意答案。

　　從手工勞動者到工業巨頭和大學校長，工作日都正在縮短，假期延長了。人的智力不過才剛剛開始向文明社會滲透，而一個獨立的想法就能自動以迅雷不及掩耳之勢向整個世界瀰漫，一轉眼便能改變商業、製造業、資訊業、人類社會……許多事物威脅和破壞著社會的進步，新閒暇就是其中之一。而正是這些社會特徵，使文明人處於比原始人更高的層次。據說，「衡量文明的標準，就是放棄眼下享樂留作將來備用的能力」；但是，已經從世世代代勞動者和思想家身上得到回報的新閒暇，幾乎看不到眼前有什麼值得奮鬥的東西，因此它便停下來，沉湎於短暫的歡樂。而一輩子沉湎於這種閒暇似乎是不值得提倡的 —— 即便是對一頭豬也是如此。為了躲避這一災難，從長遠來看只有一種辦法可以解脫：必須在勤奮地工作和有益的娛樂之間，調和出自己優秀的品格，這就需要不斷地學習。

3. 應對新失業

　　第三種力量即新失業，它似乎還沒有在現代社會中整體地顯現出來。但是，新時代的來臨，使得各個產業都在發生著深遠的變革，使工程師每天都在失去工作，而他們曾經是這些領域的行家。文明的社會也帶來了「文明的」發現：要想僱用那些在工作中能充分顯示才華、欣然承擔責任、甘願付出體能的人，已經越來越難了。工業化的發展導致了所謂的「技術性失業」，而現在，我們又必須加上時代發展速度提升，導致的「發展性失業」。看看那些知名企業的招聘廣告，幾乎都有一條赫然在列 —— 有工作經驗優先考慮，怎樣才能有工作經

驗呢？什麼工作才最適合我們，或者說什麼工作才需要我們呢？所以，我們需要不斷地學習新經驗、訓練新技能，因為，我們永遠不知道，自己什麼時候會不得不去學一門新的技術。

4. 培養新的個人道德

第四種力量是新的個人道德。這聽起來有些奇怪，但它代表的東西能立即獲得你和大眾的認可。越來越「平等的」社會，意味著每個人越來越具備個性化的發展和個人道德。大眾化的「社會進步」、虛偽的愛國主義、譁眾取寵的體育金牌、只是代表「什麼的」GDP。我們總是渴望能有一批批的「社會精英」具備高尚的社會特質，這樣我們就需要相信：想真正活著的人，必須竭盡全力培養最高尚、最優秀的個性特徵。總之，要想充分發揮潛能，首先必須釐清自己的愛好和天賦。這是一個人必須做的，只有系統、願望強烈地這樣做，才能盡量鞏固你的優點。於是我們開始學習，而越來越多地渴望培養獨立個性、在某些產業領域得到最大樂趣、取得最大成就的人，正在受到知識的感化。

1.2 「學以致用」真的那麼現實嗎

　　多才多藝，擁有許多優異才能的一個人，抵得上許多人。他把生活的樂趣傳遞給朋友圈裡的人，從而豐富別人的生活。眾多優異才能給生活增添了快樂。從一切美好的事物中受益是一門偉大的藝術。既然自然讓人類濃縮了它的精華，發展至最高層次，那麼就讓藝術培養人的品味、訓練人

的才智，在他們身上創造出真正豐富多彩的微觀世界吧。

—— 《智慧書》（93）

比陸地寬闊的是大海，比大海寬闊的是天空，比天空寬闊的是人的內心世界。我們總愛說 —— 知識的海洋，你現在打開電腦，隨便找一個搜索引擎，去搜索一個你需要的知識，迎面撲來的資訊何止於海洋。所以，資訊社會的學習更注重於知識的「選擇」，而不在於知識的「積累」。我們從幾個有趣的小故事開始。

1.2.1 九則小故事

1. 三個旅行者

三個旅行者早上出門時，一個旅行者帶了一把傘，另一個旅行者拿了一根拐杖，第三個旅行者什麼也沒有拿。晚上歸來，拿傘的旅行者淋得渾身是水，拿拐杖的旅行者跌得滿身是傷，而第三個旅行者卻安然無恙。於是，前面的旅行者很納悶，問第三個旅行者：「你怎會沒有事呢？」第三個旅行者聽後笑笑說：「當大雨來時我躲著走，當路不好時我小心地走，所以我沒有被淋濕也沒有跌傷。你們的失誤就在於你們有憑藉的優勢，認為有了優勢便少了憂患。」

三個旅行者的故事告訴我們要先學習對待事物的態度。機遇總是傾向於有所準備的人，而心態的準備永遠是首要的。

2. 贏得起，也輸得起

一次殘酷的長跑角逐。參賽的有幾十人都是從各路高手中選拔出來，然而最後得獎的名額只有三個人，所以競爭特別激烈。一個選手

以一步之差落在了後面，成為第四名，他受到的責難遠比那些成績更差的選手多。「真是功虧一簣，跑成這個樣子，跟倒數第一有什麼區別？」這就是眾人的看法。這個選手若無其事地說：「雖然沒有得獎，但是在所有沒得到名次的選手中，我名列第一！」

「重在參與」？我不想說這句話，一是這也太阿 Q 了，二是人生的機遇有限，我們不能都只是「參與」。有句話說：失敗是成功之母、經驗是成功之基。我們要說鍛鍊了意志、獲得了經驗。關鍵是告訴我們：人生中，輸和贏都是需要學習的。

3. 不被接受的禮物

佛陀碰到一個不喜歡他的人。那人用盡各種方法誣衊、詆毀佛陀。最後，佛陀問那人：「若有人送你一份禮物，但你拒絕接受，那麼這份禮物屬於誰呢？」那人答：「當然屬於送禮的那個人。」佛陀笑著說：「沒錯。若我不接受你的謾罵，那你不就是在罵自己了嗎？」於是，那人摸摸鼻子走了。

只要心理健康，別人怎麼想、怎麼看都影響不了我們。若我們一味地在乎別人的想法或說法，為人處世就會失去自主性。所以，要學習如何正確地看待自己，以及正確地看待別人的評價。

4. 每秒擺一下

一枚新組裝好的小鐘放在了兩枚舊鐘當中。一枚舊鐘對小鐘說：「來吧，你也該工作了。可是我有點擔心，你走完三千二百萬次以後，恐怕便吃不消了。」

「天哪！三千二百萬次。」小鐘吃驚不已，「要我做這麼大的事？辦不到，辦不到。」

另一枚說：「別聽他胡說八道。不用害怕，你只要每秒滴答擺一下就行了。」

「天下哪有這樣簡單的事情。」小鐘將信將疑，「如果這樣，我就試試吧。」

小鐘很輕鬆地每秒鐘「滴答」擺一下。不知不覺中，一年過去了，它擺了三千二百萬次。

要學習做事，學習做「小事」，學習「一步步」地做事。

5. 為何而學

有個人老是悶悶不樂，辦公室有個新來的同事，覺得很奇怪，便問他為什麼難過。他說：「我怎麼不難過？年輕時，我的上司愛好文學，我便學寫詩、寫文章，想不到剛覺得有點小成績了，卻又換了一位愛好科學的上司。我趕緊又改學數學、研究物理，不料上司嫌我學歷太淺，不夠老成，還是不重用我。後來換了現在這位上司，我自認文武兼備，人也老成了，誰知上司喜歡青年才俊，我……我眼看年齡漸長，就要被迫退休了，一事無成，怎麼不難過？」

經常聽到某個人（同學）訴說某門功課沒有學好的理由：不喜歡那個老師，不喜歡那個課本，不喜歡……我們究竟為什麼而學習？學什麼？小目標而言是為了我們自己，學習生存的技能；大目標而言是為了社會，學習是人類知識傳承的必要方法！為了別人「高興」或者「不高興」，而學什麼、不學什麼，他首先就不具備獨立的人格。

6. 變如果為「馬上」

美國有位心理醫生，在他退休的時候經手的病例就有 3,000 多人，醫生的成就讓人欽佩。可他的所有學生們不願讓他離開，請求他

做最後一次演講。這位心理醫生沒有說太多，他說：「我們人人都是自己的醫生，只是我們太放縱。」人生最大的障礙就一句話：「如果」，人們總在說：如果時光可以倒流，我將會如何如何，如果我要不那麼做就好了，等等，根治這一疾病的處方就是把「如果」改成「下一次」，下一次我一定如何如何，下一次我會做好的。人生路很漫長，唯一沒有的路就是回頭路，我們要把上一次的挫敗當作下一次的經驗，這樣才能走出人生的輝煌！

7. 和尚過河

老和尚攜小和尚遊方，途遇一條河，見一女子正想過河，卻又不敢過。老和尚便主動背該女子趟過了河，然後放下女子，與小和尚繼續趕路。小和尚不禁一路嘀咕：「師父怎麼了？竟敢背一女子過河？」一路走，一路想，最後終於忍不住了，說：「師父，你犯戒了？怎麼背了女人？」老和尚嘆道：「我早已放下，你卻還放不下！」

君子坦蕩蕩，小人常戚戚；心胸寬廣，思想開通，遇事拿得起、放得下，才能永遠保持一種健康的心態。心靈淨化的學習尤其重要！

8. 授人以魚 / 漁 / 欲？

一位遊人旅行到鄉間，看到一位老農把餵牛的草料鏟到一間小茅屋的屋簷上，不免感到奇怪，於是就問道：「老公公，你為什麼不把餵牛的草放在地上，方便牠直接吃呢？」老農說：「這種草草質不好，我要是放在地上它就不屑一顧；但是我放到讓它勉強可以夠得著的屋簷上，它會努力去吃，直到把全部草料吃個精光。」很多人持有「便宜沒好貨」的觀點，明明是物美價廉的優質商品，如果你免費贈送給他，他可能懷疑這是假冒偽劣品。授人以魚，不如授人以漁；授人以漁，不如授人以欲。

這個故事我們聽過了不知有多少次，多少個「版本」。一直對怎樣才能授人以漁，感覺不是能很好地做到。現在的這個太好了，授人以「漁」是很難做好，但是授人以「欲」，「哄騙」別人，大家都很擅長吧？

9. 跳上月球

有個媽媽在廚房洗碗，她聽到小孩在後院蹦蹦跳跳玩耍的聲音，便對他喊道：「你在幹嘛？」小孩回答：「我要跳到月球上！」你猜媽媽怎麼說？她沒有潑冷水，罵他「小孩子不要胡說」或「趕快進來洗乾淨」之類的話，而是說：「好，不要忘記回來喔！」這個小孩後來成為第一位登陸月球的人，他就是阿姆斯壯。

人的一生一定要努力避開一種人，就是時常潑你冷水的人。「熱忱」就是一種熱情，一種對人的熱情、對事情的熱情、對學習的熱情，還有對生命的熱情。人的熱忱如果被澆熄了，真是很可惜的事。

這個故事是「編」出來的嗎？聽說，貼在哈佛圖書館的校訓，就是「編」出來的。

1.2.2 人生的起跑線

別讓孩子輸在人生的起跑線上！這句話，現在已經很少有人提了，可是，它依然是「哄騙」了很多人。

第一次聽到這句話，就讓我想發揮了一件事情：西方星占學的生辰占星術中，分有兩個派別，主要的區別就在於如何確定人的生辰時刻。一種是從「你」進入媽媽肚子開始，也就是計算受精的時刻；另一種是「你」從媽媽肚子裡出來開始，就是計算「出生」的時刻。我

想，歷世幾千年的「星占學」都不能精確地確定人生從何時開始，那某些人是如何「規定」人生的起跑線的呢？話又說回來，我們的人生有起跑線嗎？如果說有，那就應該說，人生每時每刻都是我們的起跑線；如果說沒有，那就應該說，我們是每時每刻都要跑在人生正確的道路上。

　　這樣就帶出了一個問題，我們，尤其是針對少年兒童，究竟什麼該學？什麼不該學？

　　有些人學習是因為別人都在學，有些人是因為天生喜歡，有些人是為了安身立命。孩子們是什麼都不懂的，漫長的學生時代，大多的選擇由家長作出。家長們滿懷著各種希冀，為孩子思前想後、百般操勞。他們的種種苦心，最是能讓人感動連連。然而善意不一定能結善果，在做選擇的時候，滿腔的愛是不夠的，清楚自己在做什麼、為了什麼，才能更好地達到目的。

　　那我們應該學什麼呢？孩子們應該學什麼呢？

　　首先是態度。前面的故事是不是都很值得回味？它們有一個共同的特點，就是，人生的態度決定了人生的高度。孩子們的態度怎樣培養？答案是 ── 習慣！心理學家告訴我們，人的一生中，超過90% 的時間、經歷是由習慣所支配的。行為心理學家甚至做過一項測試：大多數人的某個「習慣」，不管是好的習慣還是壞的習慣，只需經歷 26 天就可以養成。換句話說，一件事情你重複做 26 天，第 27 天你不做了，你會感覺到 ── 不習慣！所以，每當學生的家長諮詢我（尤其是小學生），孩子上學時應該注意什麼？我的回答就是培養他良好的習慣 ── 學習的習慣、生活的習慣、待人接物的習慣。具體到學習就是那三句老話：上課認真聽講，按時完成作業，認真對

待考試。

　　其次是技能。學習（教育）的首要目的是教會孩子立足社會的本事。學習不是為了找到工作，但學習了那麼多年找不到工作養不活自己，確實是大大的悲哀。學校給了孩子一方淨土，以便他們修練成才，往後在社會裡闖蕩。一個人需要有謀生的能力、與人交往的能力、自我保護的能力等，這些都是學習（教育）的任務。

　　再次是豐富的感覺。孩子們得學會感受生活。一個人活得精彩，心靈的富足很重要。美麗的圖畫，優雅的音樂，甚至是數字的規律，語言的抑揚，都能給予人美好與快樂。有些快樂是出於本能體會到的，更多的快樂卻是透過學習才懂得欣賞的。博學之人活得豐富，他們或興趣廣泛，或情有獨鍾，卻總能在所愛、所鑽研的事物裡獲得快樂。生活中的許多點滴，也需要我們有一顆善感的心。學習（教育），也要讓孩子們愛上生活，去發現人世間的美與好。

　　再者就是愛思考的頭腦。神奇的自然規律，規矩的社會法則。大到宇宙，小至水滴，都充滿了奧妙與哲理。太多的事情需要思考。思想和意識是最難以駕馭的，但它們是最珍貴的。不是每個人都要成為哲學家，但每個人，都應該有自我，都應當有自己的生活。學習（教育）給了孩子尋找自我的途徑。

　　最後是人格。能活出自己風格和人格的人是少數，可我們依然覺得學習（教育）可以發現、改變、提升一個人的人格。

　　聽起來有點玄，似乎很空洞。但時光一去不返，關於孩子的每一次選擇，都需謹慎，更應及時。分數、名次、榮譽很重要，真的很重要。如今的教育體制讓我們不得不承認這些東西的重要性。然而，一切過後，當走出校園後，真正剩下的是什麼？不會有人追究你過去風

光與否，不會有人關心你當年怎樣過關斬將，大家只能感受到眼前的你，你的性格、你的能力、你的態度、你的風度。教育不是培養答題機器、考試天才。題目只是方法，不斷地學習才是整個人生。

學習是一個複雜的過程，有明顯的學與教，也有潛移默化的教與學。知識是教不完的，也沒有教完的必要。能力和態度，才是核心。只不過這兩者過於抽象，既沒有分數予以量化，也排不出名次分不出高下，便漸漸成了形而上的託詞。其實，如果孩子開朗、健康，對生活充滿嚮往，會為了自己渴求的付出，他的學習一定是成功的，他受到的教育一定不是失敗的。

我們需要學的很多，多得天花亂墜，漸欲迷眼。然而剝去層層外衣，最本質的，也就是幾個簡單而質樸的字：學會做人。

1.2.3 多才多藝

我們這一節開頭的《智慧書》中提到：多才多藝的人，會給自己和他周圍人的生活帶來快樂。

那麼怎樣才會被稱為多才多藝呢？字面的解釋是：文武雙全、全知全能。實際上，多才多藝本身就有著很大的相對性，比如，一個小學生的眼裡，大學生的哥哥、姐姐當然是多才多藝；再有，具備多少才藝才稱得上「多」？這些個可以說都沒有定論，然而，如果你能持續地、多方位地、努力地去學習，相信你就是眾多人眼裡「多才多藝」的那個人。

「格物、致知、正心、誠意、修身、齊家、治國、平天下」，古人似乎告訴了我們多才多藝應該是一個怎樣的人。

　　數理邏輯、語言、空間感、肢體運用、音樂、個人內省和人際交流，被稱為人類的「七種智慧」。能夠完全具備其中智慧的人是少之又少，不過我們每一個人從出生開始，以下的六種技能或稱之為學習藝術，是應該學習的。

　　人類在嬰兒時期要學習肌肉運動，走來走去並觸摸周圍的物體。這就帶出了我們應該最早學習的兩種技巧（技能）：第一，學習最低身體層次的自我管理藝術；第二，學習操縱客觀物體的藝術。隨著神經系統的不斷發育，我們接下來要學習用符號（通常為語言表達）來交流。為了做到這一點，我們必須領會很複雜的抽象聯繫，而且要具有概括能力。這是我們都要學習的第三種人所特有的專門藝術。可惜，從來沒有人能完全掌握它，帶給我們的經常是措辭混亂和尷尬的局面。不過，這也促使我們去不斷地學習。

　　發展語言交流能力的同時，我們也在學習（發展）我們的人際交流能力。這是我們都要學習的第四種專門藝術。它會涉及一個人對自身的態度、話語能力和情感持續時間的控制技巧。這可以稱之為是一門運用到極致的社會工程藝術。從來沒有人能爐火純青地運用它，在這門藝術面前我們所有人都是「小兒科」、「小學生」。學習和掌握這門藝術，要涉及社會學、心理學等多方面。

　　第五種被稱為「普通的抽象聯繫藝術」，比如數學中出現的抽象關係及其在工程學中的運用方式。它們涉及對物質世界的科學思考和藝術體認的學習，會透過觀察、統計分析和嚴格控制的測試來達到學習的目的。

　　第六種也是最後一種（其實並不是最後要學習的）藝術，就是對特定藝術的學習，如詩歌、雕刻、繪畫、音樂等。此時的學習趨向於

專門化，所以並非一定人人都要掌握它。

　　不過，七種智慧也好，六種學習藝術也罷，感覺還是有一些抽象、空洞。能具體一些嗎？告訴我們最需要學習什麼？這個真的不能，或者說很難。因為，第一，學無止境；第二，人各有志；第三，每個人的主觀條件、客觀條件的差異可謂大矣！一定要說出一些什麼的話，我們可以列舉出，三種長期存在的東西和三種有益存在的東西。三種長期存在的東西：地理學、心理學、數學；三種有益存在的東西：一種體育鍛鍊方法、一門藝術、一門外語。

　　為什麼一定是這六門「功課」呢？真的不為什麼。我想它們所體現的應該是人（類）的一些共性的東西。不過，最新的腦科學研究表明，這六種「東西」的學習，能夠促進腦發育、腦健全。

　　我們總是說：「身體是革命的本錢。」是，隨著年齡增長，你會越來越體會到身體健康的重要性。起碼，你如果三天兩頭地跑醫院，你還有時間做別的事情嗎？再有，我們總是說，人需要「精、氣、神」，神清氣爽學習，效率也會提高。

　　一種鍛鍊方法，哪一種？這完全是因人、因時、因地而異，只要能達到鍛鍊身體的效果，哪怕你參加的就是大嬸們的「廣場舞」呢（但願不擾民）！一般來講，對身體鍛鍊最能造成均衡效果的運動有兩種，即游泳和爬山，它們尤其適合於想鍛鍊身體、減肥，而又怕鍛鍊過度使身體「畸形」的愛美人士。

　　鍛鍊身體的另一個問題，就是如何堅持。這真的是一個問題，怎樣才能堅持呢？三點要注意，第一，選擇一種你自己喜愛的體育項目，比如，學生選擇籃球就比較合適，一是看完 NBA，你會不由得產生到球場打球的衝動，二是打籃球很容易找到志向相投的「玩

伴」。如果能組織起一支自己的球隊，如果還能經常戰而勝之，相信就能堅持下去；第二，參加一項「最」適合自己的，這裡的「最」我們指的是你的主觀和客觀條件。如果你就住在山腳下或者大海邊，你最應該堅持的鍛鍊方式不就很清楚了嗎？第三，人都是有從眾心理的，尤其是男人。所以，你可以去參加某一個健身俱樂部、某支球隊、某一個團體，讓自己的集體榮譽感產生效應。

學習（掌握）一門藝術，廣義地來看，可以開發個人的學習潛能。即便是為了即時可行的目的，也可以掌握一種自娛自樂，甚至表現自我能力的一種方法。教育家為我們總結了藝術教育會給人們帶來的 10 大好處。

（1）想像力和創意的開發：藝術的表現形式開朗奔放，藝術教育鼓勵人勇於創新，學習以不同的角度思考和做事，想法不受傳統束縛，適應激烈轉變的社會和智慧型經濟體系的人才需求。

（2）提高毅力和解難能力：藝術能提高人的毅力，人們在學習藝術時會不斷地嘗試新的方法以達成目標。

（3）專注力的培養：藝術創作對人有很強的吸引力，在色彩和不同材質的引導下，會慢慢培養出專注力。

（4）延遲滿足的能力：藝術創作需要一個或長或短的過程，我們在過程中看見自己的作品一步步地走向完美，從中學習到延遲滿足的耐性，而非要求什麼都要立刻取得。

（5）與社會溝通互動的能力：藝術創作鼓勵交流，共同創作，同時強化人的表達能力，利於培養我們在社會上與其他人溝通和互動的能力。

（6）達成目標能力：所有藝術和手工藝的創作過程都能夠促進我們達成目標的能力，學會不半途而廢。

（7）計畫性：繪畫藝術裡運用到大量幾何、對稱圖形的運用；形體藝術講究全身心的協調合作；表演藝術提高我們對自我和環境的協調、掌控能力。都會有效地提高我們的邏輯思維能力和條理性等。

（8）自我表達：藝術作品是人們表達自己情感體驗與生活經歷的最直接的途徑之一，創作過程是利用非語言性的工具，把自己對周圍事物的感知，還有潛意識內被壓抑的感情與衝突全部都呈現出來。

（9）開闊的視野：藝術開放自由的特色，讓我們勇於面對評判，接受別人的意見，利於建立開闊的視野。

（10）自我形象的建立：在藝術的領域裡好與壞的界限很模糊，創作的成果能夠幫助我們建立自信，更好地認識自我。

學習一門外語帶來的好處，更加顯而易見了。就拿英語來說吧（據說，掌握了一門外語，再去學另一門就相當容易），考試、求職、升遷、旅遊都少不了它。粗略來看，起碼有五大好處。

1. 知識和資訊通道

當今社會，最明顯的體現在以下的三個方面。

（1）網際網路

大部分的網頁都是使用英語。每天都在傳播著無限的資訊，其中一些要求讀者會英語才能理解。熟練的英語可以讓你與來自世界各地的人在聊天室裡交談，寄郵件和享受其他服務。

（2）新聞

我們收聽到的國際新聞一般都是用英語廣播的，比如 CNN 和

BBC，其每天的更新速度比地方新聞還要快。如果你懂英語，那麼就可以迅速掌握瞬息萬變的世界。同樣地，世界上很多國際性報紙也是用英語來書寫的。

(3) 科技

幾乎 90% 的科技期刊都是用英語撰寫的。因此，如果你想了解現在的科技世界，先把英語學好吧。對於精通產業英語的專家們而言，能夠和全球的同行無障礙交流領域知識將是多麼有益。

2. 職業

外語能力和職業的關係，下面的兩個方面相信大家都有體會。

(1) 提升你的職業生涯

如果你想在商界一展拳腳，英語絕對是一件制勝法寶。我們都要與那些說英語的國家互通貿易，因此英語也作為一種通用語言而被大部分國家使用。墨西哥的工程師透過英語從他的韓國朋友那裡得到了技術幫助，這種事情現在已經很普遍了。如果你精通英語，那麼你就可以從美國的技術人員和專家那裡得到對公司有益的支持。你也可以與那些把英語作為商業語言的國家做生意。現在很多公司都把員工的英語水準作為起薪標準。

(2) 求職

英語能幫助你獲得很多來自全世界的好工作。同時，如果你擅長英語，在你自己的國家裡找工作並不是一件難事。擁有雙語技能會讓你的履歷看起來更有吸引力。如果你能說一口漂亮的英語並且讀寫能力很強，你獲得工作機會的機率將會比別人大很多。

3. 娛樂

英語很好，起碼可以欣賞「原版」的美劇吧？

(1) 書籍

懂英語的人可以看美國人寫的書，英國、澳洲、紐西蘭等國人寫的書，根本不需要翻譯直接就可以享受原汁原味的文化。很多經典小說也是用英語寫的，比如莎士比亞的著作。

(2) 雜誌

世界上一些著名的雜誌，比如 *Time* 和 *Cosmopolitan* 都是用英語出版的。

(3) 電影

看原版英文電影不需要看字幕了。很多好萊塢電影的名字和英語電影對白經過本國語言翻譯以後都失去了它原有的味道。這也是為什麼總是好萊塢大片獲得奧斯卡大獎的原因，電影英語也是一門藝術。

(4) 音樂

學會了英語，你就可以理解那些你喜歡的英語歌曲到底在唱些什麼。美國和英國的音樂是世界上最流行的音樂了，一些音樂家們還是想透過歌詞來表達思想，而不僅僅是音律本身。

4. 旅行

學會英語以後，你就可以去那些說英語的國家旅行了，比如美國、加拿大、英國和澳洲。當然，你也可以用英語跟歐洲和亞洲以及全世界國家的人們進行交流。全世界有一百多個國家說英語，在有些國家英語還是唯一的交流語言。能夠說英語，問路就不再是一件難事了。另外，去一個陌生的國家旅行，旅行手冊能幫你大忙，但是，旅

行手冊大多是用英語寫的。如果你能聽得懂別人說的話，理解周圍發生的事情，那麼你的旅行將會更有收穫。有什麼比在一家高雅餐廳裡看不懂菜單裡的牛排更令人覺得尷尬呢？

5. 個人滿足感

學會一門語言的確使人感覺有滿足感。直接看英文電影、英文小說本身就是一種「自我陶醉」。如果一位來旅遊的英語國家朋友需要你的幫助，然後你用英語準確地告訴他一些重要資訊，這些難道不令人覺得高興嗎？告訴你的朋友你正在聽的一首英文歌講述的內容，不也是一件快樂的事嗎？

在一個英語國家旅行時，能夠用英語無障礙交流會讓人覺得滿足。當你結束一段談話，瀟灑地離開並對自己說「他說什麼我都知道」，這個時候你會覺得自己是多麼帥氣！

如果告訴你，在校大學生中，有超過三分之一的人是「路痴」，你會感到吃驚嗎？很不幸，這是事實。我開設天文知識基礎的選修課已經 12 年了，每個學期的學生都過百。每個學期最少有 2、3 次我要帶他們去「辨認星空、熟悉星座」。當我說到太陽、星星的東升西落時，總是有人在問：「老師，哪邊是東？」最初我的感覺是，你好皮，這個時候和老帥開玩笑；然而，可悲的是，他（她）是真的不知道……我只能說，麻煩你早點起床，去看看太陽從哪裡升起，那裡就是東……

地理學的重要性很容易被大眾忽視，實際上，我們留意一句話，你就能明白我們大家都應該學習、學好地理學。記得那句話吧 ——一方水土，養一方人。這就是說的地理，由此延展開來的，就是人文，就是社會，就是人生。

　　而地理學並不是簡單的辨識方向，它包含了整個的地球科學。相信人們對「2012 年世界末日」還記憶猶新吧。如果你了解地球，熟知地理學，你就不會相信（或者是將信將疑）那些騙人的把戲。地理學能夠讓你了解地球，地理學能夠讓你了解世界，地理學還能夠讓你了解身邊的東西 —— 為什麼你身邊的水土養育了你這樣的人，地理學還能讓你成為「博學之士」，有句話不是說「上知天文、下知地理」嗎！

　　如果說地理學讓我們認識地球、大自然。那麼心理學就會帶領我們去認識人類。許多人都忽視了一個事實，那就是心理學研究的東西，是人類學研究中最重要的一部分。實際上，從普通的意義和範圍上講，學習心理學幾乎不需要人來鼓勵。所有人都習慣性的懺悔自己的罪過，懺悔自己對人性無知的罪過。由於覺得深刻理解人性太有現實意義，因此他們寧願去忍受痛苦。因此而帶來的盲點就是：他們認為學懂了心理學就了解了世界，認為就解決了一件相當長久、相當絕對的事情。是的，只要地球和人類繼續存在，人就必須和人相處。因此，學習人的藝術，要作為一件永恆且必不可少的藝術加以學習，而不是一勞永逸。

　　心理學能夠告訴我們的，要比它表面讓我們看到的東西多得多。生活中，許多的誤解、野蠻行為和剛愎自用都是出於人們對個性研究的無知和自我的愚昧。你也許透過記憶能夠掌握玩撲克牌的遊戲規則，卻仍然玩不好，這是因為你不能摸清對手千變萬化的個人伎倆和出牌習慣。你也許熟知各種禮節，知道什麼時候鞠躬、握手、打手勢，怎樣使用筷子、刀叉和勺子，卻仍然給那些在社交場合遇到的人留下不好的印象，因為你沒有很好地了解這個人的癖好以及與他們打

交道的方式。

你也許熟知法律和各項有關條文，可還是打不贏一場官司；你也許對政府行為理論方面的知識耳熟能詳，但是，當你成為行政長官時，你卻不能做到令行禁止。一切都由於你沒有能深入地研究人，從而懂得這樣一個事實：說到底，許多人僅僅是想透過控制個人來控制群眾，然而，只有控制人的內心世界，才能真正控制個人，對人的控制，從來都不是從外部世界開始的。

我們每天遇到的，並不是人類學中概括的人性，而是社會中處處存在的個性，是具體到每一個人，每一句話，每一個心理活動和行為表情的東西。所以有人預言，就像我們這一代人在學習地理學、數學方面遠遠超過我們的先輩一樣，我們的後輩，在對個性的學習方面會大大地超越我們。

數學的定義和作用相信大家都很清楚，我們就不需要再總結了。但是，有幾句「口號」性的話語我們還是要提，以提醒你對數學的注意。

我們的文明首先以數學為基礎。基礎數學的知識與運用是個人與團體生活中不可或缺的一部分。其基本概念的精練早在古埃及、美索不達米亞及古印度內的古代數學文本內便可觀見。

一切有關人性的知識都是數學。

一切產業知識都是數學。

現代社會的方方面面都是數字、統計、規劃、數學。

蘇格拉底說：任何問題都能轉化為哲學問題，任何哲學問題都能轉化為數學問題。

高斯說：數學是科學的皇后。

中國關於命理的說法自古有天數、定數、易數、變數。

中國一切文化的起源太極或者說無極，指的就是一種數量關係：無極生太極，太極生兩儀，兩儀生四象，四象生八卦，如此推演組合，繁衍宇宙萬物。

1.2.4 事實、習慣和態度

有的時候我會對朋友說：我寧願去啃一本厚厚的書，也不願意去了解一個簡單的人。人是一種太複雜的動物，人的需求那就更複雜了。不過，針對學習、學習什麼本身，有一個人類通行的東西，就是不管你想學什麼，不論你的學習興趣何在，我們都要從三樣東西學起，那就是：事實、習慣和態度。

事實必須先學，因為不首先了解世界，不了解世界運轉的原則、世態的沉浮與變遷，誰也不知道哪種習慣和態度更合理。無數個世紀以來，學校一直將教學任務集中於講解事實上 —— 這是對的！因為人們透過了解世界、適應世界，從而形成自己的習慣。正如蘇格拉底所想，知識並非美德；但是，知識卻能讓許多高尚純潔的行為產生，這不過是人渴望與人和諧相處的結果，至於態度 —— 在怎樣樹立正確的學習態度方面，一直是一個很重要的問題，所有人都如此！

因此，關於學習的藝術（方法）也許我們可以從另一個角度進行細分。既存在學習事實的專門藝術（方法），也存在學習習慣，學習態度的藝術（方法）。每一種學習都要求採取適合自身的獨特方法。這種方法就是某種特殊的途徑、特定的分析、獨特的實踐模式。在具

體學習時，必須優先地把這些方法清晰地整理、剝離出來。

我們這本書，本質上就是對學習方法、學習模式的探討。細心的讀者可能注意到，從開篇一直到現在，我們才剛剛簡略地談到了學習方法。一直是用大量的篇幅講述知識和態度，我們不是偏離了主題，而是因為，太多的人只注重學習方法、學習模式，認為找到了學習的捷徑。而我們要說，相對於學習方法、學習模式，了解事實和端正態度是永遠需要先行的！而且，學習方法、學習模式從某種意義上說，也是一種習慣。

1.3 「見縫插針」、「每時每刻」、「終身學習」

> 聰明且勤奮。勤奮可加快實現你反覆考慮過的計畫。蠢人常因匆忙而失敗，他們無法掌握要領，行事缺乏準備。而智者則不然，他們常因拖延而失敗，他們深謀遠慮，再三斟酌，這種耽擱往往讓他們無法及時作出正確判斷。但是，做事敏捷就是好運之母。講求效率，事不隔夜，可成就良多。「忙裡偷閒，緩中帶急」，確是金玉良言。
>
> ──《智慧書》（53）

什麼時間學習，我們說過了，這不是一個問題。我們並不是只能在專門的「學習時間」才能學習。所以，我們這裡應該討論的是：什麼時間的學習效果最佳、怎樣利用每天不連貫的學習時間、怎樣和我們大腦的時間週期合拍，以及怎樣堅持不懈地貫徹學習？

最終你會發現，把握學習的時間，還是態度的問題。

1.3.1 什麼時間學習效率最高

　　說到效率，我們就應該清楚地認識到任何事物都存在它本身的週期性。春夏秋冬、月圓月缺、日升日落是大自然中最明顯的週期性變化，我們生活周邊小的環境週期、我們自己本身的生理週期等，都在影響著我們的生活和學習。而且，它們還會相互影響。充分地認識到我們學習的環境週期、身體和心理週期，學習效果肯定是會「事半功倍」。

　　最新的人體科學研究也告訴我們：第一，人的生理機能，尤其是腦功能還遠遠未被開發；第二，我們的學習，包含有意識的學習和無意識的學習兩種，而我們接觸和掌握的知識中的絕大部分，是透過無意識學習獲得的；第三，人類的學習是一種「全腦」的學習，但其中大腦也會存在一些「偏好」，也就是針對某一些學習內容，大腦的某些部位、某些機能會參與（運用）的更多。這樣就似乎在告訴我們，首先，常態化的學習並不會造成腦疲勞，腦的功能開發是無止境的；第四，大腦是始終處於「開啟」狀態的，我們可以隨時輸入資訊；第五，大腦也可以「輪休」。比如，解開一道很難的數學問題之後，我們可以繪畫；背誦了一段課文之後，我們可以欣賞一會莫扎特的樂曲，或者有些專家告訴我們，某些事情也可以同時進行，因為我們的大腦無論是輸入還是加工資訊，都是多通道、全方位的。

1. 大腦的「運行」週期，和一天中四個學習的高潮期

　　可無論怎樣，太陽下山了，鳥兒也會歸巢，我們也會「想睡」。大多數神經學專家也都同意，我們的大腦遠不是學習的機器，它更像是一大片生機勃發的叢林，每時每刻都在受生理時鐘的影響。

　　最明顯的是 24 小時的太陽週期，也有研究表明，人類的生理時鐘更接近於 25 小時的月亮週期。也就是說，如果你真的找到了你每天學習的最佳時間點，那要記住：這個時間點，你要每天向前「跳動」一小時。

　　我們的大腦在運行時，存在兩個明顯的學習週期。第一個是高低精力週期，第二個是放鬆緊張週期，它們分開或者共同顯著地影響著我們的學習與知覺。學習者常常在上午後半段和黃昏時精力集中，而在下午中後段比較悲觀。我們的思維在一定的低時間段裡會莫名其妙、不切實際地消極，而在週期的高時間段裡會表現積極。這些腦運行模式或「學習規律」似乎與眾多的腦研究者所描述的晝夜規律一致。

　　但是，它們也存在有個性的差異。比如，內向性格的人認為，他們在一天前三分之二的時間裡緊張度更高、效率更好；而外向性格的人則認為，他們的「良好時間」是在一天的後三分之二時間段。不過，專家的研究也提示我們，透過改變睡眠、練習、控制飲食和調節暴露在陽光下的時間，可以改變這些規律。

　　生理學研究認為，一天之內有 4 個學習的高效期：如果你使用得當，可以輕鬆自如地掌握、消化、鞏固知識。

　　清晨起床後，大腦經過一夜的休息，消除了前一天的疲勞，腦神經處於活躍狀態，沒有新的記憶干擾，此刻大腦的認知、記憶都會很清晰，學習一些難記憶的東西較為適宜，如記憶單字、定義、事件等。你會發現即使「強記」不住，大聲唸上幾遍，記熟的可能性也高於其他時間，這是第一個記憶高潮。

　　上午八點至十點，是第二個學習（記憶）高效期，體內腎上腺等

激素分泌旺盛，精力充沛，大腦具有嚴謹而周密的思考、認知和處理能力，此刻是攻克難題的大好時機。

第三個學習（記憶）高效期，是下午六點至八點，這是用腦的最佳時刻，不少人利用這段時間來回顧、複習全天學過的東西，加深印象，分門別類，歸納整理。也是整理筆記的黃金時機。

入睡前一小時，是學習與記憶的第四個高潮期，利用這段時間來加深印象，特別對一些難以記憶的東西加以複習，會不易遺忘。

當然，學習的時間規律，對於不同的人來說，理應是不同的。我們應該有自己獨特的學習時間規律和習慣。但是，作為人類共性的東西還是可供我們借鑑。為提高學習效率，要善於發現並充分利用自己獨特的最佳時間段，同時，要養成在固定的時間進行學習的習慣。

2. 生理時鐘可以改變我們的記憶和認知

從人體內部的生理變化來看，人體在一天中，礦物質、維生素、葡萄糖和激素濃度的變化程度高達 500%。它當然會深深地影響我們腦的效能和學習效率。這一點我們很容易理解，比如說，人生病了要吃藥，醫生就會告訴你什麼時間吃什麼藥、怎樣吃。據說，最佳服藥時間是在白天血壓規律峰值之前兩小時，服藥量可以比血壓降至低點時減少三分之一，幾乎是「事半功倍」。學習也是如此，每個人也有自己身體的生理（生化）規律或「時鐘規律」。是不是在效能峰值時操作與學習，不僅能影響到你做什麼，還能影響到你做得好不好。就記憶而言，一般來說，我們的短時（表層）記憶在早晨最好，下午效率最低，而長時（深層）記憶則相反，一般是下午最好。

在一天之中，我們的體力和注意力會時高時低，大腦也是一樣。

大腦的一個關鍵的時間週期之一約是 90 分鐘。我們的大腦在低週期段時，收到的訊號是「沉住氣，我需要休息、整理」。所以，我們不妨身體（整體）也休息、整理個 5 到 10 分鐘。而且，大腦的這個 90 分鐘週期是左、右半腦交替興奮的，這也提醒我們，在安排學習時要注意類似語言的學習和分析推理類的學習應該要交替進行。有研究指出，一般人的學習規律具有以下的時間架構：

· 上午 9 時至 11 時，大腦完成短時記憶的有效性要超出平均值 15%；

· 上午 9 時到中午 12 時，具有最佳學習效率的學習任務是機械學習、拼寫、問題解決、測驗複習、撰寫報告、數學、理論和科學；

· 中午 12 時至下午 2 時最適合運動、文書工作、操作、音樂、電腦工作、唱歌和藝術；

· 下午 2 時到 5 時，最適合學習文學與歷史，以及運動、音樂、戲劇和手工熟練任務。

當然，有些人屬於早起的「布穀鳥」，而另一些人屬於晚睡的「夜貓子」，學習者的最佳學習時間存在著 2 到 4 小時的變化。

3. 最好的學習狀態 —— flow（暢快）

根本上來說，我們的大腦並不是為了學習而生的，它是為了人體本身「應付」生存而存在的。也就是說，大腦的第一作用是為身體預警、示警，然後打開身體的訊號傳遞系統去解決生存中所遇到的問題。或者這樣說吧，你對大腦的刺激「過度」，它就會認為它的主人 —— 我們的身體出現了生存危機，它所啟動的就是一系列的「緊急」措施；而如果你不去刺激你的大腦，它當然不會高效率地工作，

它會「休眠」以節約能源。而這些都不能夠使我們的大腦處於最佳的學習狀態。那麼，大腦更喜歡在什麼樣的狀況下工作呢？

　　研究表明，大腦／邊緣結構的刺激和抑制，是獲得好的學習效果的關鍵。積極的、建設性的學習氣氛可以減少大腦的「警覺度」，使得大腦甚至整個人體都處於放鬆狀態。這在生理學方面與刺激 5 — 羥色胺（促使人體精力旺盛）系統和壓抑兒茶酚胺（控制人體的應激激素）系統緊密關聯。

　　對於大腦和人體來說，最好的學習狀態我們稱之為 flow（暢快）。可以說，這是一種「迷失」狀態，處於這種狀態時，所有的自我意識和對於時間的知覺都逐漸消失，剩下的只是純粹快樂地痴迷於經歷本身。兒童、青少年和選手比普通成年人更會經常地發現自己處於這種狀態之中。當你的技能、注意、環境、意志和時間節點都一致時，這種 flow 狀態就更可能出現。而就學習而言，當你面對的挑戰和你的掌握處於同樣水準時，這種狀態最容易出現。

　　一般認為，當挑戰比你的能力更強時，你會產生焦慮；當你的能力超過挑戰時，產生的是厭倦；而當挑戰和能力相匹配時，會產生有力的撞擊 —— 你會獲得驚人的成功！記住這樣的時刻，讓自己明白自己怎樣才能進入 flow 的狀態，那你進入最佳的學習狀態就會很容易。下面的一些建議，應該有助於你進入 flow 狀態：

　　（1）不太簡單也不太難的教科書，但要真正具有挑戰性（最好是學習者自己挑選的，以便於和個人相關聯）；

　　（2）低到適當的刺激，總體放鬆（這並不意味著沒有緊張）；

　　（3）沉浸於專注學習和做事的「單一」狀態（而不是自我意識或

處於低評價層面上）；

（4）好奇和期待（當學習者對於特定學科、特定事件發生興趣時，最容易在此基礎上產生注意，刺激最好的學習狀態）；

（5）迷惘（只是短暫的、不連續的，可能會是一個觸動 flow 開關的因素）。

4. 大腦需要「整理」和休息

要求學習者長時間集中注意將會事與願違，因為許多的學習任務需要大腦進行有意識的加工，必須經歷大腦中深刻的內部加工才能獲得「意義」。這種在每一新學習經歷之後的「停工時間」也是大腦在強化記憶中「刻印」的時間。

明白了這個道埋，我們就可以將間歇休息結構化，也就是有意識地安排諸如分散活動、內容停頓或其他學習的替代，可以進行同伴學習、繪製學習「心智圖」或進行實體的項目工作。更可以深呼吸或做一些有利於身體和大腦放鬆的活動以保持精力旺盛。我們從各種器官接收的資訊每秒鐘何止千萬，它們刺激神經並促使大腦對其加工，為了整合、處理數據，學習者必須集中注意力，如果從外部持續輸入的資訊超過某一個量值，我們的大腦會下意識地轉移注意，以便於處理已輸入的資訊。所以，此時我們應該做的是停下來，讓腦筋休整一下，實際上，往往是在這個時候許多最好的想法會「突然跳出來」，讓我們靈機一動，我們把這種時間稱之為「深入學習」或「創造時間」。

根據教科書的不同，這種停頓、加工的時間和方式也不同。主要是考慮兩個變量，一是教科書的新穎性和複雜性，高度複雜和新穎性

意味著需要更多的加工時間；二是學習者的背景知識，所學知識的低背景當然意味著需要更多的時間（圖 1.1）。

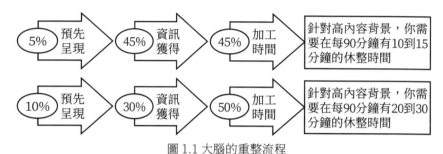

圖 1.1 大腦的重整流程

　　而且，我們的大腦還需要進行適當的深度休息。當我們（大腦）處於比較低級別的學習狀態時，會更容易出現疲勞，學習效率低下。

　　促使大腦出現疲勞的原因很多，生活中的高緊張狀態、焦慮的情緒和長期處於某種威脅之中時，最容易產生腦疲勞，也就不適合學習。一個常常被人忽略的問題就是：睡眠的缺失會大大造成腦疲勞，人在睡眠時，我們的大腦也在休息，而且，它是我們最需要的一種深度生理的休息 —— 就像是「死去」那種。至於多少睡眠時間是我們所需要的，這個是因人而異的，最重要的是你的睡眠最好能進入 REM（快速動眼期睡眠），這樣的睡眠使得大腦有「整理內務」的時間 —— 重構通路，清除不相干的心理碎片、加工情感事件等。這很像是你的電腦在「清理桌面」，刪除不必要的資訊，讓電腦（大腦）變得更快、更加有效。你可能也會說，古人不也有「頭懸梁、錐刺股」嗎？那不是在剝奪睡眠時間嗎？似乎也有效果？好吧，我們可以告訴你，睡眠時間短的學習者，在要求機械記憶的學習環節裡表現得較好；但是在要求耐力、創造性和高水準問題解決的情況下，睡眠時間長的學習者要有優勢得多。

5. 性別與學習週期

依據身體激素對腦的影響的研究，女性的月經週期可以影響該月的學習效率（圖 1.2）。較濃的雌激素似乎能夠轉化成較好的語言和好的運動技能。

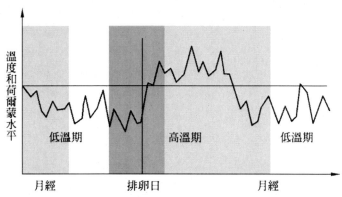

圖 1.2 女性的體溫變化和月經週期，研究表明它們與身體激素變化和學習注意能力呈「正相關」

雌激素可以促使腦細胞更活躍，增加身體的敏感意識和腦的靈活性。在前半個月經週期裡（14 或 15 天），女性的學習會變得更有效，因為當身體充滿這種荷爾蒙時，腦會經歷愉快、性喚起、生存狀況良好、具有熱情和強烈的自尊感，帶來良好的注意和記憶能力；然而在後半個月經週期，黃體素會隨雌激素一起出現。黃體素能使腦對血流、氧和葡萄糖的需求減少，產生遲鈍和無動機行為，它也負責安靜與接納的感覺。尤其是在月經前的最後 5 天，雌激素和葡萄糖水準都下降，沒有有效的雌激素以促使生存狀況良好感，沒有葡萄糖以平靜焦慮不安的情緒，學習會受到負面的影響。

有趣的是，研究發現男性也有類似女性的荷爾蒙週期性的變化。

也就是說，無論是男性還是女性，感覺某一週學習好像是處於高操作水準，而下一週卻「腦子死了」，並非不正常。不過，這樣的一週裡，會給你帶來較強的空間感應能力和音樂欣賞能力。還有，與女性同居的男性，會顯示出與同居夥伴月經週期同步的體溫週期，就像女性的荷爾蒙漲落一樣，也會影響到他的性能力、注意力、免疫力和學習效率。

1.3.2 「見縫插針」、「每時每刻」

合理的學習，科學的用腦，是我們學習的最終目的和最好的方法。我們反對頭懸梁、錐刺股，可是，在某些必要的時段，必要的場合，我們也需要具備強迫自己進入學習狀態的能力。但是，最根本的還是要學會利用時間。比如，時間的合理分配；在有限的時間裡拿出我們最好的學習狀態；以及，鍛鍊身體、磨練性格，使我們能夠更有效率地學習、工作。

1. 強迫自己進入學習狀態

手頭的工作必須完成；明天就要考試了，各種原因造成自己沒有太多的時間準備；馬上就要開始教授一門新課，自己似乎還沒有絕對的把握等。我們知道應該絕對避免出現這樣的狀態，可是，各種原因、各種的條件不具備，我們還能怎麼辦呢？亡羊補牢吧，利用自己手頭的時間，使用一切合理的方法讓自己清醒，讓大腦處於高度靈敏狀態；實在不行，現代版的頭懸梁、錐刺股你可以試試？這裡我們為你提供一些盡快集中注意力的方法。

(1) 設定積極的目標、運用心理的力量

第一點的含義是什麼？就是當你設定了一個要自覺提高注意力和專心能力的目標時，你就會發現，自己能在非常短的時間內，集中注意力並做到專心致志。

(2) 相信自己的自制力、培養對專心特質的興趣

相信自己具備足夠自我控制的能力，不受自己和他人的不良暗示干擾。平時多做一些短時間集中注意力的訓練。找到一些讓自己迅速進入狀態的獨特方法（適合你自己的）。

(3) 善於排除外界干擾

要在排除干擾中訓練排除干擾的能力，這是可以做到的。

(4) 善於排除內心的干擾

在這裡要排除的不是環境的干擾，而是內心的干擾。排除一種騷動、一種干擾自己的情緒活動、一種與學習不相關的興奮等。這個時候，首先要讓身體進入狀態，再逐漸帶領自己整體進入狀態。

(5) 節奏分明地處理學習與休息的關係

張弛有道。永遠不要熬很長時間，善於在短時間內一下把注意力集中，高效率地學習。站如松、坐如鐘、行如風，也同樣針對學習狀態。

(6) 空間清靜

你開始學習，一坐在那裡，書桌上與此無關的全部東西清理乾淨，大腦中不相干的內容置之腦外，才能達到高效率。

(7) 對感官的全部清理、訓練

我們清理了自己的書桌，順帶還可以清理我們的視覺、聽覺、感覺等方方面面的東西。平時這種感覺上的專心訓練也是進行注意力訓練的有用的技術方法。

(8) 不在難點上停留

也許這個難點只是暫時的，只要逐漸深入的、連續的學習就能夠克服。如果不太影響理解後面學習內容的東西，可以先放一放，但是內心裡是要時刻留意的。

還可以注意一些小細節、小方法。比如：冷水洗臉、站起來做做體操、為自己做一局部按摩；同時告訴自己，我做得到！我有能力，有毅力；還有，如果任務無法完成，那就死定了！

2. 充分利用時間，讓大腦「左右逢源」

(1) 掌握學習的最佳時間

要學會利用時間，首先要學會「在最合適的時間，做最合適的事情」。我們前面向大家介紹過大腦的最佳學習時間，熟悉它們。關鍵是，最佳的學習時間針對每一個人是有差異的，這就需要你花一點時間和精力，找尋、總結一下自己的最佳時間，加分合理應用，才能事半功倍。

(2) 把學習時間「量化」

假設這個學期你有 7 門課程要學，你可以根據自己的實際情況製作一個表格，針對自己的相關情況「量化地」表達。具體來說，就是讓 7 門課程「排隊」，根據它們排隊的情況，安排自己的學習時間。比如：

A—數學、B—外語、C—國文、D—社會、E—自然、F—美術、G—電腦，然後我們可以設計影響自己學習時間的相關因素，如：重要性、喜好程度、強弱度（是否自己的強項）和緊迫度（考試的難度或距離考試的時間等）等。最後按照1～7的順序量化，列出表格（表1.1）綜合考慮。

表 1.1 學習時間「量化」安排表

課程	代碼	喜好程度	重要程度	強弱性	緊急程度	綜合分數
數學	A	1	2	1	1	5
外語	B	4	1	6	1	12
國文	C	6	3	7	1	17
社會	D	7	6	4	1	18
自然	E	3	4	3	1	11
美術	F	5	7	2	2	16
電腦	G	2	5	5	2	14

表 1.1 當中，緊迫度是按照是否需要考試而排名的。現在看來，數學的研讀時間要長一點，而社會的時間就要相對分配得少一點了。

(3) 學習項目的系統組合

不管人類大腦是否具有左、右分類的特點，我們每個人在學習時都是有所偏好的。比如說，學習物理學會讓許多人頭痛，而上美術課對某些人來說就像是玩一樣。我們就可以利用我們的個人特點，做一些學習的組合。可以先算一個小時的數學，然後完成一幅美術作品；也可以背誦幾十個英文單字之後，抄寫課文；還可以計算完物理之後，唱一下歌，或者乾脆就出去走走。總之，始終讓自己保持一種良好的心態和學習狀態。也是在合理和科學地利用我們的大腦。

(4) 瑣碎時間，用來做瑣碎的事情

關於利用時間，曾有一個極妙的比喻：使用時間就像打包貨物一樣，任何一個小空隙都不要放過。

生活中有許多瑣碎的事情要做，比如削鉛筆、整理房間、收拾書包等，這些瑣事占用的時間雖然不多，但累積在一塊也是相當可觀的。如果把這些事情都擠在一起做，必定會占用大塊的時間，影響學習。解決的辦法就是：利用瑣碎時間，分別完成。比如，利用學習間隙的休息時間削削鉛筆、整理一下書桌等，不僅不會占用正常的學習時間，而且，由於在做這些事時，大腦得到了良好的休息，將會使之在接下來的連續學習中取得更好的效果。

(5) 適度「浪費」是為了更好地利用

有的人從早到晚地學習，除了吃飯睡覺的時間，幾乎不離書桌半步。這種方法看似十分珍惜時間，實際上，這些人的學習效率還不如那些經常到室外蹦蹦跳跳的人們。因為再聰明的大腦也會有疲倦的時候，只有依據大腦的生理規律充分的調整和休息之後，才能保持旺盛的精力，開足馬力，高效地學習。因此，不妨適當地「浪費」一些時間，到室外去活動活動，這樣不僅能提高學習的效率，也充分地利用了時間。

3. 狀態化、模式化學習能迅速見效

這裡所說的狀態化、模式化的學習，就是讓自己進入某一個特設的學習環境，利用一個特定的時間段，專做某事。這個思路是受到我的一位同學的啟發，當時他正在準備 TOEFL 考試，本來是一個賴床的傢伙，可是在考試之前的一個月，他是每天定時起床、梳洗準備、

吃早餐，到考試的時間一定會坐在書桌前，按照 TOEFL 考試的程序一步步地做下來（做一回模擬試題）。結果他理所當然地取得了優異的成績。因為，他的準備可以說是全方位的：身體的、心理的、模式的，使得他完全適應了考試環境，或者說，到了那個點，他、他的身體、他的大腦，就都明白去做什麼，該做什麼。

我們的大腦對長效記憶是更有效的，這就是「習慣」支配了你。所以，程序化、模式化的學習環境更容易在短期收到明顯效果。

1.3.3「題外話」會帶來額外的效率

我是兒子學校家長會的委員，很難得的，因為全校 2,000 多名學生，只有 6 個委員。難得的不在於人數少，而是說除去我之外，其他的 5 個人都是政府官員。我曾經就此問題問過校長，她的回答是，你本人是老師，我們希望你可以成為學校和家長之間溝通的特殊的橋梁，所以我經常遇到家長們的諮詢。問題最多的，還不是小孩子如何帶、如何讓小孩子讀書；而最多的問題是，小孩子的空閒時間怎麼樣安排、管理。

也是，如今學生們有了更多的閒暇時間，怎麼安排呢？

1. 多讀書、讀好書

富家不用買良田，書中自有千鐘粟。

安居不用架高堂，書中自有黃金屋。

出門無車毋須恨，書中有馬多如簇。

娶妻無媒毋須恨，書中有女顏如玉。

男兒欲遂平生志，勤向窗前讀六經。

　　這首詩對讀書的好處說得很明白，而且作者還是宋真宗趙恆。你也許會說「過時」了？但不對，是你「OUT」了！沒有從廣義的角度去理解。如果現在讓大家談談讀書的好處，相信都會是「滔滔不絕」的。

　　（1）**書籍是人類進步的階梯**。人之所以區別於其他動物，一個根本的區別就在於有書籍可以作為我們可靠的文化傳承。讀書是將人類濃縮幾千年的科技、文化快速習得的最佳方式。

　　（2）**知書達理**。讀書能幫你樹立正確的三觀，透過閱讀，你能夠與先賢們博古爍今，你能夠與文人騷客們煮酒論歌，你能夠從無數正反面的故事中，吸取教訓，增廣見識，去粗取精，培養具有正面導向性的三觀。

　　（3）**讀書破萬卷，下筆如有神**。多讀書可以提高寫作能力，寫文章就才思敏捷；舊書不厭百回讀，熟讀深思子自知，讀書可以提高理解能力，只要熟讀深思，你就可以知道其中的道理了；讀書可以使自己的知識得到積累，君子學以聚之。

　　（4）**秀才不出門，能知天下事**。讀書能幫你開闊視野，你不再局限於小小生活中的一隅，你可以無拘無束地暢遊古今中外，學識遍布四海，隨著知識領域的拓展，你也會練就出廣博的心胸與遠大的理想和信念。

　　（5）**萬般皆下品，唯有讀書高**。讀書可以提高你的層次，提升你的綜合素養，透過閱讀，你不僅可以學會解決實際生活中問題的方法，也能在無形中為自己增加文藝氣息，讓你的氣質更加出眾。

　　我們不僅需要多讀書，還要讀好書。因為好的書籍就像機場的跑

道，能幫助我們的思維起飛。

2. 看有益的電視節目

電視節目豐富多彩，對我們的吸引力自不必說。實際上，看電視應該是一種更好的、更直接的學習，研究表明，資訊的視覺輸入占到了總輸入的 90%，而其中的關鍵是我們看什麼、怎麼看？

看什麼，人有七情六慾，自己興趣越濃厚的節目，當然是越有吸引力。然而，興趣是可以培養的。我們應該做的是，逐漸地、有意識地培養我們的興趣，讓我們的興趣盡可能與我們的需要更接近。比如說，我喜歡地理，《國家地理頻道》就對我有很強的吸引力。

怎麼看？這是問題嗎？當然是，如果你不能有計畫、有節制地去看電視，你就會「陷進去」。你可以規定自己每天看電視的時間，設定要看的節目。學會規範性地管理自己的「電視時間」，你就會在看電視這件事情上獲得正能量。

這邊稍微提一下我對電腦遊戲的看法：開發遊戲的人，最大的願望就是想讓玩家上癮，不然他就不「稱職」。我對一件事印象很深：朋友的父親是中研院院士，是我們崇敬的對象，但是有一次我們發現，老先生專門請了兩天假，在家裡整整玩了兩天的遊戲！他說，要集中時間、集中精力，一定弄清楚為什麼遊戲這麼「迷人」！

3. 運動每天必不可少

7＋1＞8，這一觀點現在被越來越多的人所接受。

最新的研究表明，懷孕的女性每天在跑步機上運動 20 分鐘，每週堅持幾次，就會增加孩子出生時的體重，而出生時體重較重的孩子長大後比出生時體重較輕的孩子更聰明。目前還不清楚，這種聰明是

否與智商的高低有關，但基本上來說，體重較重的孩子當然也就更健康，加之大腦容量與體重有關，這樣的孩子也就可能聰明一點。

鍛鍊不僅對小寶寶和準媽媽們有益，實際上能夠使每個人都獲益。鍛鍊多的肌肉群會促進神經元的生長，至少進行鍛鍊可以增加大腦的供血量；即使中老年才開始鍛鍊，也會對學習和智力發展有好處。實驗表明，和不經常運動的老年人相比，經常鍛鍊的老年人解決問題的能力能夠持續更久。

不要強調你每天忙，沒有時間運動，那就是你還沒有真正地理解 7 ＋ 1 ＞ 8 的道理！排好每天的行事曆吧，堅持 26 天，你會養成良好的運動習慣的。

4. 每時每刻地培養我們的性格和「非認知能力」

許多人都會想過這樣一個問題，差不多相同的受教育水準，工作和生活的環境也是大同小異，那為什麼某些人成功，而某些人會不成功呢？

我們知道，對智力成長進行早期干預，已經形成了多種的科學理論。人生最初幾年對兒童大腦的健康發育的確太重要了，它們對於孩子未來的決定性作用是無與倫比的。但相對於干預大腦，以情感、心理和神經學路徑為對象的干預方式，對兒童發育晚期也會有效，而且相對而言比認知（智力）干預效果更好。人類智商的發育，被認為在 8 歲左右會完全停止；但是，即使是進入青春期，甚至是成年階段之後，執行功能以及應對壓力和控制強烈情緒的能力依舊可以繼續完善，而且有可能出現明顯改善。

也就是說，你之所以能夠成功，並不只是智力的因素，而更可能

是 —— 性格的力量！專家已經總結出來了成就你的未來的「七種性格」和「五種非認知能力」。

生理學家研究發現，在我們的大腦中，受環境影響最大的部位就是前額葉皮質，這裡是心理和認知等各種自我調節活動的中樞。它直接連接著人體的「HPA —— 下視丘 —— 垂體 —— 腎上腺 (hypothalamic — pituitary — adrenal)」系統，這一系統負責調節外部壓力。當大腦和身體察覺到潛在的威脅存在時，人體的第一道防線就是下視丘，它控制著人的非意識生理特性，比如體溫、飢餓和口渴。威脅來臨時，下視丘會釋放出一種化學物質，觸發腦垂腺中的受體；隨後，垂體釋放代表訊號的激素，刺激腎上腺素；繼而，腎上腺又發出反應外界壓力的糖皮質激素，引導身體做出一系列的防禦性反應。

這些反應，有些是我們可以察覺的，比如心跳加速、顫抖或口乾舌燥等；而有些變化我們是不能夠察覺的，比如神經傳遞素開始活躍、葡萄糖濃度提高、心血管系統向肌肉注入更多的血液，血流中的反應蛋白大幅增加等。生理學家把身體的這一系列應變過程，稱之為「身體調適負荷」（Allostatic Load，簡稱 AL），研究表明，這一過程會對人體造成損耗。如果身體的壓力應對系統超負荷工作，那麼，它必然會在壓力之下越來越虛弱，直至崩潰；更可悲的是，這一系統並不能區分不同類型的威脅，為了應對威脅，它會同時刺激所有防禦體系。

這個機制就像一枚彈簧一樣，不斷地壓它，就會逐漸失去彈性，或者是造成彈簧的壓力「閾值」過低，極容易產生反應。人體的壓力系統也是如此，經常處於壓力之中的孩子，往往不容易集中注意力，

甚至不能安靜地坐下來（過動症，縮寫為 ADHD），也很不容易擺脫失望情緒造成的陰影。當然也就不能很好地學習。所以，我們應該在從小培育智力發展的同時，更應該注意對自我控制能力、應對外界壓力能力等的培養。也就是性格的培養。

　　心理學家和生理學家都認為，影響人成功的七種最重要的性格，包括：勇氣（courage）、自制力（sense of self control）、熱情（enthusiasm）、社交能力（diffuse skills）、感恩（feel grateful）、樂觀精神（optimism）和好奇心（curiosity）。除去這些，為了使我們能夠更好地適應社會，盡快地取得成功，我們還需要注意「非認知能力」的培養。它們包括：學習能力、工作習慣、時間管理技能、尋找幫助的行為習慣以及解決社會／學術問題的能力。

1.3.4 終身學習的理念

　　人生的問題，世界的問題，對於不斷進步的人類來說，實際上就是不斷學習和認識的問題。我們如何才能更好地認識世界，適應社會發展。根本的方法就是學習、學習、再學習。所以，認識世界就是學習世界，也是不斷地在實踐中學習，在學習中實踐。要想與時俱進，不被社會所拋棄，我們就必須接受和理解終身學習的理念。

　　終身學習是一種理念，它源於「終身教育」的提法。1970 年代，以富爾（Edgar Faure）為主席的聯合國教科文組織國際教育發展委員會，發布了以《學會生存 —— 教育世界的今天與明天》（*Learning to be —— The world of education today and tomorrow*）為主題的報告書，第一次強烈地提出了當代教育所面臨的危機、挑戰和面向未來的重大主題，提出了終身教育的理念與走向學習化社會的目標，以及資

訊時代的學習,讓「學會生存」、「終身教育」、「學習化社會」等觀念傳遍世界。

1973 年,美國卡內基高等教育委員會發表了《邁向學習社會》(*Toward a Learning Society*)一書,描述了學習社會的構想,解釋了從傳統學習向新的學習方式轉變的原則。

1979 年,羅馬俱樂部發表題為《學無止境》(*No Limits to Learning*)的研究報告,提出解決人類社會面臨的全球問題的新方案在於改革面向傳統或面向現在的「適應性學習」,實現面向未來的「創新性學習」。這種「創新性學習」是以滿足未來為目的的「前瞻性」和各個層面的「參與性」為兩個基本的特徵。

1990 年,世界特殊教育會議通過《世界特殊教育會議宣言 —— 滿足基本學習需求》(*Meeting Basic Learning Needs*),告訴人們,當人類社會已經成為一個命運共同體時,它得以維繫的基本前提是全體人民都能享受應有的教育。這個全球性社會唯一不能浪費的資源,就是人的智力、創造力和想像力。

1990 年代,歐盟發布《教與學:朝向學習社會》白皮書(*Teaching and Learning: Towards a Learning Society*),用以引導 1996 年歐洲終身學習年的各項學習活動;1996 年,聯合國教科文組織 21 世紀委員會發布德洛爾計畫(Delors Plan),即《學習:內在的財富》(*Learning: the Treasure Within*),提出學習的四大支柱,即「學會認知」、「學會做事」、「學會共同生活」以及「學會生存」。這份報告透過宣揚終身學習和學會學習,全面闡述了國際社會對未來人類學習問題的理解,成為一份國際學習宣言。

理念就是一種信仰。蘇格拉底認為:「理念作為模型存在於自

然之中」，「每個理念只是我們心中的一個思想，所以只有單一的理念」，「而所謂理念，正是所想到的、在一切情況下永遠有著自身統一的那個單一東西」。在華人文化，「理念」被認為是「理」的存在，所謂「理」，它表現為：①理是天地自然萬物的本體或存在的規律；②理是事物的規律，是一切事物之根源；③理是宇宙論及價值論的解釋及根據；④理是主體意識；⑤理是道德倫理觀念、原則、規範。我們則把「理念」理解為：人們經過長期的理性思考及實踐所形成的思想觀念、精神嚮往、理想追求和哲學信仰的抽象概念。

　　終身學習就是要每一個人在人生的每一個階段，都有適合其需要的學習機會和學習興趣，就縱向而言，包括家庭環境下的學習、學校環境下的學習，與社會環境下的學習銜接；就橫向而言，是正規體制的學習、職業學習與非正式教育體制的學習的協調。

　　終身學習的社會強調人的全面發展、重視個人自由、使學習成為一種生活，擴展人生的意義與目標。

　　透過終身學習，我們希望實現：每個人都有學習的權力；每個人都有接受良好特質教育的機會；每個人的學習及成就都要被認可；每個公民都必須盡到終身學習的責任。

　　實現自我的終身學習就是承諾了自己會有一個開闊的人生和光明的前程。

　　而且，終身學習的意義在於，它告訴了我們：

　　（1）**學習是持續一生的歷程**。每一個人在任何生命發展階段均須不斷學習，學習不再是兒童或青少年特有的活動，成年人也要不斷學習，才能有良好的適應性以跟上社會的變遷與時代潮流。

（2）**學習的管道和方式是多元且彈性的**。終身學習體系的建構涵蓋正規教育、非正規教育和非正式教育，且各種形態的學習必須具有彈性、要協調統一，以滿足不同階層民眾的需求。此外，不僅是學校，家庭、社區、社團、工作場所等均可作為終身學習的場所，學習方式也不再限於面對面的講授，傳播媒體與各種通訊網路也可進行學習。

（3）**學習強調自主的精神（即以學習者為中心的學習）**。終身學習的社會重視自發性學習，也重視自我導向學習能力的培養。所謂自發性學習意指學習是有意識、有目的的活動，而自我導向學習的能力則代表一個人不但要為個人的學習負大部分的責任，且要知道如何學習。

（4）**學習內容無所不包，是一種「全人」發展的教育**。終身學習的內涵必須是能幫助一個人成長，增進各方面的知識、技能與態度。在學習內容的廣度上不僅學習新知識與職業技能，道德倫理、體能健康、人際交流、美學藝術等生活文化教育也同等重要。

（5）**學習是一項權利而不是特權**。在終身學習的社會裡，所有的公民在一生之中皆應有同等的學習機會，不論其出生、性別、種族、收入或居住地區等。傳統的教育制度多為英才取向，越是高等教育，提供的機會越少，於是高等教育的學習便成為少數人的特權，這不但容易阻礙民主政治的發展，更剝奪了許多國民的學習權利。因此，終身學習倡導注重全民的學習權，尤其是弱勢族群，其學習機會應受到保障。

我們強調終身學習。強調科學的學習理念，正是學習理念、學習方式和學習目標進步的一種體現。

學習是一件快樂的事情，讀書更是讓我們樂在其中。元朝文人翁森，用他的〈四時讀書樂〉為我們這樣描述了讀書之樂：

〈春〉

山光照檻水繞廊，舞雩歸詠春風香。

好鳥枝頭亦朋友，落花水面皆文章。

蹉跎莫遣韶光老，人生唯有讀書好。

讀書之樂樂何如？綠滿窗前草不除。

〈夏〉

修竹壓簷桑四圍，小齋幽敞明朱暉。

晝長吟罷蟬鳴樹，夜深爐落螢入幃。

北窗高臥羲皇侶，只因素稔讀書趣。

讀書之樂樂無窮，瑤琴一曲來薰風。

〈秋〉

昨夜前庭葉有聲，籬豆花開蟋蟀鳴。

不覺商意滿林薄，蕭然萬籟涵虛清。

近床賴有短檠在，對此讀書功更倍。

讀書之樂樂陶陶，起弄明月霜天高。

〈冬〉

木落水盡千崖枯，迥然吾亦見真吾。

坐對韋編燈動壁，高歌夜半雪壓廬。

地爐茶鼎烹活火，一清足稱讀書者。

讀書之樂何處尋？數點梅花天地心。

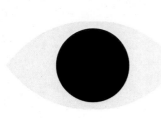

第 2 章
學習是一門藝術

　　說到藝術，首先跳入腦海的就是一種很美、享受的感覺。其次，藝術本身有著極強的規律性，藝術訓練也很嚴謹；而且，藝術天才恐怕是最容易讓人認識到並予以接受的，而這些特點都適合描述我們的學習！

　　第 1 章我們已經為你展現了學習是一件快樂的事情，可以為你帶來美的感受。這一章我們認識到：學習是一門藝術，認真讀書、嚴謹訓練、縝密思考，學習的方法都需要「藝術訓練」。我們還要談談天才，就是那些「神童」，他們真的是天生的嗎？相比普通人，真的不需要付出特別的努力嗎？

　　我們會從人類腦科學的研究說起，為大家介紹學習的藝術。學習需要良好的環境，需要明白自身的特點去適應和創造學習環境。如何科學地、藝術地去學習，如何利用各種內在（我們的大腦）和外在（學習環境）的條件更有效的學習，是我們這一章的主旨。我們還會為你介紹各式各樣的學習者、學習方式，為你在確立自己的學習模式「預熱」。最關鍵的是，不論哪一種學習方式，都應該是學習者、學習引導者和學習媒介三者之間系統結合，所以，我們為大家介紹「三位一理」的學習模式。最後，我們針對是不是存在天才，提出想法。

2.1 基於腦的學習

> 依賴你的內心。尤其是當它被證明值得信賴後，更要
> 如此。一定要傾聽內心的想法。它是你家中的先知，常預測
> 各種的事情。許多人都因疑慮自己的內心而致毀滅。但是，
> 只是疑慮而不尋求更好的補救措施，又有什麼用呢？許多人
> 天生就擁有一顆忠於自己的心，總能給他們以提示，發出警
> 告之聲，提醒他們避禍免災。追逐禍害是很不明智的，除非
> 你想征服它們。
>
> ——《智慧書》（178）

進入文明時代以來，人們一直試圖破解人腦的內部機制。科學
家們繪製腦的運行圖，關注大腦中電流的流動，揭示葡萄糖的代謝過
程，測量腦中各個零件的大小，甚至追蹤神經元的生長過程。然而，
我們的「思維器官」足夠的複雜，使得研究者們一直也沒有找到對腦
機制的有效解釋。他們把大腦的運行和存在比喻為水利系統、電話
交換機、巨大的城市或是強力電腦，每一種比喻都代表著當時腦科
學研究的最新成就。但是，似乎這些比喻又都不是很恰當，不能說
明問題。

那麼，神祕、機警的大腦像什麼呢？叢林，熱帶雨林。大腦就像
是一片還未被完全開發的叢林那麼有活力、那麼安靜，又總是能迸發
出無窮的生命力。

叢林和大腦都有一套會受光照與天氣模式影響的，存在於自身內
部的生理時鐘系統；叢林在自己獨特的生態系統中繁衍生息，需要土
壤、空氣和水的滋潤，還需要地表、溪流、低矮植物、灌木和森林華

蓋之間的相互依存。大腦也有著自己獨特的生理和心理系統，需要提供能量，需要血液和資訊，掌管著我們的思維、記憶和情緒系統，在生存、性、呼吸和適應性、創造性之間相互協調；叢林法則就是生存法則，而我們的大腦的存在，從根本上就是為了我們身體的生存。

2.1.1 左腦和右腦

最早令人們注意到大腦的左右分區功能的，是美國心理生物學家斯佩里博士（Roger Wolcott Sperry），為此他獲得了 1981 年的諾貝爾生理學或醫學獎。他認為，正常人的大腦有兩個半球，由胼胝體連接溝通，構成一個完整的統一體。在正常的情況下，大腦是作為一個整體來工作的，來自外界的資訊，經胼胝體傳遞，左、右兩個半球的資訊可在瞬間進行交流（每秒 10 億位元），人的每種活動都是兩半球資訊交換和綜合的結果。大腦兩半球在機能上有分工，左半球感受並控制右邊的身體，右半球感受並控制左邊的身體。

深入的研究表明，我們的大腦並不只是簡單地左右分開。在我們的腦中，能量也沿著縱軸上下傳輸，從腦幹到大腦皮質上下往復（圖 2.1）。我們的腦的確是從左半腦到右半腦進行空間變量加工，但加工時間變量（從過去到未來）時卻是從後到前，神經肽透過血液進行循環影響我們整個大腦對思維、行動與反應的控制。

不僅僅是前後左右，我們的腦同時在意識的許多層面上在運作，同時一次加工大量的顏色、運動、情緒、形狀、嗅覺、聲音、味覺和觸覺等資訊。大腦聚集模式，理清意義，對於來自幾多線索的日常生活經驗進行分類、加工。也就是說，大腦進行的是一個複雜的多通道學習過程。即使看上去我們似乎是在有順序地思維 —— 想好一件事

再想另一件事 —— 這一錯覺與腦的真實操作系統相去甚遠。我們同時做著生物學的、物理學的、智力的和情感上的許多事情。事實上，大腦根本就不能進行單通道加工！腦不停地進行知覺登記（每小時超過 36,000 個視覺刺激），監控我們的生命體徵（心臟、激素濃度、呼吸、消化等），不斷地更新現狀（配對新的學習與已有表徵）。另外，腦賦予每一件事和思想以情感，形成有意義的模式以建立大的畫面，推斷出相關資訊的結論，這一切都是在全腦進行。

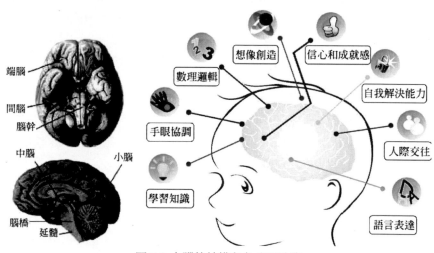

端腦

間腦

腦幹

中腦　　　　小腦

腦橋

延髓

數理邏輯　　想像創造　　信心和成就感

手眼協調　　　　　　　　自我解決能力

學習知識　　　　　　　　人際交往

　　　　　　　　　　　　語言表達

圖 2.1 大腦的結構和各分區功能

　　我們的大腦是全方位、平行工作，所以，任何按順序的、連續進行的學習模式都是違背腦科學的。尤其是許多教育者無意中用極端線性的、結構的和可預測的教學方式，大大抑制和限制了腦的學習能力。其結果往往是使學習者感到厭煩和挫敗，永遠也不能發揮出學習的潛力。

　　而且科學家已經證實，一個人的腦就像指紋一樣是全世界獨一無

二的。每個人的大腦的體積和重量各不相同，受環境和先天、後天影響的差異變化也很大。所以，固定步驟、流水線式的學習違背有關人腦的關鍵發現 —— 每個人的腦不僅都是唯一的，而且都以自己的速度擴展。如果，鄰居家的小孩子 3 歲就可以常規閱讀了，而你的寶貝都 6 歲了，讀起書來還會斷斷續續，不要著急，這完全正常，因為思維和學習能力正常的發展，在學習者之間可以存在著三年的差異。

左腦和右腦的簡單區分是過於刻板了，並不是左腦就控制了身體右邊的 50%；而右腦就控制了身體左邊的 50%。一方面，大腦的功能是全方位的。另一方面，我們的兩個半腦是不對稱的，左腦負責了大多數的事情。想想看，我們的身體實際上是存在著許多的不對稱的，我們有功能優勢手、眼和耳。甚至於連疾病如腫瘤（胸、腎、鼻、卵巢和睾丸部位）都是更常生在身體的左側。

這樣看來，學習者中左右半腦的區分可能也是有一些道理的。一般認為左半腦透過有序的思維和變化模式使我們更有創造力，也就是思維腦；右半腦透過直覺了解許多富有邏輯的事物，更多地從直接的、情感的角度認識問題，被視為情感腦。下面是一些左半腦和右半腦學習者經常表現出來的區別，我們姑且作為學習時的參考吧。

左腦支配的學習者可能：

· 更喜歡有序的事物；

· 從部分到整體學習得最好；

· 更喜歡個體語言閱讀系統；

· 喜歡詞彙、符號與字母；

· 寧可首先閱讀主題；

- 思考時要彙集相關事實資訊；
- 更喜歡詳細有順序地教學；
- 更關注內在經驗；
- 做事情需要結構性和可預測性。

右腦支配的學習者可能：

- 更喜歡隨機事物；
- 從整體到部分學習得最好；
- 更喜歡整體語言閱讀系統；
- 喜歡圖畫、圖像和圖表；
- 寧可首先看見或經歷主題；
- 思考時要彙集有關事物之間關係的資訊；
- 更喜歡自然的、隨波逐流的學習環境；
- 更關注外部經驗；
- 做事情需要開放性取向、新意和意外。

2.1.2 學習情緒和心態

當某一種記憶和某一種情緒連接在一起時，我們的印象最為深刻。生理心理學家說：「情緒驅動注意，創擬意義，並有著自己的記憶途徑」。極為暢銷的《EQ》（*Emotional Intelligence*）一書的作者 Daniel Goleman 告訴我們：「深信情感妨礙多數適應性選擇的理性主義者，會完全使事情倒退，因為只依靠邏輯而沒有情感能力，將會引導大多數人做出許多更為愚蠢的事情。」

從古代文化聚焦情緒（實際上忽略邏輯），到現代文化重新發現

情緒的價值，我們走完了一個完整的循環，切實認識到情緒會賦予我們的邏輯以活力。而僅僅在幾十年前，甚至就是當代的某些人的頭腦中，都認為一個人展現自己的情緒是一種軟弱的標誌。強壯的男人不展現情緒，而同樣的思維邏輯認為，柔弱就應該屬於女人，這似乎導致了人和事的非此即彼。學習的過程也被認為是這樣的，直到我們充分地認識到大腦中杏仁核的作用是專門用來加工注意、控制和儲藏情緒，而它接下來的步驟就是打開與海馬迴的連接開關，並將情緒內容帶入記憶，也難怪我們帶有情緒的記憶印象會最深刻！

1. 學習中情緒的功用

學習並不是一種純智力活動，學習者包括教育者的情緒和態度，對學習效果發揮至關重要的作用。情緒會影響我們身體的內分泌，而內分泌會嚴重影響我們的認知、記憶和意義的過程。態度可以是我們對世間萬物的態度，對社會的態度，而最直接的當然是我們對學習過程本身的態度。

而且，態度與情緒密切相關。心理學家就認為兩者相互統一，基本上就是同一件事。態度是萌芽時期的行為。態度是神經和肌肉的內在體現，產生態度時，就像跑步選手聽到「各就各位，預備……」時一樣，只要往前跑，他就是在做自己著手去做的事。因此，意願促進的每種行為都體現出一種態度。這種態度與某種充滿感情的腔調結合在一起，了解其中一個後，便了解了另一個。

情緒也不是孤立的，它存在於理性的神經網路之中，尤其集中於前額葉（兩側）和杏仁核中。情緒會促使大腦「喚醒」，而喚醒在人的所有心理功能中是最重要、也是最先開始的一環。情緒喚醒顯著地貢獻於注意、直覺和問題解決。事實上，沒有情緒喚醒，我們就不會

注意到正在發生的事情 —— 不會注意細節。但是喚醒太多也不好。如果過度喚醒，我們會變得緊張、焦慮和沒有效益。更深入的研究也證明，我們的大腦並不是情緒加工的唯一區域，情緒不只是在腦中，而是在整個身體中運行。情緒狀態或心境，是由各種附屬於細胞的神經肽（和神經傳遞物）所產生的。我們作為情緒或情感的主體所經歷的，是一種透過我們的腦和身體刺激特殊神經元的機制過程，並由此刺激我們的生理器官，產生我們的行為。

而關於學習的神經元存在於大腦的中部神經系統。它是一塊既不能讀也不能寫的原生腦，卻為我們提供什麼是切實存在的、真實的和重要的感覺判斷。也就是說，它必須感覺到「真實」之後，才打開一系列的開關。

2. 最好的情緒狀態

學習是一種心理、身體和情感共振的過程。在認知和記憶過程中，邏輯幫助我們設定目標、理清路線；而情緒方面則為不屈不撓的努力提供熱情。當某一結果使我們感覺良好時，我們自然要選擇它，而不去選擇使我們不好的結果。我們允許負面情緒被加工，積極情緒被歌頌。我們會將情緒和學習內容的掌握和技能的學習放在同等地位。

最好的學習模式認為：有心理、心境和身體參與時我們學得最好。學習者準備得越充分，效果就會越好。身體生成感覺數據，傳遞給腦，然後將其與情緒和智力整合以形成用於最佳操作和決策的「三位一體思維」。某一方面的過於依靠或是依靠不足，都會損害思維的品質。

3. 怎樣利用（培養）情緒和情感的釋放

情緒透過創造模擬有差異的身心狀態，來影響學習者的行為。一種良好的狀態或者是有害的狀態，都是由特殊姿勢、呼吸率和體內化學平衡所組成的一種精確凝固的「時刻」。正腎上腺素、抗利尿激素、睪丸激素、5-羥色胺、黃體素、多巴胺和數十種其他化學物質的存在與否，大大改變著我們的心身結構。你也就看得出狀態有多重要！它可以是我們所擁有的全部：情感、願望、記憶和動機。我們由情緒驅動，我們做任何事情的動機都是情緒刺激的。

這樣也就會造成我們的情緒有有利和有害之分，那怎樣才能保有良好的情緒和狀態，摒棄和克服不良情緒對我們的影響呢？這裡的關鍵就是：情緒培養和情緒釋放。

（1）情緒的培養

· 大腦對情緒事件是優先加工的。

· 當強烈的情緒出現時，大腦會被過度刺激。

· 情緒使大腦變得更加活躍，使之受到化學意義上的刺激，促使記憶更佳。

· 杏仁核喚醒越強烈，記憶痕跡越深。

（2）情緒的作用（利用）

· 情緒會刺激或者約束學習。

· 幫助我們確定什麼是真實的，我們相信和感覺什麼。而只有我們的大腦「感覺正確」時，真正的學習才會開始。

· 活躍的杏仁核和神經肽刺激廣泛的化學物質，觸發和刺激長期記憶。

· 透過運用非意識和「情感」水準判斷，幫助我們更快地作

出決定。

· 情緒會決定我們的價值觀，而價值觀的參與會幫助我們做出品質較高的決策。

(3) 情緒的釋放

· 創設一種肯定和刺激大腦狀態的學習氣氛。

· 承認心身的作用，承認化學物質對於行為的作用。

· 不否認情緒和情感的重要性，並給予重視（情緒和情感是有區別的。基本的六種情緒是：高興、害怕、吃驚、厭惡、憤怒和悲傷。情緒由生物學的自動途徑生成，情感則是在我們的文化和環境下發展起來對於環境的反應，基本包括：擔心、預期、挫折、玩世不恭和樂觀。情感的傳播較慢，迴路較多，而情緒總有通向大腦的「高速公路」）。

· 提供更加個性化的、有意義的項目，以及更多的個人選擇，以「平衡」我們的情緒。

· 經常參加某些活動或者儀式，用來調節我們的心身狀態。

· 盡可能地保持沒有威脅，沒有高度緊張，提高人為底線的閾值。

· 確保你的學習資源足以滿足你的學習要求。

· 建議開展小組學習和同伴複習、回饋方式。

· 盡可能地應用無威脅的自我回饋評價工具。

· 建立團隊意識，提倡與他人一起學習、工作和解決問題，並建立良好的溝通。

2.1.3 學習環境

學習環境是一個廣義的概念，最少應該包括心理環境、物理環境（光、聲、色等）和學習者環境（視覺、溫度等）。我們並不是強調學習環境，而是強調在盡可能的境況下，促使我們的學習效果達到最佳。

1. 視覺環境 —— 顏色

多項研究證實了大多數人的感覺，豐富（學習）環境的關鍵因素是我們的視覺氣氛。我們的眼睛每小時能記錄 36,000 條視覺資訊，這是一個什麼樣的感覺？你閉上眼睛想一下，這幾乎就是一個天文數字，或者，這樣告訴你 —— 把 36,000 張 100 元的鈔票鋪在地板上，我們的大腦能在一小時之內記錄它們每一張的資訊！在我們的大腦所吸收的資訊中，有 80% 到 90% 是透過視覺通道的。事實上，視網膜負責聯結腦的全部神經纖維的 40%。你現在可以理解，我們討論環境對學習的影響時為什麼會優先研究視覺的因素。

使我們的眼睛從視場中實際理出意義的主要成分是對照、傾斜、彎曲、線尾（視覺殘留）大小和顏色。這些成分，甚至在我們有意識地理解它們之前，我們的大腦就已經接收了。它們為我們的腦提供對比和生動活潑的影像以促進我們的學習。因此，當老師或者學習的引導者進行具體的、生動的比喻時，我們的印象最深；改變教科書的顏色可能會讓你更深刻地記住它；學習的素材變成具體的事物在學習者手中傳遞（增加觸摸和感覺），使我們的資訊輸入量增加，學習的效果會更好。

而顏色作為一項有力的學習媒介，一直被低估了。在關於語言

線索和顏色線索在學習和記憶中的價值作用的測試中，學習者對顏色造成的效果感覺更好。甚至於改變記憶意圖也不會影響顏色記憶的效果，說明「顏色記憶」可能是一種大腦的直接記憶。

為什麼會是顏色呢？想想看，顏色會對我們的嗅覺、味覺、視覺都產生直接的影響，那麼，透過這些進而產生促使我們焦慮、脈搏變化、喚醒和血流氣息的變化，也就是理所當然的。

顏色屬於電磁輻射中的可見光波段，波段範圍從 400 奈米到 760 奈米，每個波長都對應著一種顏色，而顏色對我們的影響是顯而易見的。最常見的事例就是交通訊號燈，紅色示警，讓你迅速停住；綠色給人安全感，告訴你可以順利通行。春天到了，許多人都去郊遊 ── 也叫做「踏春」，實際上，從某種角度來說，「踏春」就是「踏眼睛」，讓我們的眼睛深度休息，恢復最佳狀態。為什麼？還記得你去看眼科時，醫生會對你提什麼建議嗎？第一，保持安全距離讀書，這個我們可能能夠保持一段時間，但很難堅持；第二，多看綠色，它對眼睛是最適宜的顏色（波長 550 奈米），而這種顏色充滿了春天的田野；第三，多看遠處，去郊遊，視野開闊促使你遠眺，這也就是保養你的眼睛。所以，「踏春」就是「踏眼睛」。學習當中顏色的「力量」也是不容忽視的，下面的內容有可能會給你一些有益的提示。

紅色是參與和情感的顏色。它會使焦慮的學習者更為煩躁，使安靜的學習者更加興奮，會觸發腦垂腺和腎上腺釋放腎上腺素。可升高血壓和加速呼吸，並刺激食慾和嗅覺，可說是餐廳的最佳顏色選擇。

黃色是大腦易於辨認的第一顏色。與緊張、謹慎和理解相聯繫。黃色刺激樂觀、希望與平衡的整體感覺，極適合用於教室。

橙色具有介於紅色和黃色之間的特性，是一種刺激學習的最

佳顏色。

藍色是使人寧靜的顏色。它使人感到安靜，增加生存狀況良好的感覺。當看到藍色時，你的大腦釋放 11 種放鬆身體的神經傳遞物，可使體溫降低，出汗減少，胃口降低，會使得大多數學習環境和學習者產生稍微有點過於安靜的感覺。

綠色也是一種安靜的顏色。可使血液組織胺濃度升高，導致對於厭惡事物的敏感性降低，學習效果類似於藍色。

棕色促進安全感。容易讓人放鬆，減少疲勞，是相對比較容易讓人接受的顏色。

一般來講，深（暗）色會降低緊張，增加平和感；亮色如紅、橙和黃色會刺激精神和創造力。但也會增加人的攻擊性和產生神經質行為。灰色作為中間色調性能影響介於兩者之間。

為了最佳地學習，應選擇黃色、亮橙色、米黃色和黃白色。這些顏色似乎可刺激人們積極的（學習）情感。當然，事情都是因人而異的，你需要嘗試，以找到適合自己的「學習顏色」。

2. 動態生動的形象會產生深刻的記憶

什麼是向我們的大腦傳輸資訊的最好方式？閱讀素材、小組討論還是透過電腦？研究結果顯示，這些傳輸媒介都不是。對於我們的大腦，具體而生動的形象是最有影響力的。神經生理學家告訴我們，這可能是因為：①大腦對於高對比和新穎性有注意偏向；②大腦感覺輸入的 90% 來自視覺資源；③大腦對於符號、畫像和其他簡單的形象有立即和原生的反應。

想想看，想到父母的辛勞，是不是很多人腦海中出現類似「拾

穗」那幅畫一般的圖像；對於冬天的記憶，你眼前出現的可能就是玩伴打雪仗的情景，或者是脖子裡雪塊冰涼的感覺；提到動畫，我們也許就會「看到」貓和老鼠的追逐。

當與一組相似物體有不同時，大腦能更加迅速地從中識別出該物體。腦可以平行地加工諸如位置、形式、顏色和重量等的差異，這來源於原始的確保我們生存條件的優越性認識。因此，在創造學習環境時，運用工作模型、基於實際項目的作業、資訊媒介的變化（即電腦、錄影、書籍、照相機等）和系列藝術品有利於我們快樂而豐富地學習。

對於我們可以觸摸和操作的具體事物，我們記得最好，也做得最好。這就提醒我們，學習時要盡可能地多利用「外圍學習設備」。我們的大腦會在有意識和無意識的多種層面上，從外圍設備吸收資訊。

顏色、裝飾元素、聲音、嗅覺或其他刺激都是大腦優先加工的。這些要素都應在最佳學習環境設計時予以重點提示，具有積極肯定形式的外部（學習）設備、學習者的作品和他們描繪的變化、成長與美麗的圖形可能都是強而有力的表達載體。

或者這樣講，老師只用直接教學（講授），學習者的學習狀態和記憶能力會直線下降，但結合差別化、生動的外部設備，無須大家做出其他特別的努力，學習效果和記憶持續時間就會顯著提升。

3. 季節、光照、溫度

由於我們的學習活動大多在室內，所以，影響學習的季節因素主要是光照的變化。陽光會影響我們的學習嗎？肯定的。太陽光的照射時間長短和亮度的強弱，會影響我們體內的褪黑素和激素濃度，影響

神經傳遞物的釋放。下視丘（位於中腦區域）的一部分，生理學家稱之為 SCN（視交叉上核），直接從眼睛獲得資訊，設定我們體內的生理時鐘。會影響到我們的情緒、精力和注意力集中。而且，這裡的每一個過程都會影響我們的心理狀態，能不影響我們的學習嗎？

季節光照影響比較明顯的事例，表現在一種叫做季節性情緒失調（SAD）的特殊疾病，患者一般會產生憂鬱症而強烈地影響學習。這種病的起因就是在冬季缺乏陽光照射所致，一般女性患病的機率大於男性，離赤道越遠患病的可能性越高。這也就是說，適合於學習的最好時間（季節）是日照時間最長的 —— 北半球的六月到八月，南半球的十二月到一月，而這兩段時間恰恰又是大多數學校放假的時間。所以，光照的季節因素對學習造成的影響，我們需要綜合考慮。比如，在光照較少（較暗）的冬季月分裡，我們可以透過人工改進光照就能促進我們的學習，故可以在學習時間、地點等方面做一些取捨和改變。

然而，人工照明也會強烈地影響學習，起碼從影響我們的視力的角度來看造成了影響學習的效果。這方面的研究者在學校裡進行了照明影響學習的實驗。他們將教室裡原來照明用的日光燈全部替換為全光譜光源（模擬自然光），然後比較更換前後的學生因病缺席率。在全光譜燈光教室裡學生的缺席率，比日光燈教室少了 65%。專家的解釋是：普通日光燈會提高血液中的皮質醇濃度，這會抑制身體的免疫系統。而且，日光燈燈光有閃爍特性和剛剛能被聽到的嗡嗡聲，這些都會對我們的中樞神經系統有強烈的影響。我們的大腦則會透過不斷地（過度地）眨眼睛和明顯提高血液中的皮質醇含量（克制緊張感）來應對這種視覺和聽覺的刺激。

　　一項對 160,000 名學齡兒童的研究顯示，光照是影響學生健康和學習的一個主要因素。兒童到了小學六年級有 50% 以上會出現與光照有關的學習問題。在改變了學生的光照條件之後，同樣的一批孩子，經過六個月的調整之後，視力問題降低了 65%，疲勞降低 55%，疾病傳染降低 43%，學習姿勢問題降低 25%。幾乎所有的兒童學業成績都有進步。

　　更為需要注意的是，長時間觀看電腦螢幕和電視，也會使眼睛緊張。尤其是孩子們的眼球軟、易變形，對眼睛的傷害更大。而且，保持眼睛盯著螢幕會使身體非常緊張，容易疲勞。近距離持久盯著看比遠距離放鬆地觀看對眼睛的傷害要大得多。即使在學習時，強光也容易使學習者焦慮和煩躁不安。而低水準的光照對人有安靜的效應，尤其是對年齡小的學習者。調整一個適度的光照環境，對學習來說是很重要的。

　　環境和身體的溫度也是影響學習的重要因素。高溫環境會降低人的注意力、敏捷程度和速度。在人類的演化中，直立行走被認為是人脫離低等動物的重要標誌之一，而另一個標誌是人的大腦的容量變大。最近的研究表明，兩者是有著密切的聯繫的。大腦容量的增加也會增加大腦的溫度，而為了盡可能地降低大腦的溫度，直立的行走姿勢可以使我們離地面更遠（地表的溫度比較高）。只需要一到三度的腦溫變化，就會大大地干擾我們的腦功能。一般認為，太冷要比太熱好，當然，溫度適中最好。讓我們的學習環境都像春天般的 20℃ 如何？也不盡然，關鍵還是在於個性化，更關鍵的是學習者要明白，溫度是影響學習的，而溫度環境的調諧相對是比較容易做到的。

4. 植物和嗅覺、音樂和聽覺

你經常在空空的（缺少植物）教室或是學習室看書、思考嗎？有沒有感覺到學習狀態平庸或是興奮度不高，是不是隨時都想出去在草地上走走，呼吸新鮮空氣。是的，那是因為你的學習環境需要植物的妝點，它們會使你振作精神。研究表明，一棵植物可以影響周圍 10 平方公尺左右的空間，可以幫助我們去除空氣中的汙染，增加空氣中的負離子，使空氣中更加飽含氧氣。根據對太空人的實驗，利用植物提高室內的含氧量，可以提高創造性達 10%；還有，我們中的大多數人每次呼吸僅僅能用到 10% ～ 25% 的肺容量。這樣不好，因為不流通的空氣會使我們的大腦「飢餓」，所以，不要忘記盡可能多地去做「深呼吸」，尤其是當你感覺到緊張或壓抑時。我們的學習環境需要新鮮的、無汙染的、含氧和負離子多的空氣，最好濕度保持在 35% ～ 65% 之間，這些都可以由植物來提供，一般的選擇可以是：棕櫚樹、棕竹、橡膠樹、藍眼菊、黃菊、垂葉榕、蔓綠絨屬植物、香龍血樹及白掌等。

植物的清香或者花開的香氣，還可以激勵我們有更高的創作欲望，能夠接受更大的挑戰，也能促使我們更和平與人相處。研究表明，環境中的氣味可以影響我們的心情和焦慮程度、害怕、飢餓、壓抑性慾。在對小白鼠進行的實驗中，將薄荷氣味注射入正腎上腺素受體中，牠們會始終「沉浸於學習狀態」中。

一位研究者聲稱：「聞某物或某一物體的動作顯然像思維的動作，你能感覺到心要去做……特別的香味甚至可重新有效引起特殊的最佳學習狀態。」科學家認為，從嗅覺和味覺接收器輸入大腦的資訊，影響主要的腦功能，這些功能影響再生成行為、學習、記憶和情緒狀

態。香氣足以促進學習、減少食物攝入、增加創造性和幫助放鬆。起碼香味可以刺激我們的願望和平靜我們的神經。

　　一股薄荷香氣飄過，你感到變得有活力了嗎？腦子更加清醒了嗎？如果周圍散發的是巧克力的香味、南瓜餅的氣息或是新鮮出爐的麵包的香氣，你會感覺怎樣？如果沒有別的因素影響，那就試試你喜歡的氣味吧！什麼能夠讓你雙眼放光？一些推薦可能對你有用：

· 薄荷、羅勒、檸檬、桂皮和迷迭香能夠促使心理敏銳；
· 薰衣草、春黃菊、橘子和玫瑰可以鎮定神經，鼓勵放鬆。

　　在學習場所播放音樂或者製造一個音樂的環境，也會促進學習。不過，雖然大多數人都認可音樂對於學習的有利作用，但是，效果還是因人而異的。比如，一些學習者就需要絕對安靜的環境，而約 20% 的低年級小學生喜歡在嘈雜的環境中學習。有些人喜歡讀書時伴隨著古典音樂，而另一些人就喜歡聽爵士樂、流行歌曲。

　　影響音樂效果的變量很多，文化背景、學習方式偏好、人格類型和先前的經驗。而音量大小、音樂風格和樂器特色也是重要的影響因素。這些都需要我們就像為自己挑選植物，環境顏色一樣，精心選擇，體察效果。音樂最起碼可以幫助我們冷靜下來；為學習做一些熱身準備（身體的、心理的、頭腦的），讓我們放鬆，輕鬆的音樂還為我們增加快感，增加我們的創造力；在大城市裡，它還可以克服噪音的影響，研究表明，在噪音的環境下人的創造能力會損失 8%，尤其是對於聽力比較好的女性。最新的研究還告訴我們，音樂不僅能改善我們的學習環境，還可以改善記憶、認知、注意力和創造力。

5. 最佳學習環境

良好的光線、讓人愉悅的色彩、適宜的溫度、清新的空氣伴著花香，還有悠揚的音樂迴盪在室內，這樣就可以造就一個積極的、讓人充滿創造力、能夠提高學習效果的學習環境了嗎？這樣的環境就可以稱之為最佳的學習環境嗎？

最佳學習環境是一個複雜的體系，它包含了學習者內在的和外在的諸多因素。涉及心理學、團隊合作、理論結合實踐、教科書工具和學習的情緒、物理氣氛等太多的方面。更重要的，這些條件會因人、因學習內容和學習者的學習狀態而異，所以，很難一致性地界定一個最佳的學習環境。但是，我們還是可以在廣義的界面上為大家提供一些建議：

(1) 必須與學習者的個人目標相一致（學習的心理環境）。這意味著學習環境必須是一個學習者能夠達到個人目標的場所。

(2) 必須與學習者的生物特點、社會環境和認知方式相一致。這意味著如果在日光燈照明、坐得滿滿的、競爭的教室裡抽象學習，對於一個需要空間和偏好合作工作的學習者來說是極不適合的。

(3) 必須為學習者提供所需要的資源（學習的物質環境）。除去教科書、工具、運輸工具和養分之外，必須向學習者提供足夠的時間、支持和情景回饋。

(4) 必須提供一個支持性和積極性的情緒氣氛（學習的外部設備和人文環境）。信任、溫暖、安全和同伴接納的感覺是關鍵所在。

2.2 五花八門的學習者和學習方式

> 事物本身及做事的方法。只注意事物本身還不夠，還
> 需注意做事的方法。壞的方式會毀掉所有的事情 —— 哪怕
> 你是有道理的和正義的；好的做事方式可對事情有所補益，
> 可讓「拒絕」冠冕堂皇，讓真相更喜聞樂見，甚至讓蒼老的
> 面孔增色一點。如何做事，至關重要。禮節可獲得人們的好
> 感。良好的風度給生活增添樂趣，令人愉快的表達助你輕鬆
> 地擺脫困境。
>
> —— 《智慧書》 （14）

學習環境的選擇，最終還是要取決於不同的學習者。學習者的類型不同、學習的目的和目標不一樣，就會造成學習效果極大的差異。學習是一個能力、方法和效率「適量銜接」的過程，既不能小馬拉大車，也不能大馬拉小車。所以，學習的藝術更多的是選擇的藝術：學習目標的選擇、學習態度和情緒的選擇、學習環境的選擇和學習方法的選擇。

2.2.1 不同的學習者不同的學習風格

每一個學習者都具有自己的學習風格。學習風格就是一個人經常採用的學習和認知方式，它是由你的人格特徵、學習策略和學習傾向所決定的。人格特徵主要包括意志力、成就動機感和解決問題的能力等性格取向；學習策略就是我們為了完成學習任務所採取的一系列步驟，其中最重要的一步就是學習方法；而學習傾向則包含學習情緒、態度、動機、學習環境和學習內容的選擇偏好等。這三種因素造就了

不同的學習者。

1. 學習風格的生理因素

不同學習者的生理差異會影響學習過程中的知覺風格（學習環境選擇）、資訊加工模式、記憶風格、思維傾向和情感控制能力等。

(1) 知覺風格

知覺就是人們認識周圍世界的整體感覺。從學習的角度來說，大多數人的知覺風格分為兩種，依據對外在學習條件（環境）的依賴程度，分為「場獨立性」和「場依存性」的學習風格。

場獨立性的學習者往往傾向於以內在參考而不是外在參考來知覺事物，即主要以（也能夠）自己獨立的標準覺察、判斷事物；而場依存性的學習者則較多地依賴外在參考來知覺事物，或者難以擺脫環境因素以及他人的影響，不能從複雜的情境中區分事物的若干要素或組成部分。

人們對於知覺風格的研究較早，也較為有成果。這是因為，相比較其他表現要素，知覺風格要更明顯、直接，對其表現行為的測量方法也比較完善。更重要的是，它構成了認知風格的總體框架，其他的認知風格都對其有外延性。知覺風格學習者的主要特點見表 2.1。

表 2.1 知覺風格學習者的主要特點

	場獨立性	場依存性
學科興趣	自然科學	社會科學
學習優勢	分析、解決問題、精細結構處理，理科成績較好	歸納整理、順序排隊、總體意識出色，文科成績較好
學習策略	能夠獨立自覺地學習，受內在動機支配	易受暗示，學習欠主動，受外在動機支配

(2) 資訊加工風格

對資訊的加工，人們一般採取兩種處理方式 —— 同時加工和繼時加工。兩者沒有什麼優劣之分，而且大部分情況下，我們對於某一種事物進行處理時，兩種加工方式是同時進行的，只是學習者存在一定的偏好而已。

學習者在同一時間內對多個資訊進行加工，並將它們聯合成整體，從而獲取事物的意義。其本質特徵是在同一時間把握事物的整體和系統。擅長同時加工的學習者能根據所了解到的資訊預示或推知事物的存在和發展變化，條件是他需要有很豐富的經驗積累。繼時加工是指學習者對外部資訊逐一地進行加工從而獲取其意義。長於繼時加工的學習者傾向於按部就班、以線性方式處理資訊。組織、歸納資訊的能力較強。

每個人都具有對資訊進行同時加工和繼時加工的能力，但出於種種原因，往往較多地依賴一種而較少地運用另一種。偏愛其中一種而忽略另一種，往往受早期形成的生活習慣的影響而難以改變。學校教育較多地強調繼時加工，要求學生按部就班地感知、思維、學習，使得繼時加工在學生的認知發展中占有優先地位。然而，無論是在學習、生活還是工作中，兩種加工方式的共用和適時的交替運用才能獲得最好的結果。

(3) 記憶風格

趨異和趨同是記憶的兩種方式，不同的學習者也存在著不同的偏愛。總體來說，年齡較小的學習者更傾向於趨同；而年齡較大的學習者更傾向於趨異。這可能與知識的積累和分析推理能力的提高有關。

　　趨異者更喜歡精確地知覺新的資訊，能察覺出新舊資訊的細微不同和變化，從而能精確地回憶（一般記憶力較強）；而趨同者則喜歡很快地將新資訊同化入原有的資訊中，而不做精確的分析，從而在腦中保持較為模糊的印象，不能進行精確的回憶。

　　趨異和趨同只是學習者個體的偏愛，它們並不存在很明顯的優劣之分。這就像語言學習時一樣，精讀每一篇文章固然是好的，但是，我們有那麼多的時間做到每一篇文章都去精讀嗎？對於不同種類和需要程度的文章，我們有必要同樣對待嗎？尤其是當今的資訊時代，某些資訊知道了就好，所以也就不需要下那麼大的功夫去理解、精細的記憶。儲存在腦子裡，需要的時候去做一些「深加工」也是可以的。從腦功能的角度來看，趨異更適於大腦對差異性、新穎性更敏感的特徵。但是，我們一直在講，學習新的知識最好的辦法就是用類同的舊知識去同化「消化」它，這符合人類思維的同化理論。所以，理性思維較強的學習者，應該更強調趨同；而實踐能力、空間感較強的學習者則更傾向趨異。

　　學習者記憶力的強弱也有很大的差異。但是，它是可培養、可訓練的。怎麼樣訓練呢？記得有一位哲人說過：要想記住什麼，最好的辦法就是講出來給別人聽！有道理吧？你能講出來，那一定是經過你的大腦加工、整理、思考過的，還能記不住嗎？對於記憶訓練似乎有專門的方法，在這裡我們可以為你提供一些記憶策略：

　　① 採用分段學習法，以使每一時間段中所識記的素材相區分，增加首次記憶和最近（末尾）識記的頻率。一般來說，對一段素材的記憶，首部和尾部的記憶效果較好，而中間的記憶效果較差。

　　② 鞏固以前所學的知識。記憶的過程實際上是原有觀念同化新

知識並將新舊觀念明確區分的過程，因此學習者認知結構中原有的發揮固定作用的觀念必須具有清晰性、鞏固性和穩定性。如果原有觀念不清晰、不鞏固、不穩定，則不僅不能為新的學習提供適當而有力的固定點，而且會影響新舊觀念之間的辨別程度，即使學了新知識，也難以得到準確的檢索。這就需要在新的學習之前，就像體育鍛鍊一樣做些必要的複習鞏固和準備練習。

③ 透過不同的顏色、符號或其他各種方法突出重點或所要記住的部分，使新知識與舊知識的不同點明細地區分開來，有利於自己初次識記的準確無誤。在原有知識清晰、鞏固、穩定的前提下，又突出了新舊知識之間的差異，則你的記憶就容易是趨異的了。

④ 運用必要的記憶術，使本來難以記憶、缺乏邏輯聯繫的素材賦予人為的意義，幫助記憶。比如說，聯想記憶。

(4) 思維風格

就學習過程中的思維方式而言，可以說是千差萬別。整體來說可以從三個維度去衡量一個學習者的思維：分析問題的細節性和整體性差異；發散型思維和集中型思維以及對資訊進行歸類處理時的寬、中、窄之分。就學校的學習者而言，似乎細節性思維、集中型思考問題以及資訊歸類窄的學生學習成績更加優異。但是，從社會需要和人們日常生活的整體而言，也不盡然。現在看來，針對不同的問題，採取不同的思維和處理方法，應該是最好的思維風格。

一般認為，細節性的思維者習慣於在腦中把認識的概念、觀念或問題分解為若干部分、特徵或方面，而整體性的思維者基本上很少強調細節。哪個更好呢？習慣上都是更喜歡前者，但是，我們看來，注重細節和問題的分類，應該是認識和解決問題的最初級階段，對待較

為「線性」發展的事物，優點明顯；而如果到了頭緒繁多、資訊雜亂、干擾因素增加的社會生活之中，可能就是整體性的思維者占據優勢，因為他們更有能力、能更快地解決問題。

處理資訊歸類的寬窄，也和細節與整體的問題一樣，應該看問題本身的特性。我們都想對我們接收的資訊「細細地」分類、「一點點地嚴格地」處理，可是，時間允許嗎？所有的資訊都有著相同的價值嗎？所以，還是要結合使用多種歸類方法。

倒是發散型和集中型的兩種思維方式，值得我們多加注意，因為它們的個體差異很大，兩種思維方式產生的結果也會有很大的差異。發散型思維強調從多角度、各方面去分析和考慮問題；而集中性思維是將已掌握的資訊盡可能地整合到一個方向，延伸、拓展，去追求一個確定的答案。聽起來前者像一個社會工作者，而後者就像一個科學家、某一個學科的科學研究人員。心理學的研究結果顯示：發散思維者更具衝動性、廣闊性，熱情、興趣較廣，可靠性差，女人味明顯，想像力豐富，喜歡選擇人文科學，尤其是文學、現代語言學作為自己的專業或職業；而集中型思維者則傾向於謹慎，情緒冷淡，興趣不廣，可靠性強，想像力不夠豐富，男人氣質明顯，喜歡選擇自然科學作為自己的專業或職業。

（5）解決問題風格

沉思與衝動反映了個體加工資訊、形成假設和解決問題的速度和準確性。這兩者之間存在著很明顯的優劣之分。沉思性學習者會運用充足的時間考慮、審視問題，權衡各種解決問題的方法，然後從中選擇一個滿足多種條件的最佳方案，因而只要他們做出反應，往往是正確的；而衝動型的學習者則傾向於根據問題的部分資訊或未對問題作

透徹的分析就倉促做出決定，反應速度較快，但容易發生錯誤。

　　研究表明，低年齡的學習者，衝動類型的較多，這也符合人類成長的規律性。實際上，就算是成年人，大家也都是希望自己是沉思型，而不是衝動型。所以，問題的關鍵是，在思維和處理問題時，怎樣約束和培養自己「沉思」的習慣和風格。分析表明，這方面的培養和作為與人的性格有關。

2. 個性類型與學習風格

　　學習者的學習風格與學習者的個性有著極大的相關性。而且，個性一旦形成就會嚴重地制約學習者的學習方式和傾向，使學習風格更加鮮明化。

　　人的行為並不是隨機產生的，會有一定的思維和心理傾向。瑞士心理學家榮格就認為人是可以分為四種「心理類型」（psychological types），即兩種知覺過程：感覺和直覺；兩種判斷過程：思維和情感。

- 感覺：透過感覺的方式覺察事物的存在，但不指示是什麼事物。
- 直覺：在缺乏現實資料的情況下個體對事物的意義、關係、可能性做出預感。
- 思維：判斷所知覺的是什麼，給予命名，並合乎邏輯地作出決定。
- 情感：根據個體主觀的價值系統對事物是否為個體所接納作出判斷和評價，決定該事物對自身有何價值並表明自己對該事物的態度。

　　榮格進一步對人的個性進行了三個維度的劃分：知覺維度（感覺 —— 直覺兩極）；判斷維度（思維 —— 情感兩極）；心理活動能量

傾向維度（外傾 —— 內傾兩極）。並根據它們的組合，產生了八種人格分類（表 2.2）。

表 2.2 八種個性類型及其特徵

		外傾	內傾
知覺維度	感覺	尋求享樂，無憂無慮，善於社交，適應性強，重視實際，追求新異感覺，直覺受壓抑	情境決定行為，被動安靜，藝術性強，不關心人文事物，對當前身旁的事物感興趣，直覺受壓抑
	直覺	決策憑預感，好改變主意，富於創造，感覺受壓抑	偏執，喜歡白日夢，觀點新穎但離奇，喜冥思苦想，很少為人理解，以內部體驗指導行為
判斷維度	感覺	按常規行事，冷靜客觀，善於思考，固執己見，情感受壓抑	離群索居，判斷力差，不愛社交，適應能力弱，智力較高但忽視實際，情感受壓抑
	直覺	易動感情，重權威和傳統，愛交際，追求人際關係的協調，思維受壓抑	文靜多思，極為敏感，孩子般地令人不解，對他人情理漠不關心，情感冷淡，思維受壓抑

3. 學習過程決定學習風格

有關學習過程，孔子認為是由學、思、習、行四個階段構成，也就是博學、慎思、時習、篤行；德國教育家赫爾巴特（J.F. Herbart）認為，學習過程包括明瞭、聯想、系統、方法四個階段；俄羅斯學者將學習過程分為感知、理解、鞏固和應用四個環節。

美國教育心理學家庫柏（David Kolb）認為學習過程由具體經驗（Concrete Experience, CE）、沉思觀察（Reflective Observation, RO）、抽象概念（Abstract Conceptualization, AC）和主動驗證（Active Experimentataion, AE）四個相互連接的環節構成。

（1）具體經驗（CE）

本階段強調個人經驗和情感體驗在學習中的作用，傾向於更依靠情感而不是系統的方法解決問題，學習時較多地依賴自我的坦誠和靈活的適應能力。其主要特徵是，由情感體驗和實際經驗而學習、善於與人打交道，對情感領域和人際關係較為敏感。

（2）沉思觀察（RO）

本階段的學習者能從不同的角度理解學習內容和學習情境。學習更依賴學習者的耐心、對客觀事實的仔細判斷，而沒必要作出實際的行動。也可能依靠自己既有的思想情感形成新的觀點。其主要特徵是透過看和聽來學習，決定作出之前仔細觀察，能從多種角度思考問題、理解事物的意義。

（3）抽象概念（AC）

本階段的學習者運用既有的觀點進行邏輯推理，而不是透過個人情感理解教科書。通常主要依靠制訂系統的計畫、產生新的觀點去解決問題。主要特點是透過動腦思考學習，強調對觀念的邏輯分析。

（4）主動驗證（AE）

學習者在本階段採取一種積極主動的形式進行學習，即主動地影響和改變環境。與觀察情境相反，學習者將注重實踐並關注所學東西產生的實際效果。主要特徵是透過行動、檢驗來學習新的東西，並對他人或事件產生影響，富於冒險。

儘管對每一個學習者來說，學習過程都必須經歷上述四個環節，但不同的學習者對這四個環節的偏愛程度和所投入的精力是有差別的。有些人重視情感在學習中的作用，有些則更重視觀察，還有的偏

愛思維或行動。學習過程的四個環節構成了兩兩對應存在,即具體經驗(情感)與抽象概念(思維)相對應,沉思觀察(觀察)和主動驗證(行為)相對應。這就造成了學習者在學習過程中的一些偏愛,也就構成了因學習過程的選擇不同而形成的學習風格(表 2.3)。

表 2.3 四種學習風格的優劣和訓練策略

AC	
順應型 長處:付諸行動、善於領導、敢於冒險 短處:微不足道的改革和無意義的活動太多、不按時完成任務、計畫不切實際、偏離目標 揚長策略訓練:專注於鎖定目標、多與他人交往、影響並領導他人	**發散型** 長處:想像力豐富、善於了解人、認清問題、思想活躍 短處:在幾種選擇面前無法抉擇、難以作出決定、難以把握機會 揚長策略訓練:敏銳地觀察他人情感、衡量各種事物的價值、虛心聽講、累積資訊資料、想像不確定情境的意義
集中型 長處:快速解決問題和作出決定、擅長演繹 短處:解決問題容易出錯、決定作出倉促、思想凌亂、缺少自檢行為 揚長策略訓練:尋求思考和解決問題的新方法、將新的思想付諸行動、選擇最佳方案、樹立目標、作出決定	**同化型** 長處:善於制訂計畫構建理論模型、善於分析問題 短處:空中樓閣、缺乏實踐應用、不善從錯誤中吸取教訓、缺乏良好的工作基礎、缺乏系統的工作方法 揚長策略訓練:組織整理資訊資料、檢驗理論思想的正確性、分析量化資料
CE	

(左側標示 AE,右側標示 RO)

- · 以「抽象概念」和「主動驗證」兩環節為主的集中型風格;
- · 以「具體經驗」和「沉思觀察」兩環節為主的發散型風格;
- · 以「沉思觀察」和「抽象概念」兩環節為主的同化型風格;
- · 以「主動驗證」和「具體經驗」兩環節為主的順應型風格。

至於你是哪種風格的學習者,我們會在第 9 章中幫你分析。

4. 學習風格的性別差異

男女之間的學習風格顯而易見地存在著差異,但是社會的進步,資訊時代的來臨,似乎某些差異正在逐漸地縮小、在消失。我們能夠

認識到的差異主要存在下面幾個方面。

(1) 男女學習的認知風格

① 知覺風格

在知覺類型上，似乎男女的差異比較明顯。一般來說，女性長於聽覺和語言知覺，而男性則長於視覺和空間知覺。

在知覺方式上，男性更傾向於場獨立知覺，而女性則較傾向於場依存知覺，這一差異在青春期後表現較為明顯，這可能與性角色期待和模仿以及性成熟有緊密關聯。在知覺速度上，無論是知覺速度本身還是知覺準確率，都是女性優於男性。

② 記憶風格

從記憶類型來看，女性比較擅長形象記憶、情感記憶和運動記憶，而男性則比較善於邏輯記憶。

記憶一般分為識記、保持、回憶三個基本過程。男女之間的記憶差別主要體現在識記過程中，而這一過程也是記憶的主要過程。從整體來說，女性的記憶風格更偏向於無意識地、機械識別記憶；而男性則多進行有意識的、獲得意義的記憶。

③ 思維風格

關於思維風格的性別差異，存在著很多的爭論。可以說差異並不明顯，或者也可以說差異只是存在於青少年成長的某些階段，而成年之後的思維性別差異不是很明顯。

概念、判斷、推理是最基本的思維形式。在對華人國中生的抽樣研究中發現：在概念方面，國中階段男生優於女生，其他階段無明顯差異；在判斷方面，女生的判斷力比男生好，最明顯的體現也是在國

中階段。這些差異似乎與青春期發育有關。而在推理方面，無論是哪個階段，男女生之間均無明顯差異。

就思維類型而言，女性較偏向於形象思維，更習慣或傾向於形象、具體地解決問題，而男性則偏向抽象思維，更習慣或傾向於推理、認證。

而就思維特質而言，在思維活動中表現出來的深刻性、靈活性、獨創性和敏捷性，男性從整體上稍稍優於女性。

(2) 男女學習的情感風格

① 學習興趣

學習興趣是學習者對客觀知識的一種積極的、帶有情緒色彩的認知傾向，一般隨著年齡增長而不斷變化。就中小學生而言，男生對理科方面的興趣稍高於女生，女生對文科方面的興趣稍高於男生。這種偏好一般從小學四年級開始，逐漸地差異性變大。

② 成就動機

成就動機是指一個人透過自己的努力獲取成就達到目標的一種願望，是推動一個人完成某項任務的內部動力。在心理學領域，對成就動機的測量，一般是讓被試者針對某一組圖片講述一個故事，然後有測量專家根據故事內容和故事的敘述過程提出被試者成就動機的得分。一般來講，女性的成就動機普遍低於男性，而且，在競爭環境下，女性表現出明顯的逃避的動機和避免失敗的傾向。

很有意思的是，在測試過程中，測試者的指導語對不同性別的測試結果會有影響。在中性條件下，即告訴被試者這不過是一個遊戲，使測驗在輕鬆的氣氛中進行，這時，女性的成就動機分數高於男性；

而如果告訴被試者測驗是測量一個人的組織領導能力，這時，男性成就動機分數就會急劇提高，而女性的成就動機分數變化不大；但假如指導語說測驗將測量人被其他社會成員所接納和歡迎的程度，這時，女性的成就動機分數成長較高，而男性則成長不多。

③ 考試焦慮

考試焦慮是學習者在參加考試前和考試期間的一種緊張情緒。適度的焦慮有利於學習者的複習準備和考試時的快速靈活作答，但若焦慮過度，甚至產生「怯場」，則會嚴重影響考試結果。

一般看來，女性的考試焦慮普遍要比男性高。但是，從學校層次和學生年齡來看，國高中時男女生之間的考試焦慮差異不大；在職校，女生的焦慮性反比男生低；而在大學生中，女生的考試焦慮症狀明顯高於男生。

(3) 男女學習行為的差異

由於男女生在學習興趣、學習動機、學習方法等方面存在差異，決定了他們在學習行為和結果上的差異。主要表現在下面三個方面。

① 知識掌握

從整體來看，小學階段，女生的學習成績明顯優於男生；國中時，優勢消失；到高中時總體成績明顯不如男生。

文科（語文、英語）成績是女生好；理科（數學、物理）成績是男生好。

不論是文科還是理科，學習成績的離散程度男生比女生要高一點。尤其是兩端，也就是學習成績特別好的和學習成績特別差的人數是男生多於女生。

② 學習能力

在語言學習能力上，小學男女生沒有明顯差異；在數學推理方面，從國一開始男生的能力漸漸超過女生。而女生在國三時往往會出現一個語言學習能力的加速期。

從學習能力的發展來看，無論是語言能力還是數學推理能力，男女生都隨著年級升高而強化，符合學習能力發展的順序性。需要注意的是，小學 4～6 年級和國中的 1～2 年級學習能力的提高程度比較明顯，其他時間則成長緩慢，這可能與升學考試的複習有關。

③動作技能訓練

對於操作事物和動作技能的學習，一般我們從動作技能學習、操作速度、操作特質和動作調節能力上加以衡量。無論是操作學習的哪一個階段，都是女生比男生好。這主要是，女性的注意分配能力較好，可以「眼觀六路」；女性的運動記憶能力較好，比較容易在大腦中形成動作的映像；而且女性易受外界刺激的影響，更善於模仿、從眾和受暗示。

在操作速度和操作特質方面，女性表現的速度快、準確度高，靈活性和協調性都優於男性。尤其是一些不太需要用力，而靈活程度較高的工作，如打字、接線、編織等，女生的優勢明顯。

從操作活動的調節能力來看，女性的內部感覺（動覺、平衡感和動作體察）比男性更為敏銳，她們能較多地依賴於動覺刺激調節活動，使動作技能較快地達到自動化。而男性因長於視覺，他們在開始練習時往往更容易依靠視覺控制動作技能（儘管此時也有動覺的控制），從而延緩了動作技能自動化的進程，因為練習活動必須由視覺

控制轉化為動覺控制，才能使動作技能達到自動化。

2.2.2 最常提到的 12 種學習法

　　說到學習方法，你現在應該明白，每個人、每件事都是特別的，都有它們獨有的方式、方法。你說你有固定的學習習慣，但是在遇到不同種類的問題時，在處理問題的不同階段，你所採用的方法也一定是不一樣的。所以，我們這裡要做的就是將最常見、最有效的學習方法介紹給大家。請大家自己鑒別、整理，為自己所用。

　　不過，在介紹各種學習方法之前，可以提醒大家一個「學習總要」。所謂總要就是不管你採用什麼方法，都應該遵循下面的三條宗旨（原則）：

　　(1) 最現實的學習目標就是 —— 把別人的東西變成自己的；

　　(2) 最佳的學習過程就是 —— 不斷地用舊的知識來消化新的知識；

　　(3) 最合理的學習模式就是 —— 有情感參與的「三位一理」的學習模式。

　　大腦中時刻切記這三條，學習一定是有效率的。

1. 聯想法

　　所謂聯想，就是由當前感知或思考的事物想起另一事物。心理學強調，聯想反映了客觀事物之間的聯繫，在人的記憶、想像、思維等心理過程中，聯想都是一個重要的過程。聯想到鮮明的場景、人和事物的記憶都是屬於效果最好的長效記憶。

　　當我們在學習過程中運用聯想時，經常被考慮的有四種類型

的聯想：

(1) 接近聯想，運用事物之間空間上的接近、時間上的連接或連續產生聯想；

(2) 類似聯想，客觀事物之間存在著許多的相關性，無論是在本質上，還是在現象上，都很容易觸發我們的類似聯想；

(3) 對比聯想，事物之間差異的特徵是最容易被我們的大腦所注意的，由當前研究的事物對比我們以前所接觸、所認識的事物，幫助我們解決問題；

(4) 因果聯想，前因後果、內在外在、綱舉目張，我們很容易由一件事物的原因而想到後果，這個符合我們的正常的邏輯思維。

至於具體怎樣產生聯想，那真是各有各的高招。

(1) 故事聯想法。就像看電影一樣，只要看過電影的劇情，就能回憶電影的細節，類比電影可以觸動我們的聽覺和視覺，而且講故事的效果總是很好的。

(2) 圖像聯想法。能把你接觸的事物或知識想像為圖像，你的大腦就已經接收了這件事物的資訊了，可以說聯想到圖像的過程就是一個知識再消化的過程。

(3) 兩兩事物（圖像）聯想。這就是將圖像聯想構成更多的連接，讓我們從一個事物「自然」地就想到另一個事物。你喜歡吃櫻桃冰淇淋，那你每當看到櫻桃時，就會自然地想到冰淇淋。

(4) 聲音聯想法。除了聲音本身的特質，如音色、音質、音量可以當做聯想的線索外（比如人的聲音低沉，我們可能會聯想

到這個人很沉穩；尖而高的聲音可能聯想到緊張、恐懼的情景等），諧音和譯音也可以成為聯想的素材。

(5) 韻律聯想法。也叫做節拍聯想或是旋律聯想，最好理解的事例就是，聽到 rap 的旋律，你會想到什麼呢？

(6) 口訣聯想法。和節拍聯想有異曲同工之處，是運用關鍵字、押韻、節奏、圖像等聯想的元素組成的「雞尾酒」聯想法。比如我們記憶參與八國聯軍的國家：俄德法美日奧義英（餓的話每日凹一鷹）。

(7) 自然聯想法。Natural 是自然，Concept 是概念，這就是自然而然的聯想。比如提到運動你會想到什麼，有人會想到健身，有人會想到錦標，有人就會想到運動傷害，想到什麼主要和我們的生活與學習背景有關。

2. 比較法

我們的工作和日常生活中隨時隨地都在進行著各種比較。它是一種透過認識事物的現象來找出事物的規律的一種方法（圖 2.2）。

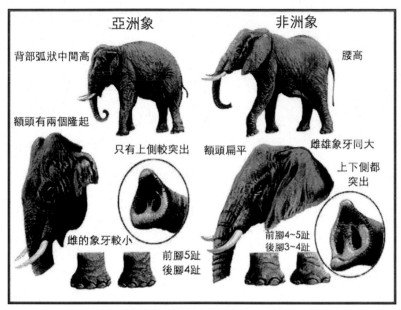

圖 2.2 用「比較法」學習有關亞洲象和非洲象的知識

　　一般常用的有同類比較和同異比較兩種方法，同類比較便於我們找出事物的規律性，而同異比較有利於我們的記憶。

　　常常被我們用來做比較的具體方法有：

(1) 縱向比較，主要是對同一事物的不同發展階段進行比較。比如，某某同學比上學期進步了。

(2) 橫向比較，把同時進行的事物放在一起進行比較。比如，明明同年出生，怎麼小明就能長得那麼高呢？

(3) 同類比較，就是將兩個或兩類性質相同的事物所具有的特徵進行比較，以找出它們的相同點。比如，螞蟻和蜜蜂都屬於勤勞的群居性動物。

(4) 相異比較，就是將兩個或兩類性質相反的事物或一個事物的

正反兩方面加以比較，以認識它們共同的或者是各自存在的規律。

3. 編序學習

編序學習是由美國的心理學家史金納（B. F. Skinner）提出的學習法。把教科書編排成符合自己的學習速度和習慣的序列，從而能夠較容易地達到學習目標的一種學習法，有利於培養學習習慣和矯正在學習上的一些不良行為。

編序學習時，四個需要注意的方面是：

(1) 學習者要有一定的積極反應。一方面，學習程序一定要自己排定，另一方面，要時刻觀察學習效果並做出積極的調整。
(2) 在觀察到學習效果之後要立即強化，如果強化遲緩，效果會顯著減弱。
(3) 一步步來。因為前一步是後一步的基礎。
(4) 整體速度和自己的速度。構成學習法的完整步驟時不要太急，要注意一步步之間的聯繫和銜接，更重要的是要結合自己的理解和思維速度及能力。

4. 利用圖形

利用圖形，可以理解為在自己的頭腦中建構對事物理解的結構圖。它是一個組合重建的過程，當然會引起我們極大的注意。

一般來說，我們平時面臨的事物和環境，可以區分為自然的、場景化的和人工的三種。拿語言來說，自然的就像是我們的母語，從小就耳濡目染；場景化的就像我們的職業語言，在一定的場合下產生效果；而人工的相當於我們每個人「自造」的語言，是經過自己深刻理

解之後而產生的。所以，利用圖形進行學習的過程，就是一種將所學知識的「再構造」，符合我們「將別人的東西變成自己的東西」的學習原則。

5.SQ3R 法

S — Q — R — R — R —— 分 Surve （概覽）、Question（問題）、Read（閱讀）、Recite（敘述）、Review（複習）五個步驟，從五個方面考慮問題的一種學習（讀書）方法。

(1) Surve：首先閱讀所學教材的章節要點、概要、學習目的列表、序言、結論等，對整個資料做個概覽，來獲得對整個素材的整體把握。

(2) Question：透過概覽，最好是提出自己的問題，應該在仔細閱讀之前把問題寫下來。問題可以集中三類：①我已經知道了什麼？②教科書（作者）想告訴我什麼？③我能（想）得到什麼？

(3) Read：這是讀書（學習）的最重要的階段。閱讀中需要注意的是：①要帶有問題地去讀，問題可以是前面提出來的，也可能是讀書過程中新產生的，問題越多越好；②嘗試去解決問題，同時比較一下你的方法和作者的區別，也考驗一下你解決問題的能力；③盡可能地培養自己快速閱讀、回讀、重點閱讀的習慣；④主要概念的地方、細節，你所關心的段落要做一些「眉批」、劃出重點，但是要注意重點不能太多。

(4) Recite：敘述、複述素材，這一過程可以幫助學習者明確自己對教科書的理解和掌握程度。在複述的過程中，你應該將內容大聲地朗讀出來，更好的辦法是，找一些玩伴，相互講

述、提示、問題對答等，效果最好。

(5) Review：複習（應該伴隨著評論），這是記住自己所學內容的必要階段。透過重新回顧和反思，能夠讓自己注意到素材的不同部分和整體的關係，以及它們是如何被整合到一起的，有助於學習者對教科書的全景式認識。而且，Review 也是大腦將情景記憶轉化為長時記憶的重要過程。

6. 學習語言的「五步讀書法」

這可以說是 S — Q — R — R 學習法的具體應用，主要可以針對外語和文言文的學習。重點有五個步驟：

(1) 預讀：讀準字音，準確停頓，把握節奏。重點在整體上把握教科書。

(2) 抄讀：熟悉文章（課文），自學存疑，明確重點和難點。

(3) 解讀：透過語言（句子）分析，具體地感知文章的內容，從內容到形式深入具體地把握文章的觀點、態度、寫作方式和表達的內涵。

(4) 品讀：就思想內容、章法結構、表現技法、語言藝術、藝術風格等方面對文章進行文學和美學的鑒賞性閱讀。

(5) 誦讀：加深理解，強化記憶，豐富語言，積累素材，訓練語感，培養專業素養。

7. 鉤玄提要法

唐代的文學家、思想家韓愈，對於鉤玄提要法是這樣描述的：「口不絕吟於六藝之文，手不停披於百家之編；記事者必提其要，纂言者必鉤其玄」。「提其要」就是抓重點，「鉤其玄」就是掌握本質的東西。

主要矛盾抓住了，「其餘如破竹節，皆迎刃而解也」，李時珍的

《本草綱目》就是在一千多萬字的讀書筆記的基礎上整理出來的。

8. 薄厚互返法

這是著名數學家華羅庚推薦的讀書（學習）方法。也就是說，學習（讀書）的過程先要「從薄到厚」博覽群書或是掌握全書的概要，是一個學習、接受的過程；然後是「從厚到薄」，是消化、整理、提煉、為我所用的過程。

第一階段，扎扎實實地讀每一本書，積少成多，積累知識和素材，由薄到厚；

第二階段，把所學的知識融會貫通、提煉、概括、綜合、理解和消化，由厚到薄。

《圍城》一書的作者錢鍾書的讀書方法也類似於此，他主張先博後約，由博返約。即先廣泛涉獵，博覽群書，然後再在此基礎上提煉吸收，形成自己的知識結構。

9.「鯨吞」與「牛食」

「鯨吞」與「牛食」可以說是事物的兩個方面，類似於我們平時說的「泛讀」和「精讀」。

鯨魚是海洋中最大的動物，食量也很大。但是它的進食方式也很特別，張開大網一樣的大口把所有的東西，通通地「吞進」，然後再過濾、消化。這也是一種讀書、提高能力的方法。不是有句話講「讀書破萬卷、下筆如有神」嗎！「鯨吞」的好處就是擴大自己的知識面，有利於知識（素材）的積累，同時能夠有效地提升自己的學習興趣。

進去的食物需要不斷地返回到口腔裡反覆咀嚼，然後再消化吸

收。讀書（學習）也需要「反芻咀嚼」。有些書的內容讀一遍是不能完全理解的，或者是理解不深，這就需要「反芻咀嚼」；有些書的內容當時認為理解了，過些時間可能發現理解錯了，沒有真正理解，也需要「反芻咀嚼」；有些書內容雖然理解了、記熟了，但經過「反芻咀嚼」又會促進我們前後貫通、舉一反三，達到加深理解、真正掌握的目的。

10. 資料卡片法

資料卡片法就是用卡片來摘錄有關資料的學習方法。

每一張卡片一般只記一個問題，可以簡略記述一本書或一篇文章的內容，一段精闢的話，一個典型生動的例子，一個論題，甚至是某篇文章的出處或文章作者的介紹，還可以將自己看書或思考問題的「一閃念」，或某個疑難問題寫在卡片上。我們可以分門別類地把幾十種、幾百種資料對某一問題的看法放在一起，便於進行對比和研究。優點是靈活，便於整理、查找。所以，卡片積累到一定數量就要按內容、性質分類編目。卡片使用後要注意放回原處，以方便查找和整理。

這一方法的要點在於循序漸進、有綱有目、不間斷地積累和整理，養成良好的習慣。

11. 溫故知新法

溫故即複習以前學過的知識，是指不忘；而從這些舊的知識中獲得新的知識或見解，則謂之知新。「溫故」是「知新」的基礎和前提，而「知新」則是「溫故」的進一步發展，也是溫故的重要目的之一。

新知識的理解、接納，取決於學習者的認知發展水準，即既有的

知識結構和策略。而學習者的認知發展水準則是學習者對以前知識加工、理解程度的體現。不斷地溫故知新就能不斷地提高學習者的學習能力和發展空間。

溫故知新的遷移表現就是思維通達，思路輻射廣，觸類旁通，利於學習者思維特質的提高。但是，一旦學習者離開原有的知識經驗或方法，對原有知識不「溫故」，而一味地追求新知識新能力，就違背了「溫故知新」的學習基本原則，造成知識量不足，學習不能深入，難以理解和認知水準受限等一系列問題。而如果只複習舊的知識，沒有創新的目的，則也只能停留在原有的知識水準上。

12. 模型建構學習法

這樣的學習方法已經很接近進行學科學研究究了，適合於解決某一項具體問題，訓練自己某一種專項技能，完成某一次重要的考試，或是彌補自己某一個重要的缺陷。總之，它是一種目標明確的、時間集中的、強化式的、極容易解決問題的一種學習方法。

首先的一步是要建構學習（讀書）的模型，可以按照三個 W 模式進行，也就是：

- · Why：我為什麼要進行這一次強化學習？應考、補缺還是完成任務；
- · What：我要解決、強化的具體問題是什麼，採取什麼樣的具體方法；
- · When：我需要多少時間完成這一次學習，每天的時間怎樣分配。

接下來，就要像做數學、物理的應用題一樣，把自己的已知條件、未知條件、需要求解的東西一項項地列出來。也就是，要解決目

前的問題，我手裡有什麼東西、資源；我缺少什麼東西、資源，這些沒有的哪些我可以得到，用什麼辦法，哪些不能夠得到，怎麼辦等；然後，就要考慮解決問題的具體方法，自己掌握的方法，自己沒有掌握的方法，怎樣去學習掌握等。

在構建了學習模型之後，我們還要不斷地實踐、檢驗、回饋、修正，一步步地接近目標，直到完成。

2.2.3 古人讀書十二法

開卷有益。書，人人都需要讀，但是許多人讀書讀不進、讀不懂、讀不通，甚至越讀越糊塗。這就是讀書不得法，找到好的適合自己的讀書方法很重要。因為這涉及是一個「良性循環」還是一個「惡性循環」的問題。書越是讀得好，收益也就越大，就越喜愛讀書；越是讀不好書，就會心煩氣躁，甚至於懷疑自己的學習能力，從而放棄讀書學習。所以，需要我們認真對待。這裡，我們介紹古人讀書十二法，看看你是否能得到啟發。

1.「思・問・習」讀書法

這是孔子主張的方法。

「學而不思則罔，思而不學則殆。」（《論語・為政》）

重視思考。在學習過程中，要動腦筋。

「敏而好學，不恥下問，是以謂之『文』也。」（《論語・公冶長》）

不懂就問。讀書就是要求知識，不懂又不問是求不到知識的。

「子入太廟，每事問。或曰：『孰謂人之子知禮乎？入太廟，每事

問。』子聞之，日：『是禮也。』」(《論語．八佾》)

孔子是一個大思想家、大教育家，他自己就是不懂就問。

「知之為知之，不知為不知，是知也。」(《論語．為政》)

當發現問題時，就要設法解決，而解決問題的方法，不外乎問人或者去讀有關的圖書。

「學而時習之，不亦說乎？」(《論語．學而》)

學習時，要經常鞏固、複習。

「溫故而知新，可以為帥矣。」(《論語．為政》)

不斷地學習、不斷地創新，你也可以做別人的老師！

2.「假物」讀書法

這是孔子的學生荀子所主張的。

「君子日：學不可以已，……吾嘗終日而思矣，不如須臾之所學也。吾嘗跂而望矣，不如登高之博見也。登高而招，臂非加長也，而見者遠；順風而呼，聲非加疾也，而聞者彰。假輿馬者，非利足也，而致千里；假舟楫者，非能水也，而絕江河。君子生非異也，善假於物也。」(《荀子．勸學》)

荀子把「假物」作為一個重要的學習方法，就是說要利用一切有利條件來學習。他認為人們的天資並沒有多大差別，只要恰當、充分地利用客觀條件，就能縮短成才的時間。

3.「精至」讀書法

這是王充提出的讀書方法，強調要用心專一地讀書。

傳日：「伯樂學相馬，顧玩所見，無非馬者。宋之庖丁學解牛，

三年不見生牛，所見皆死牛也。」二者用精至矣，思念存想……（《論衡‧訂鬼》）

專一而至，心中的一切都會改變。這正是讀書人需要達到的境界。

4.「不求甚解」讀書法

這是陶淵明提出來的讀書法。要求讀書時要抓住要點，去繁就簡和獨立思考。

明代狀元郎楊慎評價說：「陶淵明讀書不求甚解，是不為兩漢以來經書中的繁瑣考證所左右，而是能夠保持自己的獨立見解。」

陶淵明的「不求甚解」就是要抓主要矛盾，忽略枝節的東西。尤其是那些不一定可靠的素材，而應該有目的、有辨識、有分析地讀書。但是讀書也要避免囫圇吞棗，更不能一知半解。

5.「提要鉤玄」讀書法

這是韓愈提倡的讀書方法。旨在抓重點，明主旨，以便直探本源，提取精粹的內容。

韓愈勤於讀書，注重方法。他在〈進學解〉中有兩句話概括了他的讀書法：「記事者為提其要，纂言者必鉤其玄。」這我們在前面的常見學習 12 法中已經提到。韓愈認為做到「鉤玄」、「提要」之後，對書中的濃郁之處和英華部分，必須反覆涵詠，不斷複習，才能把文章的妙義要道化為己有。

6.「計字日誦」讀書法

這是歐陽脩統計應讀的總字數，再分配為每天的頁數，作為當日讀書的進度，長期堅持的讀書方法。

歐陽脩的「計字日誦」讀書法是這樣進行的：他根據自己的需要，精選了《孝經》、《論語》、《詩經》等十部書，總字數為 455,865 個字，然後規定自己每天熟讀 300 字，用三年半時間全部熟讀完畢。每天背誦 150 字，只要七年時間就背熟了。他說：「雖書卷浩繁，第能加日積之功，何患不致？」這是經驗之談，表明熟讀背誦的重要性。每日定量計字，細水長流，積少成多，則是歐陽脩實踐過並且證明是行之有效的讀書方法。

7.「一意求之」讀書法

這是蘇軾提倡的。

蘇軾認為：「人的精力不能兼收盡取，但得其所欲求者爾。故學者每次做一意求之。」這種「一意求之」的讀書法的最大特點是「求一」，即閱讀經典著作，每讀一遍，只圍繞一個中心，側重一項內容，抓住一條線索，解決一個問題。這樣的讀書做學問，好像打仗一樣，把敵人化整為零，各個擊破。為了避免精力分散，在閱讀中凡與「求一」、「主攻」對象無關的，一概不加涉及。這樣的定向閱讀很多時候是可以採取的。

8.「體會‧循序‧精思」讀書法

這是朱熹所提倡的。

關於「體會」。朱熹說：「為學讀書，須是耐煩細心去體會，切不可粗心……去盡皮，方見肉；去盡肉，方見骨；去盡骨，方見髓。」又說：「讀書不可只專就紙上求義理，須反來就自家身上推究。」「觀書以己體驗，固為親切，然亦須遍觀眾理而合其趣乃佳。若只據己見，卻恐於事理有所不周，欲徑急而反疏緩也。」

關於「循序」。朱熹說：「以二書言之，則先《論》而後《孟》，通一書而後及一書；以一書言之，則其篇章之句，首尾次第，亦各有序而不可亂也。」又說：「量力所至，約其課程而謹守之。字求其訓，句索其結旨，未得手前，則不敢求其後，未通於此，則不敢志於彼。」

關於「精思」。朱熹說：「大抵觀書須先熟讀，使其言皆若出於吾之口；繼以精思，使其意皆若出於吾之心。然後可以得爾。」又說：「讀了又思，思了又讀，自然有意。若讀而不思，又不知其味；思而不讀，縱使曉得，終是杌隉不安……若讀得熟而又思得精，自然心與理一，永遠不忘。」

9.「五類四別」讀書法

這是以唐彪（清代教育家，著有《家塾教學法》一書）為代表所提倡的讀書法。

唐彪把書分為「五類」：「有當讀之書，有當看之書，有當熟讀之書，有當再三細讀之書，有當備以資考之書。」他認為分類讀書有利於處理好精與博的關係。這種「五類」讀書法與古代有些學者所提出的「四別」讀書法相類似。「四別」指的是分出「目治之書（只看一遍即可）、口治之書（不僅要看而且要背）、必治之書（不僅要背而且要認真思考研究）與手治之書（不僅看、背且要摘其要而記下來）」等四種類別的書。

10.「五要」讀書法

這是蒲松齡從時、書、法三方面保證讀書順利進行的讀書法。

一、天天讀

蒲松齡自己裝訂了一個本子，每天清晨起床後，就在本子上標出一天中讀什麼書，寫什麼文章。如果日期下面出現了空白，他就會愧疚萬分。

二、夜夜讀

蒲松齡白天要忙於生計，夜裡經常是一卷書、一盞燈，埋頭苦讀到深夜。上床後，他還要就著燭光看上幾頁書。

三、老年讀

蒲松齡到晚年，髮白、耳聾、齒脫，但眼睛好，藉以翻書閱讀，足以使自己心情愉快。有他的詩為證：「僅目一感官盡職，翻書幸足開心情。」他〈寂坐〉中寫道：「平生喜攤書，垂老如昔狂。口中就南牖，日斜隨西窗。」

四、抄書讀

蒲松齡在畢先生家教書三十年不願意離去，其中一個最大的原因就是畢家書多，可供他抄讀。他以借書讀，抄書讀為幸。

五、分類讀

蒲松齡把書分成精讀、泛讀兩類，有區別地讀。有的書了解大意就行了；有的要反覆誦讀，不斷玩味，讀通為止。讀通的要求是：自我疑問，自求解答，濾盡渣滓，盡得精華。有他的詩為證，「讀書析疑如濾水，務使滓盡清澈底」。

11.「貴精」讀書法

清代著名語言學家戴震，為了獲得專精知識而提倡的讀書法。

　　精，就是要在深度上下功夫，把書讀懂讀通而能有收穫，要得到切實的知識，要做點學問，就得專攻一項，認真而深入地鑽下去。

12.「於無疑處求有疑」讀書法

　　這是清代哲學家、數學家，《幾何原本》的中譯者焦循的讀書經驗。

　　焦循在晚年總結讀書經驗時說：「學貴善思；吾生平最得力於『好學深思，心知其意』八字。」焦循的讀書公式是「讀書 —— 尋疑 —— 深思 —— 再讀 —— 再思 —— 求解」。「三位一理」我們這裡是借助了宗教體系中的概念。在基督教中，把聖父、聖子、聖靈稱為「三位一體」，也就是三個位格、一個本體；本體又稱為本原、本質等。「三位一理」中的三位是：學習者、學習引導者和學習媒介，而我們把「三位一體」變成為「三位一理」，其中的這個理，就是我們始終在倡導的「終身學習」的學習理念。

1.「三位一理」學習體系的構成

　　學習者 —— 我們每一個人在人生的每一個階段都是學習者。

　　學習引導者 —— 不僅是老師，三人行必有吾師，每一個人都可以成為學習的引導者。

　　學習媒介 —— 這個就太多了，每個人、每件事、社會及家庭的每個環節都可以成為我們學習的媒介。

　　終身學習的理念 —— 這是最重要的！

　　「三位一理」學習體系的關鍵就是三者的．其中，聯繫學習者、學習引導者、學習媒介三者之間的箭頭，都是雙向的！

　　學習者，這是我們體系中唯一的主角。但是，在現代社會體系

下，我們每個人都是學習者，就都是主角。一提到學習者，大多數人最先想到的就是學校裡的學生，這種觀念大大地 OUT 了！而且，它也違背了我們終身學習的學習理念。學校學習很重要，它是我們正規化學習的起點，但它也只是學習過程中的一種形式，一個階段而已。

實際上，作為學習者，我們每個人從媽媽肚子裡出來那一刻就已經進入角色了，餓了會哭，高興了會笑，睏了就睡，我們從最簡單、最原始的生理需要開始了我們作為學習者的進程。

進入幼稚園，差不多就算是進入學校了，那裡有很多東西要學 —— 離開父母依賴於其他人、和其他小朋友友好相處、如何快樂生活每一天等。

榮幸地成為小學生了，這時要學習培養良好的學習習慣、最簡單的文化知識、最基本的社會常識，還要構建我們最初、最「萌」的人生理想。

國高中生是一個比較特別、比較麻煩的群體，作為學習者他們需要學習的東西很多：第一就是要學會做人，因為高中畢業差不多就走進社會了；第二要掌握社會生存的法則，你的生存空間已經不僅僅是家庭了；第三要為適應社會的最低層的要求培養能力，這些能力僅僅是為了最基本的生存。

進入大學就基本上是進入社會了，無論怎樣講，現代的大學早就已經把社會作為課堂了，雖然還有一些保護存在，還有一些退路可走，但是真正想融入社會的人，一定會把大學就當做真實的社會的。這就是說，大學裡要學習融入社會、要學習生存的專業技能，最應該學的是一個人的適應能力，也就是如何和諧、快樂、高效率地在社會中生存，不僅有理念、想法還要有具體的計畫、行動、方法。

衝出大學，就完全進入了社會，也就開始了每天、每個方面不斷地學習，因為不學習，你就會被社會所淘汰，也就是無法生存！

學習的引導者，我們說了不僅僅是老師。這樣說吧，作為學習者的自己也可以成為學習引導者！三人行必有吾師，每個人都可以成為我們的引導者。廣義地講，一種觀念、一段觸目驚心的經歷、一個事物、一件物品甚至某座山、某條河、某個城市都可以成為我們學習的引導者，關鍵在於學習者的觀念。

學習媒介，這個可以說是和學習的引導者密切相連的。一般的、基礎的媒介是學校，但是社會，家庭、家長的媒介作用變得越來越大了，我們會專門論述家長的媒介作用（但是要記住家長不是主角！）。可是，對於學習者而言，真正造成學習媒介作用的恐怕還是社會，是各種傳媒，是社會之中的各種人。這樣說吧，心理學家、教育學家的研究表明，對於學校的學生，家庭和家長對他們的影響遠不如同儕對他們的作用。

所以說，學習是一個整體的、複雜的、和諧的體系，需要學習者、學習引導者、學習媒介三者的共同作用，我們說學習者是中心，他只是我們最終的目標，在學習的過程中，三者的合力才是最重要的，當然更重要的就是三者都要始終依存終身學習的學習理念。

2.「三位一理」的學習體系怎樣發揮作用

怎樣才能發揮學習者、學習引導者、學習媒介三者的合力作用呢？

首先要明白的就是各自的角色扮演，其次是三者之間的協調關係，最後我們還是要強調三者所共同依存的終身學習的理念。

　　作為學習者，積極的學習心態是第一位的，下一章我們就要專門地談論學習者，他的學習心態、他的學習目標、他的學習方法等；第二，學習者在「三位一理」的學習體系中的地位是要搞明白的，學習者是中心，是支配者，但是絕不能「唯我獨尊」，因為一旦學習者腦子中有了這樣的概念，尤其在華人「唯學習獨大」觀念很容易有市場，就會出現家庭中另類的「小皇帝」。我見過太多這樣的家庭環境：只要小孩子開始學習了，電視就不看了（是所有人，不是指學習者），每個人走路做事都是靜悄悄的，一切的事情唯學習者是從，不要說讓學習者做事情、做家事了，他（她）自己的每一件事差不多都不是自己做。這裡，我們只問一句話：作為終身的學習者，你的一生都具備這樣的學習環境嗎？第三，作為學習的主角，一定要做好協調和計畫的工作，這樣你才有資格、有地位、有目的地讓學習在正確的軌道上發展。

　　學習的引導者，我們說過了不僅僅是老師，不過狹義來講，造成最重要影響的還是老師。如何產生學習的合力，我們也是要注意三個因素：第一，也是心態，我們也會有專門的一章去論述老師應該怎麼做，怎麼當。宗旨可以先行告訴大家，就是四個字 —— 熱情＋經驗；第二，學習引導者在「三位一理」的學習體系中的地位，只有發揮引導的作用嗎？不一定，讀一讀我們論述老師的那一章吧，他可以是「保姆」，他可以是「上帝」，他可以是「第二家長」，他更可以是「朋友」，他也可能是「老闆」；第三，引導者就要先行，這個先行應該是針對學習者的，要因人、因條件、因目的地變化引導方向和引導的方法。我們目前的教育體制還不可能做到單獨施教、獨立上課。當然這也沒有必要，因為最好的學習方式是團體的、小組式的。但是，老師

可以做一個「有心人」，可以做一個「有愛心人」，可以給自己引導的每一個學習者，特別、特殊的關懷！

學習媒介，我們在前面已經談過一些，比如書籍、電視、家長、社會。在這裡我們也要從三個方面談媒介如何能在「三位一理」的學習體系中造成與其他兩者合作的合力效應：第一，心態，當然學習媒介沒有什麼心態，因為它們並不都是生物體。但是，我們要說的是學習者、學習引導者對待學習媒介的心態。要把它當成工具、實驗的場所、人生理想的演練臺，也可以是娛樂的方法、調和學習狀態的裝備和其他一切學習者可利用的東西；第二，學習媒介的地位當然是輔助性的，也就是說是「配角」。

配角！這一點，學習者和家長尤其要清楚。比如，學習者要清楚，電視、電腦等都是學習工具、學習媒介，是配角；再如，學生家長要明白，你也是配角，孩子才是主角，如果你真的要「喧賓奪主」，下場就是 —— 孩子就不明白他為什麼學習了，是為了你？還是為了他的生存？第三，媒介就是工具，是輔助方法，有條件的話當然是越多越好，內容和形式越豐富越好，俗話說：讀萬卷書不如行萬里路。達爾文的《物種源始》不就是他周遊世界五年之後寫出來的嗎？

我們之所以提倡「三位一理」的學習體系，就是因為它是一種最佳的學習理念和學習方式。因為，三者的目標是一致的；三者的地位是「共生」的，缺少哪一個，另外兩者都不能很好地存在；三者的價值只有在合作的情況下才能被體現出來的。所以，三者形成合力，發揮最大的效益是順理成章的。至於三者之間的相互關係，我想每個學習者心中都有自己的版本。總之，我們都明白三角形是最穩定的形態。不過，情人之間的三角戀、帳目來往的三角關係也是最麻煩的事

情。但願，你讀了我們這本書之後，起碼能清楚自己在學習中的「三角關係」。

3.「三位一理」的學習理念

在這裡，我們更加要強調的是「三位一理」學習體系的理念。也就是說，在人們的頭腦中建立「三位一理」學習的觀念，比建立「三位一理」體系本身更重要。

小說《邊城》的作者沈從文老先生，在 1950 年代初的時候就曾說過：「過去的二三十年是一個思的時代，思想的思；接下去我們要進入了一個信的時代，相信的信。從 1950 年代算到 1970 年，是一個信的時代；1980 年代到 1990 年代初這一段時間，我們是由信又重新進入了一個思的時代；而最近二十年，是一個既不信也不思的時代。」

我們要說建立「三位一理」學習的觀念比建立「三位一理」體系更重要。我們需要建立以學習者為中心的學習體系；更需要全社會、全民族共同學習進步的學習體系；我們需要建立有保障的、服務於我們的下一代的合理的教育體系；我們更需要建立和恢復全社會、全民族的道德體系。「三位一理」的原始概念來源於基督教，宗教的東西在我們大家的觀念中許多是「反面的」、無法理解的，實際上，宗教就是一種人生的理念支持，就是一種人活著的願望和信念，如果缺少了這些東西，就會像當前的一些人一樣，為了自己的快樂而不惜犧牲別人的生命。

我們要建立「三位一理」的學習理念。在理念的指引下，我們就能夠更好地學習，更好地融入社會，更好地度過我們的人生，更好地理解我們以及人類存在的價值。

2.3 天才不需要努力學習嗎

> 可造就非凡之人的三大要素。它們是上天慷慨賜予的精選禮物：天賦異稟、智慧超凡、品味高雅。想得好當然好，想得對則更好 —— 這才算理解了什麼是好。固執的判斷是不行的，只會導致麻煩多於用處。正確的思考是明智心性的果實。人在 20 歲時依隨意願，30 歲時憑其智慧，40 歲時憑其判斷。有些人的頭腦像山貓的眼睛一樣，可在黑暗中發光，在最黑暗的地方則最明白。還有的人則更善於隨機應變，處理緊急情況時，總是能抓住要害 —— 這種素養帶來豐富而優質的東西，是一種豐饒的神氣。同時，高雅的品味還可以給整個人生增添趣味。
>
> —— 《智慧書》（298）

我們談了學習環境和學習方法，也談了各式各樣的學習者。學習者們都需要良好的環境、適當的方法。可是，同樣的環境、差不多的方法，怎麼有的人就會輕易成功，有的人就會越學越糊塗呢？真的存在天才嗎？真的是我們從媽媽肚子裡一出來就落後別人一大截嗎？真的是我們無論怎麼追趕、怎麼努力也沒用嗎？

做學生時，老師們不止一次地提到過這樣一個公式：

成功＝ 99% 的努力＋ 1% 的天才

很受鼓舞，是不是？可是長大以後，找到這個公式的「原出處」，才知道後面還有關鍵的一句，大意是：如果你不具備那 1% 的天才，你再付出多少的努力都是徒勞的！

2.3.1 你相信天才存在嗎

什麼是天才？《牛津辭典》將天賦定義為：大腦的饋贈、天然的能力。

它的來歷可以追溯到《馬太福音》中關於天賦的寓言。「天賦」一詞最早出現在 17 世紀，「天才」的普遍定義則最早出現在 18 世紀。近幾個世紀以來，類似的說法層出不窮，不斷地強化著「天賦是與生俱來的」。

一位基督教詩人在 1785 年說道：「詩人和音樂家是天生的。」

1826 年一位作曲家聲稱：「音樂天賦與生俱來，是大自然難以解釋的恩賜。」

《懺悔錄》（*Les Confessions*）的作者盧梭也說：「年輕的藝術家，請不要問什麼是天賦，如果你擁有，你便能感覺得到；如果你沒有，你便永遠不會明白。」

1. 為什麼那麼多人承認天才的存在？

偉人的存在、周邊的事實、科學的無法解釋都使得一般民眾越來越相信天才了。但，這是真的嗎？實際上，我們「看到的」的偉人基本上都是他們「傳奇」的一面，我們很少能了解到他們的努力過程，甚至他們的不成功，或者說即使知道了，也不相信！周邊的事實，大多數也是表面的、片面的，甚至於只是去看了好看的一面，因為我們的內心就寧可相信天才。至於科學的解釋，腦科學的研究是需要生理學、生物學、物理學、化學、電腦科學等學科的充分發展和配合才能夠做起來，這也就是最近幾十年的事情。更加需要提到的就是，實驗

的對象是人，那是只許成功不許失敗的。所以，腦科學、包括天賦的研究許多只是停留在「小白鼠」階段。

20 世紀，隨著科學的發展和社會的進步，人們對天賦來源的猜測，已經由神授轉變為基因給予。但是，天賦的根本概念仍大體保持不變。傑出的能力是命運女神對某個幸運兒的垂青。

值得注意的是，大思想家尼采一直不同意這個說法，在他 1878 年出版的著作《人性的，太人性的》（*Menschliches, Allzumenschliches*）中，他將偉大描繪成一個坎坷的過程，偉大的藝術家們本來就是不知疲倦地參與其中的。

藝術家們非常樂意讓人們相信頓悟的存在，即所謂靈感是來自上天的美妙之光。實際上，優秀的藝術家和思想家憑藉想像力不斷地創作著優秀的、一般的，甚至糟糕的作品。但他們的判斷力在打磨之後，凝集為針尖上的一點，拋棄著、選擇著、拼湊著……一切偉大的藝術家和思想者都是偉大的工作者，在孜孜不倦地創作，也在不知疲倦地拋棄、審視、修改和整理。

尼采拿貝多芬的草稿本做了一個形象的比喻：草稿本揭示出貝多芬在實驗和完善旋律片段時經歷了一個怎樣緩慢和痛苦的過程，這就像一個化學家不停地將不同的混合物倒進各式各樣的燒杯一樣。

貝多芬有時會在一篇樂章定稿前草擬六七份不同的底稿。他有一次這樣對朋友說道：「我會修改很多次，推倒重來，如是再三，直到我滿意為止。只有這樣，我才能對自己的作品有個全面深入的把握。」

唉！普通大眾既不理解尼采的大音希聲，也不相信貝多芬的坦誠

相告。相反，更簡單、也更吸引人的天賦觀點卻越來越盛行。生物學家、心理學家、教育工作者以及媒體，以草率的態度，壓倒一切的氣勢將這種觀念迅速強化。也就更讓一般民眾確信不疑了。那麼，為什麼天賦的觀念這樣有市場呢？可能是基於以下的幾個關鍵點：

(1) 難以解釋的神童和「大師」現象：莫扎特和愛因斯坦擁有的驚人的才能，不知道從何而來。

(2) 有關基因是天賦的藍圖作用的神話：對天賦來源的簡單粗暴的解釋，至今還沒有從根本上被駁斥。

(3) 缺乏有力的替代概念：科學家還沒有找到能夠破除一切成見的有力證據，作家們因而也就沒有修辭學上的替代說法。

「與生俱來」似乎是留給超常能力唯一可接受的解釋。論及天賦時，沒有哪個心理學家或教育家能夠拒絕這種信手拈來的暢快。這對我們常人來說，恐怕更是一種情緒的寬慰：你不出色的原因是你根本不可能做到，這在大多數人看來順理成章。將能力、天賦視為與生俱來，讓我們的世界變得容易掌控，內心也變得更舒坦一些。它減輕了人們因期望落空所產生的壓力，同樣也緩解了因與他人對比所產生的不平之氣。如果喬丹之流是天生的奇才，我們就不用與他去競爭，就會漫不經心地去嫉妒他基因上的優勢，而避免自尋煩惱。反過來講，如果我們堅信我們也能夠取得他（們）那樣的成就，那麼心理壓力和失落感會很強烈。我是否與成為某一個天才的機會失之交臂？如果從現在我就開始，我怎樣做才能成為一個偉大的畫家、音樂家、思想者？如果你也和尼采一樣相信努力，那這樣的問題就不難回答，關鍵是提出這樣的問題會讓人內心很痛。

2.「神童」真的很神嗎？猶太人真的很聰明嗎？

在我們生活的周邊也好，社會媒體也好，神童的例子常被引用，來證明特殊的智慧是與生俱來的。實際上我們幾乎沒有注意到，每個人，包括你、你的孩子、你的鄰居、朋友以及他們的孩子，都擁有自己的天賦。只是沒有遇到一個合適的環境，或者只是某一個「開關」沒有被觸發。

美國兩位專門研究這一問題的心理學家、兒童精神病學家就一些關於神童的「事實」，也就是能夠誕生神童的條件，進行了分析：

(1) 大部分神童是男孩 —— 是否因為自古以來，一般人都認為男孩的表現應該比女孩優異。這種情形依然存在嗎？許多發達國家的統計結果顯示，女孩子的平均智力水準超過男孩子，當然可能僅僅是平均。

(2) 神童多半是中產家庭的第一胎孩子 —— 是否因為大部分第一胎的孩子父母往往盡全心栽培，而由於出生在中產家庭，他們的孩子需要更努力，他們的父母也知道怎樣去努力呢？

(3) 傾向於父母年齡較大，才孕育神童 —— 是否這些中年父母的危機意識更強，而且已經確認自己的夙願很難實現，才有子承父業的心態和行動呢？

(4) 經由剖腹出生的神童占很大比例 —— 醫生更提倡高齡產婦採用剖腹產，對於剖腹產的母親來說，是否她們會有某種未完成（生產）事業的感覺，從而內心裡、行動上加倍地努力，來尋求自我滿足和內心的安慰呢？

(5) 許多神童的父母想借助傑出的孩子，來實現自己的心願 —— 這是一股強大的力量，而且是父母、家庭的合力，

它們驅使孩子充分地表現出他們的潛能。

猶太人的聰明幾乎得到世界的「公認」。他們真的要比其他民族智力更發達嗎？每年的諾貝爾獎多數都頒給了美國人，而那些獲得獎勵的美國人中，猶太人的比例占到了 27%（這還只是指那些父母雙方都是猶太人的情況，如果也算上單邊的情況，那這個比例是 40%），而猶太人在美國總人口中的比例不足 2%；圖靈獎的數字也差不多；表達數學成就的菲爾茨獎，類似的數據是 26% ～ 34% 都是猶太人。看到這些數據，你不能說猶太人只會賺錢吧！

在波蘭，猶太人占總人口的 9.8%，卻掌握著這個國家 22.4% 的財富；在美國，常春藤聯盟學校中 33% 的學生都是猶太學生；還有差不多同樣比例的猶太人在名牌大學任教；最高法院中有 30% 的書記員是猶太人。

猶太人給人的印象通常都是智商高、聰明、天才，智商的數據是支持這一說法的，但是智商究竟測量的是什麼？代表多少人類的智力因素？這本身就是一個問題。即使是談論智商，數據也告訴我們，猶太人在語言智商和數學智商方面，要比非猶太人的平均水準高出 10 ～ 15 分；但在關於空間關係能力（在大腦中對物體進行二維和三維空間操作）的測試中，他們的得分比非猶太人的平均水準低 10 分左右。這絕對是非常大的差異，沒有哪個民族在智商的兩項測量上得分會相差 20 ～ 25 分之多。這種差異看來是真實的，據說許多猶太人沒有方向感，就是分不清東南西北，缺少空間關係能力，這個真有可能是基因的遺傳，歷史告訴我們，整個猶太民族曾經在大沙漠裡遊蕩了 40 年之久！至於其他方面的智力差異，也被認為有遺傳基因的影子。談到猶太人的智力優勢，最常被援引的有五種說法。

（1）**迫害的饋贈**。一個非常古老的遺傳解釋就是，歐洲猶太人中最笨的人受到的迫害最大，因為據推測這些不聰明的人不知道如何從敵人身邊逃走。這樣把智商低的人去掉了，剩下的猶太人的智商就整體提高。他們的後代也就更聰明。不過，有兩個問題需要解釋，第一，集體殺虐最可能的對象應該是那些聰明的猶太人，因為他們更容易引起別人的注意；第二，估算表明，「惡劣」基因剔除，使得整個民族的智商水準提高 1 分的條件是 —— 要把最後 15% 的人全部去除……

（2）**尼布甲尼撒二世的偏愛**。遺傳學家和歷史學家推測，「巴比倫之囚」使得猶太人的智商有所提高。西元前 586 年，耶路撒冷被尼布甲尼撒二世攻占。據《聖經》記載，尼布甲尼撒二世「將耶路撒冷的眾民和眾首領，所有勇士，連同一切木匠、鐵匠都擄走，除了國家中極貧窮的人以外，沒有剩下的」。這一假設和上面的一個同樣說明了，被留下的不聰明的猶太人可能會到處漂泊，加入其他的宗教。所以當猶太人返回耶路撒冷時，他們就不會與被留下來的不聰明的猶太人有任何瓜葛了。

（3）**嫁給學者**。另外一個非常流行的遺傳理論就是，（極其聰明的）商人和生意人的女兒很有可能嫁給（極其聰明的）學者或拉比（rabbi，猶太教負責執行教規、律法並主持宗教儀式的人）。這樣的強強聯合帶來的不僅是財富的增加，他們的後代更有可能更好地生存繁衍下去。堅持這種理論的人指出《塔木德》中記述著有關嫁給學者的指令。不過也有人說道，學者一般都是身無分文，不要說聰明、狡詐、富裕的猶太人了，就是貧窮的猶太人，也不會願意把自己的女兒嫁給窮書生；還有即便是這種事情有可能發生，那也只能是占到人口

比例的很小一部分，基本上不能影響到遺傳。

（4）**不能閱讀並理解《塔木德》**。《塔木德》是猶太律法、思想和傳統的集大成之作。僅具備讀寫能力恐怕還是不能閱讀複雜的《塔木德》並理解它的意思，更別提對原義進行詮釋了。沒有達到如此高水準的讀寫能力的人可能就逐漸脫離了群體，只剩下最聰明的人留下來繁衍後代。是這樣嗎？

（5）**職業壓力**。人類學家指出，猶太人最早出現在歐洲的歷史紀錄是西元 9 世紀。從很早開始，他們就從事一些要求讀寫技能、數學能力和高智商的職業，包括放債貿易（當時《反高利貸法》禁止基督徒放債），以及報稅和地產管理（尤其是在東歐）。從事這些職業的人都發了財。財富意味著後代生存下來的機率更大。所以聰明的人的後代比不聰明的人的後代人數多，整個猶太人口的平均智商就這樣逐漸提高。

2.3.2 是「G×E」，不是「G+E」

基因（Gene）——遺傳的基本單位，是 DNA 或 RNA 分子上具有遺傳訊息的特定核苷酸序列。

環境（Environment）——這裡特指人們的成長或學習環境。

我們的智力或者我們作為一個獨特的個體存活於世，取決於基因和環境兩者的作用。但它們是怎麼作用的呢？就拿智力（智商）來說吧，最早人們把智商的來源「委託」給了上帝；科學的進步，我們認識到了基因的存在，發現了遺傳的規律。人們又把智力的高低，歸結為父母或是祖輩的遺傳，或者說是遺傳基因決定了你的很大部分，你

的成長環境只能稍稍地影響到你！真的是這樣的嗎？最近的科學研究表明，獨特的我們、獨特的你，是基因和環境共同作用的結果。具體來說，我們的成長公式應該是兩者交互作用：

基因（Gene）× 環境（Environment）＝獨特的你

而不是先有基因「打底」、再輔之以環境因素：

基因（Gene）＋環境（Environment）＝獨特的你

1. 不再是上帝了，是基因決定了我們的一切？

1994 年，美國的心理學家赫恩斯坦（Richard J. Herrnstein）和政策分析師默里（Charles Murray）出版了一本頗具爭議的暢銷書《鐘形曲線：美國生活的智力和階層結構》（*The Bell Curve*）。書中的觀點就是強調，不同種族之間存在有「天然」的智力差異；而在某一個民族之中，智力的分布也是不均衡的，而是符合形狀像廟裡的大鐘一樣的正態分布曲線（圖 2.3），即天才和蠢材都極少，一般智力的人占了最大的比重。更為可怕的是，他們強調這種「基因決定」是不可改變的，而且還有越來越擴大化的傾向：我們生活在一個日益分層的社會中，智慧精英即那些擁有最好基因的人，越來越遠離智識（同時也是基因）下層的人……

具有諷刺意義的是，美國雖然弭平了人們在生存環境上的差距，但是智力上的差距卻漸漸取決於基因上的差距……總而言之，經濟方面的成功與失敗，以及隨之而產生的一切，無一不與人們的遺傳基因有關。

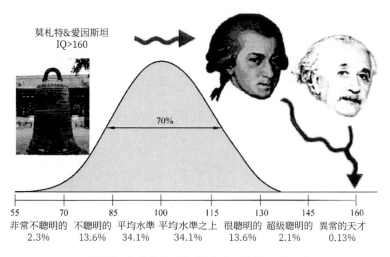

莫札特&愛因斯坦
IQ>160

70%

| 55 | 70 | 85 | 100 | 115 | 130 | 145 | 160 |

| 非常不聰明的 | 不聰明的 | 平均水準 | 平均水準之上 | 很聰明的 | 超級聰明的 | 異常的天才 |
| 2.3% | 13.6% | 34.1% | 34.1% | 13.6% | 2.1% | 0.13% |

圖 2.3 描述智力分布的「正態分布」曲線和廟裡的大鐘

就是類似一些這樣的論點，在世界掀發揮了軒然大波。它們被指責是「種族主義」、「基因決定論」，受到了廣泛的譴責和批評。這裡和我們有關的只是，按照他們的觀點，我們談論的學習能力，人的智力水準，似乎也就被先天（基因）決定了。實話說，鑒於人類已經進入了高科技的 21 世紀，而身為頂尖的研究人員，我們很難理解他們的用心或者是研究水準。那事實是怎樣的呢？

世界上基因和發展領域的權威專家，美國麥基爾大學的米尼（Michael Meeney）解釋道：「如果將環境排除在外，任何基因方面的研究都無法開展；沒有基因組，環境發揮不了任何作用。性狀只有在環境和基因聯合發生作用的情況下才會出現。」

可悲的是，很長時期以來，我們的認知就是：我們都是從父母的 DNA 中遺傳了類似於智力的複雜性狀，這個過程就像我們遺傳父母眼睛的顏色一樣。這樣的說法，還在被大眾媒體不斷地強化。比如

說，《今日美國》（*USA Today*）就對遺傳做了這樣的解釋：「可以把你的基因構成，視為受孕期間發到手中的一手牌。每一次受孕都是一次新的洗牌和發牌。這部分說明了為什麼小鮑博還是孩子的時候整夜睡覺，卻對數學表現出了極大興趣；而他的弟弟比利卻是個淘氣鬼，從不聽話，現在已經是公園裡的孩子王。」

由基因支配，由基因指示，由基因決定。這就是在超過一個世紀的時間裡，為人們所廣泛接受的、似乎是很合「天理」的解釋。在著名的豌豆實驗中，奧地利遺傳學家孟德爾證實了諸如種子性狀和花色的基本性狀，是透過顯性和隱性的「可遺傳因子」（這是孟德爾當時使用的詞彙）從一代穩定地傳到下一代，創立了他的遺傳因子理論。這種觀點幾乎統治了整個 20 世紀。

21 世紀的今天，《今日美國》還在聲稱「基因搭起了舞臺」。環境對我們每個人都有影響，但肯定的是：基因更重要，基因為每個人的潛能設定了上限和下限。你表妹那迷人的嗓音從何而來？你怎麼長得有點矮小？我為什麼不會跳舞？她算數為什麼這麼快？

我們總會說：「基因帶來的。」

這也就是《鐘形曲線》作者的看法，只不過他們相比一個多世紀前的孟德爾已經全面地升級了。所以，需要科學家和一般大眾徹底的清醒，需要花費力氣樹立對基因的全新認識。讓我們來學習一下「交互作用理論」吧。

2. 是「G×E」，基因與環境的交互作用創造了獨一無二的你！

越來越多的基因學家、神經系統學家、認知心理學家和腦科學家開始了「成長體系理論」的研究，也就是進行基因與環境之間動態交

互作用的研究，他們被稱為「交互作用學家」。

　　要理解交互作用，你就必須先要忘記大腦中關於遺傳的一切。基因學家提醒我們：「將基因看成一個簡單隨便的因素，這種大眾觀念毫無根據。基因不可能是一個獨自存在的單位，不可能一段 DNA 總是形成相同的東西。一段 DNA 能形成某種東西，以及在何時何處形成，取決於其他 DNA 序列以及所處的環境。」（圖 2.4）即使是同一個基因，也無法像機器人一樣用同樣的聲音說出同樣的話語（基因稱之為表達）。實驗表明，基因需與環境交互作用，並且形成的結果也因環境的不同而不同。也就是說，基因並不是一張事先設計好的指令藍圖，裡面括了眼睛的顏色、拇指的大小、對數字的反應能力以及樂感等內容。而是一個由所有 24,000 個基因構成的一個巨大的控制面板，它透過大量的旋鈕、開關控制著你身體中的每一個細胞。

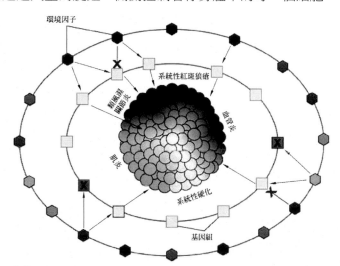

圖 2.4 人體基因組處於遺傳性的疾病因子和各種環境因子之間，人體是否會被染上某種疾病，並不是先天就被決定了，而是基因與環境的交互作用

　　無論何時，絕大多數的旋鈕和開關都能在其他基因和環境的共同刺激下，實現打開、關閉、調大、調小這四種功能。從精子進入卵子的那一刻這種調節就開始了，而且會持續影響我們的整個人生，甚至於你的每一次呼吸。這似乎很能讓我們歡欣鼓舞 —— 基因環境的交互作用告訴我們，我們能夠影響自己的成長，而且，它也為我們的成長指明了一條道路。

　　交互作用專家們將這一過程簡稱為「G×E」（基因與環境的乘積），這是全面理解人體基因演變的關鍵。能夠認識和接受「G×E」，意味著我們現在意識到了基因對所有性狀的形成具有重大影響，無論這種性狀是眼睛的顏色還是智力，但是基因很少能準確地指定性狀。從受孕的那一天起，基因就在形形色色的內部和外部的刺激之下（諸如營養、荷爾蒙、感官、體力和智力的活動，以及其他基因的影響等），不斷地進行著回應和交互作用，於是一種獨一無二、恰到好處的人體（你）就形成了。基因能適應每個人的成長環境，「G×E」的差異將造成性狀的差異，這就是說，我們每個人都是一個動態的人（系統），一個時時發展著的人。

　　這種新穎的「G×E」動態模式與昔日的「G＋E」（基因與環境之和）靜態模式非常不一樣。在舊模式下，基因作用最大，是一切的基礎，它給我們每人發了第一手牌，環境的影響只是後加進去的。

　　新的模式以交互作用開始，在環境作用介入之前，不存在所謂的基因基礎，基因根據環境嚴格地進行自我表達。這一過程決定了從受孕的第一刻起我們身體上所有的一切。我們無法從基因直接獲得性狀。相反，我們的性狀是在基因 — 環境的交互作用之下形成的。在「G×E」的世界裡，基因的差異還會牽涉許多方面。但是，僅僅是基

因，並不能決定我們是誰。

事實上，就連你的眼睛的顏色和你頭髮的特徵，也不是直接遺傳於父母親的基因。真實的情況要複雜得多，很多年以來這方面的研究不能很快、很廣泛地公之於眾，也是因為這種交互作用過程，相對於簡單地拋出一個基因決定論來說，實在是難得多。

這需要我們明晰基因究竟做了什麼？

簡單地說：基因引導蛋白質的形成。

我們身體中的每個細胞中都有一份完整的 DNA 雙鏈，上面依次排列了數以千計的獨立基因。每個基因都會促發氨基酸合成蛋白質。蛋白質的分子結構非常龐大，它是一種專門協助細胞形成的分子，它能傳輸生命元素，還能產生所需的化學反應。蛋白質分很多種，它們是構成人體所有一切的原料，從肌肉纖維到眼球膠原蛋白再到血紅素，無一例外。我們每個人都是蛋白質的集合。

基因包含著這些蛋白質形成的指令，並指導蛋白質的形成過程。但是，基因並不是影響蛋白質構成的唯一因素。我們已知，基因指令自身也要受到其他因素的影響。基因不斷地被環境刺激、營養、荷爾蒙、神經衝動和其他基因刺激或抑制。

這就很好地解釋了為什麼身體中的每一個大腦細胞、頭髮細胞或心臟細胞都包含著所有的 DNA，卻有著各自不同的功能。這也很好地解釋了為什麼基因上的一些微小差異就能引起如此巨大的不同：人與人之間的不同不僅僅在於基因上的微小區別，還在於每時每刻的生命活動對基因的表達造成了積極的影響。

劍橋大學的生物學家貝特森（Patrick Bateson），就建議我們不

妳將「G×E」看成是製作蛋糕。讓 100 個廚師從幾乎相同的原料開始製作，他們最後總是會製作出味道各不相同的蛋糕。原料上微小的區別「指定」了差異的存在，但並不意味著就一定能形成差異。最後的差異與「指定」的差異無關。他說道：「成長是一個化學過程，最終結果並不僅僅是原料的相加。」

與此相似，僅僅是具有某種基因並不會自動產生某種類型和數量的蛋白質。為了促發蛋白質合成，必須刺激每個基因，也就是打開基因，讓它做出自己的「表達」。但是，完全相同的基因若在不同時間，以不同方式被刺激，便會形成不同的蛋白質。所有這一切都意味著絕大多數基因，並不能單獨決定某種性狀的形成。它們只是成長過程中的積極參與者，並且具有很大的彈性。任何一個試圖將它們描述為「指令手冊」的人，實際上大大低估了基因在設計上的力與美。

那麼，為什麼我會有母親那樣柔順的頭髮，又有著父親那樣寬大的腦門呢？

從實際來看，我們的一些性狀遺傳因子發揮了主要作用，如：眼睛、頭髮以及膚色等，在這種情況下，一些基因絕大多數時候會產生可以預知的結果。但是，這並不意味著它們沒有受到交互作用的影響，很可能是在許多岔路口上具有了恰巧相同的選擇而已。基因學家這樣說：「兩個藍色眼睛的父母可能生出棕色眼睛的孩子」，而這樣的結果，即便是用遺傳理論中的隱性基因說法也是無法解釋的，而基因 — 環境交互作用卻能做到這一點。

讓大眾理解基因 — 環境交互作用是一個不輕鬆的任務，這需要普及多個學科的基礎知識。生活在倫敦的派翠克・貝特森就是一個勤奮、水準一流的遺傳學教育家，他的姓氏就很能吸引人，因為一個世

紀之前，他的叔叔威廉姆・貝特森發明了基因這個詞。對於基因攜帶資訊影響性狀，派翠克・貝特森解釋道：「基因裡所儲存的資訊是關於合成蛋白質的氨基酸的順序，這就是事情的全部。它們不會對神經系統的任何部分進行編碼，當然也不會對特定的行為編碼。」

他很形象化地解釋道：基因距離性狀形成過程還差好幾個階段，這就像是有人被一把手槍打死了，沒有人會怪罪拉著風箱將鐵礦石冶煉為生鐵的那個人，儘管生鐵會被冶煉成精鋼，最後鍛造成兇手手中的這把手槍。同樣，基因也不是視力好壞、大腿長短、個性怡人或偏執的確切根源。儘管，基因在此過程中發揮了重要作用。基因裡的資訊被細胞中的其他成員轉譯，並且要受到許多來自細胞外的訊號的影響。某種類型的蛋白質形成，進而成為其他細胞或組織，最後使我們成為「我們」。基因和性狀之間差異的多少取決於性狀的複雜程度。性狀越是複雜，基因的直接指令作用越小。

3. 如何消除肯亞人在跑步方面的優勢？

莫扎特和愛因斯坦的 IQ 都超過了令人不可思議的160，3 歲時他便被人稱為即興演奏大師，5 歲時被人稱為傑出的作曲家。人們不知道他那令人叫絕的音樂天賦從何而來，連他的父親也認為他的出生是上帝的一個恩賜。

莫扎特的真實情況比這有趣得多，但缺少了一些神祕感，而且他的父親最應該知曉莫扎特音樂天賦的來歷。他的父親也是一個音樂家，曾經擔任過管弦樂隊的副指揮。但這也就是他的巔峰時刻，為了在音樂史上留下永恆的記憶，在莫扎特出生之前，他的注意力首先放在了女兒安娜身上。在他的精心開發和良好的教學方法的指導下，安娜成為當時一名出色的鋼琴家和小提琴家。

　　莫扎特比姐姐小四歲半，他獲得了安娜曾經有過的一切，而且來得更早、更深入。從襁褓開始，他就是一個吸收了姐姐非凡激情的出人意表的小弟弟。他早點就坐在鋼琴旁邊，模仿姐姐彈奏的姿態，他的第一次彈奏就是這樣完成的。隨著樂感的快速提升，越來越強的好奇心以及家族的不斷薰陶，他進入了一個快速進步階段。

　　看到兒子陶醉在了音樂裡，他的父親決定全身心地指導他。還在一定程度上減輕了公職的拖累，他有一個精打細算的想法：第一，他「看到了」年輕的莫扎特身上潛在的賺錢能力；第二，作為一名男性，莫扎特的音樂前景不可限量。

　　從 3 歲起，全家人便以指導、鼓勵和不停地訓練驅使著莫扎特超越他人。他被視為家庭的驕傲和經濟來源，而他的表現也沒有讓家人失望。他的演奏令世人如醉如痴。

　　實際上，我們現在體會得出莫扎特成功的原因：早期教育、高水準的指導、不停地練習、家庭環境的交互作用。這個過程就像是烹製一道精美的菜餚，所有的這些成分都必須在正確的時間以正確的方式到位。任何地方都可能出錯，這一過程難以預料，沒有人能夠完全控制。就莫扎特而言，他的作品的原創性和重要性也是在逐年增長的，他最後的 3 部交響樂被認為是他的巔峰之作，那一年莫扎特 43 歲。

　　2008 年的奧運上，全世界吃驚地目睹了牙買加這個小島國奪得了 6 枚田徑比賽的金牌，這可是比世界體育準強國的西班牙全部 5 枚奧運金牌還要多一枚！「閃電」博爾特在贏得了 100 公尺、200 公尺金牌的同時，還刷新了世界紀錄。而且，女子 100 公尺和 200 公尺比賽的前三名都是牙買加人！「他們的表現實在是太好了，我都不知道是怎麼被甩在後面的。」美國短跑名將威廉姆斯悲傷地說道。

　　一個貧窮落後、人口只有 280 萬的國家創造了人類歷史上最快的奔跑速度。他們是如何做到這一切的呢？

　　在數個小時之內，基因學家和科學記者連篇累牘地報導了所謂的「祕密武器」：一是地理因素；二是絕大多數牙買加人身上有 α — 輔肌動蛋白 — 3，這是一種能提高肌肉收縮速度和力度的蛋白質。這一強而有力的蛋白質是由一種被稱為 ACTN3 的特殊基因產生的，在 98% 的牙買加人身上都發現了這種蛋白質，這一數據遠高於其他人種。

　　這是一個令人難忘的事實，但是卻沒有人進行過這樣的計算：至少 80% 的美國黑人擁有 ACTN3 的一份副本，人口總數也達到了 240 萬；82% 的歐洲人同樣擁有 ACTN3 的一份副本，人口當然也相當可觀，如此便形成了一個龐大的潛在短跑選手群體。所以，基因學家分析之後表明：「此種類型蛋白質在人口中的分布比例，與催生短跑明星之間沒有明顯的聯繫。」

　　那麼，牙買加人的祕密究竟是什麼？

　　「體育地理」一個小型的學術科目被逐漸地發展起來。但是，研究人員發現，體育集群的出現從來不是受某一個單一因素的影響。不如說，成功源於多方面的聯合作用，其中包括氣候、媒體、人口分布、營養、政治環境、訓練、精神生活、教育、經濟水準以及民間風俗。總而言之，體育集群與基因無關。

　　在牙買加，田徑項目備受人喜愛。一年一度的高中男女生運動錦標賽在牙買加人眼裡，就像美國人眼裡的「超級盃」大賽。大眾眼裡的英雄，是奧運冠軍博爾特、奧蒂這樣的短跑明星。美國雖然是「體育大國」，但田徑比賽是屬於邊緣的「小眾運動」，每四年一次全國比

賽，就這樣還會時不時地產生一些超級明星；而在牙買加，田徑運動是主流運動。即使在週末的早上，你也會看到幾十個小孩子在運動場上進行田徑訓練，而且他們全都穿著帶釘子的跑鞋。

　　也許有人會問，既然是國家傳統、既然已經是深入人心，可是在 20 個世紀統治田徑賽場的並不是牙買加人。這當然與環境和條件有關，比如，生活變好了，運動概念深入人心等，另一個極其重要的條件，就是訓練，而且是專業化的訓練。在 1970 年代，前短跑冠軍班傑明‧強生（Benjamin Sinclair Johnson）回到了他的出生地 —— 牙買加，根據他在美國的經歷，在首都金斯頓技術大學創建了一個體育項目，就是要培養短跑精英。經歷了幾年的發展之後，獎牌的數量成倍成長，這似乎是受民族自豪感和根深蒂固的短跑文化所驅動的整臺機器的最後一個零件。

　　在林林總總的因素中，心理狀態和成就感無疑是最重要的一個部分。牙買加田徑教練科爾曼說：「我們真誠地相信我們能夠獲勝，這是一種心態，雖然我們的國家比較貧窮，但是我們相信自己。」單就這句話而言，自信能將一個不起眼的島嶼變成一個短跑冠軍的搖籃的說法似乎有點可笑，但是在成長過程中，心理狀態和積極性是至關重要的。科學已經明確無誤地證實了一個人的心態可以對短期內的能力和長期的動態成功造成極大的影響。在牙買加，短跑是國家的一部分。跑得好的孩子總是受到羨慕和讚揚；英雄就是那些短跑健將；跑得好還能帶來經濟上的益處和自我成就感，甚至會被視為一種服務大眾的形式。

　　從「G×E」的角度看，「牙買加……或許代表著加勒比海的一個交通樞紐」；一位 DNA 研究人員認為：「它過去曾經是來自中、南非

和歐洲的殖民者的交匯點，因此牙買加具有更多的國際性，更加便於基因進行混合。出現在牙買加地區的大量來自全球和個人的混合說明了這個島嶼的世界性。」

在和平的世界裡，體育競爭成了替代戰爭來表現民族和國家的優越性的方法，所以造成了體育英雄輩出。一個比牙買加人的短跑有過之而無不及的現象，就是肯亞人的長跑。美國的國家長跑冠軍麥克托克在接受《紐約客》雜誌採訪時抱怨道：「世界田徑巡迴賽對我毫無意義可言。周圍全是肯亞人，即便我發揮出最佳狀態，也不過是排在第12 名，獲得的獎金只有可憐的 200 美元。」

90% 的頂級肯亞跑步選手，來自位於肯亞西部裂谷附近的卡倫金部落（Kalenjin），那裡有著長達數個世紀的長跑傳統。這一傳統從何而來呢？生於肯亞的記者馬納斯認為，它的根源是放牛。他進一步解釋了經濟誘因如何成為強而有力的革命性力量。馬納斯說道：「一個年輕人在放牛方面表現得越好（要做到這點需要具備高超的速度和耐力），他就能累積更多的牛。由於牛是一位準丈夫娶妻子所需的強勢貨幣，因此一個人擁有的牛越多，它能娶得妻子也就越多（肯亞實行多妻制），從而也就可以成為更多孩子的父親。不難想像，這一優勢在數個世紀之間不斷疊加，便造成了群體基因構成的改變。」

肯亞的民族英雄是基普‧凱諾（Kipchoge Hezekiah Keino），是他在 1968 年的奧運上獲得金牌，刺激了成千上萬的肯亞孩子的金牌夢想。他是一個農民的兒子，在同齡人中他既不是天生的也不是最早熟的長跑選手，但是他從小就刻苦訓練，每天都是在小腿上綁了沙袋跑來跑去。跑步成了他生活中不可或缺的一部分 —— 每天他都要與同學們一起跑步上下學。「我經常在學校和農場之間來回跑。」他

回憶說：「住所附近沒有水井，因此你必須拎著水桶跑到河邊，打滿水，再跑回來，然後再放下水桶，跑向學校⋯⋯一切都要靠跑。」

翻開世界田徑紀錄，肯亞人的名字到處可見。目前，男子10,000公尺、3,000公尺、半程和全程馬拉松的紀錄都是肯亞人，至於3,000公尺障礙其他國家的選手基本不需要參加，恨不得進決賽的前 12 名都是肯亞人。

體育地理學家在肯亞的田徑風潮中找到了許多關鍵因素，但沒有一個是重疊的。高海拔下的訓練以及全年溫和的氣溫是關鍵因素，但根深蒂固的文化和苦行僧般的生活（單調的文化生活和對喜悅的克制），以及個人競技遠勝於集體比賽的熱愛也同樣重要（足球毫無疑問是肯亞人最喜歡的運動，但是在卡倫金地區卻毫無吸引力，在那裡，跑步就是一切）。

《運動畫刊》（*Sports Illustrated*）的記者在肯亞採訪後寫道：「學校裡數以百萬計的孩子在熱情地練習跑步⋯⋯肯亞的教練能夠在超出選手忍耐極限的情況下對他們進行訓練，一週奔跑 240 公里，卻絲毫不關心他們的潛能是否會耗盡⋯⋯即便 5 名跑步者中有 4 名倒下了，剩下的最後一名仍能將訓練轉化為成功。」

發展心理學家解釋了馬納斯的說法：跑得最快的男子意味著有能力迎娶更多的妻子，並養育更多的孩子，與其說他把跑步基因傳給了下一代，不如說是他將那些良好的技能給了下一代，例如獲取最多營養的知識和方法，勵志的故事，最佳的態度和習慣，如何與教練配合，最佳的訓練方法和時間，等等。這些與基因無關的因素經常為基因決定論者所忽視：文化、知識、心態、環境等同樣會以許多種不同方式向下傳承。

心理學家們還發現了一個非常強烈的文化「成就導向」，它可以解釋為：尋求新挑戰，練就某種能力，努力超越他人的傾向。於是，一種內在的必備特質便出現了：如凱諾提到的那樣，卡倫金地區的小孩願意將長跑當做一件非常實用的事情，從 7 歲開始，他們平均每天要跑 8 ～ 12 公里。

精英田徑選手中間流傳著這樣一則笑話：如何消除肯亞人在跑步上的優勢？答案是：為他們購置校車。

2.3.3 學習中的「力的三要素」

在力學知識的學習中，我們描述力運用了所謂的「力的三要素」。即描述一個力的物理特性，我們只需提出它的大小、方向和作用點，就可以對其有一個形象而概括性的描述。

在學習知識的過程中，我們同樣可以借鑑「力的三要素」類似的描述我們的學習過程、學習目標和對學習的具體要求。在前面我們對天才的討論中，我們也認識到了天才的成就來源於「G×E」，或者說，將天賦解釋為一個過程，而不是簡單地依賴「上帝」，也不能將來源歸結給基因。我們將成功歸結為學習之「力的三要素」的三個方面：

- 大小 —— 付出的多少。天才成就的過程告訴我們，成就的獲得差不多要經歷 10,000 個小時以上的刻苦訓練。
- 方向 —— 努力的方向、不同層次的學習方向以及最好的方向。需要我們有強烈的進取心、良好的自制力、足夠的熱情和勇氣以及始終如一的好奇心和興趣。
- 作用點 —— 怎樣能做得最好，刺激什麼、彌補什麼、重視什

麼。需要做針對性、專業化、有足夠強度的常態練習。

1. 學習成就（大小）

拿破崙說：成功就是逐漸實現一個有意義的既定目標。

心理學家將人的需求分為五種層次：生理需求、安全需求、社交需求、自尊需求、自我實現需求。前一種需求的滿足是後一種需求產生的條件。人的行為不是由已經得到滿足的需求決定的，而是由新的需求所決定的。自我實現是人的需求的最高級，它要求充分發揮個人的潛能，實現個人的理想、抱負。這是人類最崇高的理想。會讓你產生勝利感和成就感。

(1) 成功的學習與你的人生觀密切相關

作為一名學習者，學習成就的獲得很大程度上取決於你的人生觀。你的前途取決於你樹立什麼人生觀；而你的態度和情感中顯現的精神，又給你的學習提供了活力和力量。

你將人生看成純粹為金錢而奮鬥嗎？如果是，那麼你肯定對一切不能立竿見影的學習敬而遠之。

你將自己看成亂碰運氣得來的產物，在毫無章法、毫無期待的生活中求助無門嗎？如果是，那麼你也許會感覺到為某個特定目標付出腦力勞動毫無樂趣可言。

你將自己所處的世界以及其中的所有創造物，都看成好奇、可愛、令人擔憂、宏偉、喧鬧、浮華、驚心動魄的奇景，將自己當成天真無知的旁觀者嗎？如果是，那麼你將永遠是個虛幻的美學家和默禱者，對更深層的學習形式不感興趣。

你渴望了解你看到的每臺機器，某個朋友的每種古怪行為，政治

家、演員和初進社交界的人的每次愚蠢表現，每一則含糊其辭的新聞消息以及夜空中每一縷奇異的亮光嗎？如果是，你將有能力掌握學習的全部藝術。

(2) 成功的學習需要切實、合理的規劃

設定人生規劃，為自己的人生觀提出切實的、合理的、詳細的目標和步驟來，對於成功的學習也是相當的重要的。沒有規劃，你可能做事不知道從何開始；規劃不切實際，可能會打擊你的學習積極性；規劃過高，你會很容易產生失落感甚至放棄學習；規劃過低，你會一段時間找不到方向和目標，放任自己。

心理學家的研究表明，在為自己設定目標或者是做規劃時，人們傾向於採取三種自我調整策略，其中兩種策略的作用非常有限。

樂觀主義者喜歡「縱容」策略（indulging），也就是說，他們習慣於想像自己希望實現的未來（比如一個國中生，這可能意味著在下一學年校排前移 10 名），並瘋狂幻想隨之而來的一切美好事物 —— 比如讚揚、獎勵、自我滿足以及未來更大的成功等。在日常生活中，這種縱容情緒確實是有益的 —— 它可以刺激大腦大量分泌多巴胺，促使人的心情更加舒暢，但它與你獲得的學習成就無關。

悲觀主義者則習慣於採取「沉澱」心理（dwelling），只考慮可能阻礙目標實現的因素。假如上述那個希望排名前移的國中生屬於沉澱者，那麼，他或許只會想他如何按時完成作業，他永遠也找不到一個可以安心學習的地方，此外，他在課堂上還會經常打瞌睡。可以想像，沉澱心理與真實的學習成就相關度很低。

第三種方法被稱為「（有實施意圖的）心理對照」，它結合了以

上兩種方法的基本要素。也就是說,這種方法同時強調實現積極的結果以及追求結果過程中遇到的障礙。同時兼顧目標與困難並在現實與未來之間建立起一個堅實的橋梁。建立目標這是第一步;而實現預期目標,就必須克服困難,這就是第二步。創造一系列的「實施意圖」——以「如果—那麼」表述的具體計畫,它將目標與實現目標過程中的困難捆綁在一起,比如說,「如果看電視在課後複習時分散了我的精力,那麼,我就會在完成作業之後再看電視」。據說,這種「(有實施意圖的)心理對照」已經幫助很多的減肥者成功地增加了水果和蔬菜的食用量;促使中學生學習進步;並讓長期病患者減輕了痛苦。

(3) 學習要有遠期的、中期的、近期的成就目標

我們發現成功的學習需要正確的人生觀、有效能的策略和切合實際的成就目標。而且,學習目標還要有層次感、階段性,還要積極地、經常性的調整。

遠期的目標經常是將來自己成為什麼、做什麼樣的工作、過什麼樣的生活。將軍、政治家、大眾人物、企業家、老師、科學家……無論你想做什麼,這些都需要你有一定的基礎,需要你有良好的計畫和心態,還需要一定的取捨。

中期的目標,可以是一個學期、一個月或者是面對一項計畫(或是改變)。這需要具體、有明確的步驟、合理的時間安排和切實可行的檢驗和修正制度及方法。你可以借鑑,獲得別人的幫助,尤其是需要得到某些監督。

近期的目標,它應該是很現實的,一定能夠實現的。這需要比較詳細的時間表、看得見的成果表現和有成效的檢驗,還不要忘記

成功之後的總結，好的或是不好的，以利於自己下一步的近期目標的實施。

2. 方向

(1) 唯一的方向 —— 終身學習

學習的大方向對學習者來說是始終如一的，那就是我們一直在提的 —— 終身學習、無所不在的學習。

實際上，我們應該重新界定有學問的人 —— 他們應該是那些，已經學會如何學習並繼續學習的人……

(2) 成就學習的動態方向

怎樣選擇我們需要的學習方向呢？不是所有的知識學來都是有用的，也不是所有的學習都需要花費同樣的時間和精力，我們必須分清「輕重緩急」，把握好我們的學習方向和學習時間。

一般來說，我們經常面對 4 種類型的學習。

① 預防性學習

預防性學習是使自己熟悉某種知識，以免遭受某種嚴重不幸，如貧窮、人格的打擊等。實際上，中小學階段的學習差不多就屬於這一類型。社會大眾已經意識到公民素養低下帶來的危險，也認識到社會必須為這種危險付出代價，必須糾正無能力、不道德和犯罪。為最低限度減少這些隱患，國家已經擔當起強制每個孩子接受最低限度的義務教育的責任。

② 補救性學習

補救性學習在很大程度上經常被忽視。其目的在於糾正某種已經存在的能力缺乏。比如，學生交際能力的不足、體質的問題、語言障

礙的問題等，這些都可以透過強化或者專門的、經常化的學習予以改正。有些人出身「卑微」，卻發現只要拋棄童年時的粗俗舉止，便完全前途光明。如今，中小學都會開展「國學」內容的學習，這也應該算是對中華傳統文明的一種「補救」。

③ 拓寬性學習

拓寬性學習旨在透過掌握那些至今沒有掌握的學科，拓寬一個人的視野、眼光和知識。其動機並非免於貧窮或愚昧無知帶來的災難，而是竭力吸取並享受現代文明成果。學校課程中的知識拓展、選修課的學習、雙學位的學習等應該都屬於這一類。當然有許多拓寬性的學習是自己的興趣愛好所為。

④ 創造性學習

創造性學習將學習提高到了另一個領域。在這種學習中，學習者已經不滿足於獲取別人堆在他面前的知識。他要積極主動地奮力追求。他會透過自己、為了自己去揭示真理和原則；或者在另一些情況下，他會在掌握某種新方法之後創造新事物。此時，我們已經進入藝術創作、科學探索和發明的領域。這應該是學習成就的最高境界。

(3) 最好的目標

設定目標能提升表現，這是毋庸置疑的。目標必須在最佳難度（挑戰水準）上，但可以達成。明確、具體、有難度的目標比模糊、隨意和容易實現的目標會導致更好的表現。所以，最好的目標應該是：

· 　由學習者創擬的
· 　具體而明確的

- 有明確而適當日期的
- 能透過自我評價進行測量的
- 由學習者定期反省檢查和調整的

3. 作用點

作用點的效能阿基米德已經告訴我們了（給我一個支點我可以舉起整顆地球），我們應該抓住哪些關鍵部位來促進我們的學習呢，怎樣構成我們學習的作用點呢？這個問題有一些「因人而異」，但還是有一些共通的地方。

（1）心智圖

學習者在學習知識之前或其中，對自己進行的一些心理暗示、明確的提示或者計劃、激勵性的方法和過程，就是在為自己繪製學習所需的「心智圖」。它可能是一些標語、口號，一些座右銘，一個人物畫像，有意識的流程圖等。總之，是一切用符號、顏色、圖畫和術語勾勒出的一門學科的關鍵的關係圖或流程圖，能促進視覺、聽覺、觸覺展示的東西。

當我們為自己繪製心智圖時，會為我們提升概念、塑造思維和更好地明白自己知道什麼和不知道什麼。更重要的是，可以讓我們良好地感覺到學習確實是「我們的」。

（2）構建良好的環境

環境對學習的影響，我們在前面已經有所提及，後面我們還會涉及。這裡作為提升我們學習的一個作用點，良好的環境應該包含有社會的、環境的、情感的、文化道德的等。

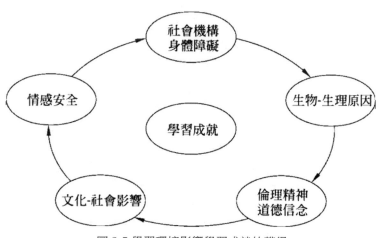

圖 2.5 學習環境影響學習成就的獲得

(3) 好奇心、興趣

大家都在說，興趣是學習的起點，但實際上，並不是只有在學習「出發」時才需要興趣。整個學習的過程都需要我們保持興趣，培養興趣。好奇心和興趣是相輔相成的，都需要引導。培養興趣、引導好奇心也需要注意以下幾點。

① 興趣有時是錯誤的預兆

教育家杜威（John Dewey）說過，興趣是成長力量的跡象和徵兆……它是某種剛剛嶄露頭角的能力，預示著學習者將走上那個舞臺。

但是，判斷興趣是否合理，就像診斷一種怪病一樣難。它是哪種力量的徵兆？回首過去的生活，你也許會無意中發現「過去的」某些興趣，但其發展結果都是怎樣的？

② **給每種興趣以公平嘗試的機會**

請不要誤用這句話。這並非表示你不應該相信自己的興趣。你也許不知道自己的興趣能否堅持到底。但是，絕不能僅因為這一點便放棄對某種事物的學習。每種興趣都值得檢驗和嘗試，因為興趣只存在於人的內心。當興趣消失時，你才應該拋棄它。興趣能將你帶到哪裡，沒有人能說得清楚。

③ **一件事能帶來另一件事**

一個人產生了學習攝影的興趣，到處走、到處看、到處拍。也許最終他沒有成為攝影師，但是他可能在他的攝影作品中發現了美好的圖形、設計精妙的建築，從而刺激了他學習建築設計的強烈願望，他可能就成了一個建築大師。

④ **興趣不能「強迫」**

如果孩子不喜歡，你教他什麼都沒用。

不過，我們這裡的強迫興趣是打引號的。學校裡的許多必修課，你都有興趣嗎？可是，你能說它們都對你沒什麼用處嗎？這就需要強調我們前面提到的，興趣需要培養，也完全可培養。

以嘗試的心態經常性地強迫自己做某事，多去試試看。

⑤ **衡量你的好奇心**

好奇心強的人，更有機會成長為善於學習的人。因此，盡快釐清你的好奇心的範圍和深度非常重要。你可以把你某一時段（長短因人而異）所希望了解的知識羅列出來，最後進行分類和數量比較，看看結果你就可以粗略地知道你的好奇心的範圍和深度。

(4) 非意識學習

絕大多數的學習者沒有意識到，我們的學習、我們獲取的許多資訊都是在「天然的」、無意識的或是潛意識的情形的進行的。而這實際上是符合我們的心理、身體、意識的學習基本原則的：

① 人的接受心理有巨大的容納能力。每一件事都在向我們複雜的心中暗示著什麼事，而我們不能沒有暗示。所有的交流和活動都同時在意識和非意識水準上出現。

② 大腦會把視覺、音樂、故事、神話、隱喻和運動等方式給予的所有刺激進行編碼、符號化、概念化和多重加工。

③ 我們的大腦容量幾乎是無限的，分類、標記和編碼事物是腦的天然偏好。而且，絕大多數是在我們「不知覺」的情形下進行。

第 3 章
學習的「三角戀」：學習者

　　愛情度過開熱戀期的浪漫之後，就會是無盡的煩惱。那是因為人的感情是專一的，而且還都有很強的嫉妒心理。學習的過程就大不一樣了，學習是一個複雜的、多方面融合的、愉快和帶有藝術性的過程，這樣描述的一個過程，似乎「三角戀」的比喻是最恰當的。當然，學習者應該是永遠的主角。

3.1 以學習者為中心的學習

> 讓別人依賴你。神之所以為神，不在於人們裝飾其雕像，而在於人們誠心誠意地崇拜他。智者寧願他人時刻需要自己，而非感激自己。保持他人的希求是智慧的，期望別人的感激是愚蠢的；期盼讓人牢記，而感激使人忘卻。受人依賴，比受人恭敬更有益。人解了渴之後，往往轉身離開井邊；橘子一旦榨乾，便會被人從金盤子中扔到垃圾筐裡。當人們對你的依賴消失，良好的品行和尊敬也會隨著消失。努力保持人們對你的渴求之心，且不使其得到完全滿足，這是最重要的人生經驗之一。此法讓你變得不可或缺，甚至連王座上的君主也永遠需要你。但是不要做得太過分，以免誤入歧途，也不要為了一己之私而讓別人陷入病入膏肓的絕境。
>
> ——《智慧書》（5）

　　學習是一種過程，不是一種目的。透過學習我們可以強化自己的信心、培養自己的素養、鍛鍊自己的能力。大自然的規律就是適者生存，這對人類來說同樣適用。所以，透過學習提高自己才是學習的根本要旨。而以學習者為中心就是體現我們學習的要旨。在「三位一理」的學習理念中，學習者永遠是第一位的。但這只是在學習的目的中體現出來，而在學習的過程中，我們還是要結合學習者、學習引導者和學習媒介三者的合力。

3.1.1 自信是學習開始的第一步

　　每個人天生就是一座獨特的寶藏，你的生命具有特別的理念和個

性。這些就是在你過世後，你的親友最懷念你的地方。古今中外沒有人的看法和你一樣，也沒有人的做人風格和你完全相同。你的特殊行徑影響著你周圍的一切，你所到之處都會留下你走過的足跡，你的存在對世界、對他人產生影響。

這詩一般的話語，就是要告訴你：天生我才必有用。我們大家都不希望會無所事事地活在人世中。每個人都有著自己的人生理想，但它們中的大多數都沒有實現。這其中一個很重要的理由就是缺乏自信，缺少成功的信念。實際上，每個人都是生活在他自編的地圖世界裡。我們是憑著大腦裡對世界的認知去處理每一件事。因此，改變一個人頭腦中的世界，這個人對這個世界中事物的態度便會有所改變。所以，樹立成功的自信心是事業成功的第一步，也是學習開始的第一步。

古代歐洲的馬其頓國王、著名的軍事統帥亞歷山大從小非常自信，熱愛學習，他有一個優秀的特質，就是充滿了好奇心。他的老師是鼎鼎大名的亞里斯多德。他受到老師的啟發，對醫學、自然現象、物理學、地理學以及動物學都非常感興趣。他熱愛亞里斯多德甚於愛他的父親，因為他覺得後者僅僅給予了他生命，而前者卻滿足了他很多的好奇心，教會他怎樣做一個高貴的人。有一次，他在閱讀《伊利亞德》時，亞里斯多德問他：「亞歷山大，你最大的願望是什麼？」亞歷山大毫不猶豫地說：「我希望長大以後有我祖先們的業績。我要率領大軍，走到世界盡頭。」亞歷山大從小就對世界版圖懷有好奇心。執政之初，一次他指著世界版圖問他的大臣們：「馬其頓的背後是什麼？」大臣們告訴他：「是群山。」他又問：「群山的背後呢？」大臣們答道：「是海洋。」亞歷山大問：「海洋的背後呢？」大臣們答不出來，

都認為這個問題太怪了。而亞歷山大自己喃喃自語道：「是亞細亞龐大的波斯帝國。」

當波斯帝國的使臣來訪時，亞歷山大問得最多的是波斯帝國的地理、人情和世態等，一次也沒有問到過著名的巴比倫空中花園。波斯帝國的使臣驚嘆道：「這個孩子才真是一個偉大的國王，而我們的國王不過徒有錢財而已。」

亞歷山大不到 30 歲就建立了一個地跨歐、亞、非大陸的世界大帝國。拿破崙曾這樣評價他：「亞歷山大是歷史上最偉大的軍事天才。」凱撒則說：「亞歷山大是世界之王。」而這一切都是建立在亞歷山大從小就具有的堅強的自信之上的。一個人從小就有一個明確而崇高的願望，並且不怕艱辛和善於動腦，勇於進取，不斷地付出努力，他一定能夠取得驕人的成績。

3.1.2 大目標、小目標

我們每個人都有自己宏大的人生理想。但是，我們自己也都很清楚，許多理想要實現實在是太難了！實際上，理想並不是不能實現，也不是太難了。而是某些理想從一開始你就認為不可能實現，這樣它們在你心裡就「死掉了」，這是自信心的問題；某些理想我們是在嘗試著去實現，但由於計劃不周而「胎死腹中」或「中途夭折」，這就屬於沒有設計好自己的目標。學習也是人生的一大理想，誰不想很好地學習這個世界呢？誰不想透過學習使自己成為一個成功者呢？那為什麼有人即使抱著很高的熱情去學習，還會失敗呢？我們說，學習是一個過程，而且是一個長期的、不斷變化著的過程。既然學習只是過程，那麼透過過程我們就需要達到一定的目標。一般來講，我們首先

想到的是長期的也就是大的目標，但是，許多人腦子中只是有了大目標，而沒有實現的方法，更重要的是他沒有制訂好那些組成大目標的小目標，所以很容易失敗。

如果將短期目標納入長期目標，或者是將長期目標分割成一個個小的階段目標，即便是成功積極性低的人也能變得喜歡迎接挑戰。也就是你可以經歷透過自己努力實現短期目標的過程，學著享受一點點進步的過程，積少成多，玩「拼圖遊戲」，而不是站在當前能力與長遠目標之間巨大鴻溝的邊緣止步不前。

我們知道物質是由原子組成的，任何一件大的物品我們也總能把它拆成零件。學習的大目標也是由許多小目標所構成的。實現大目標好比是船在大海中向著自己的目標航行，而實現小目標則是在航行過程中船長、船員的每一個動作。實現大目標的過程可能比較長，實現過程中也比較不容易看到成果，這樣可能會降低你的「興奮度」、影響你的學習興趣；而實現小目標的過程相對比較短，我們很容易看到自己短時間內工作的成果。這樣，無論是在心理上還是體現在實際的學習效果中都是有積極作用的。尤其是對學習效果不好的學習者，他們最大的問題往往不是在智力上，而是在心理上，在對學習的自信心上。如果他能正確地認識到大目標是由小目標所構成的，先實現幾個小目標，有一定的「成就感」，刺激出本身的學習興趣，那他就會走上正確的學習道路。

比如，你想創辦一家公司，頭腦中想的可能是公司的規模有多大、員工多少、每年多少的營業額、多大的利潤……但你優先想到的應該是創辦公司所需要的資金準備。你大致算了一下，應該要 10 萬元。這可能會讓你打退堂鼓，但我們會說：你現在最好是先把如何得

到 10 萬元規劃一下，也就是把 10 萬元的「大目標」看看能否分解為若干「小目標」。你的分解計畫可能是這樣：

(1) 找個了解你又欣賞你的老闆，為你投資 10 萬元

(2) 找 1 個合夥人，你們每人投資 5 萬元

(3) 找 4 個合夥人，你們每人投資 2 萬元

(4) 找 9 個合夥人，你們每人投資 1 萬元

(5) 找 19 個合夥人，你們每人投資 5 千元

(6) 找 99 個合夥人，你們每人投資 1 千元

(7) 找 199 個合夥人，你們每人投資 500 元

(8) 向銀行貸款

(9) 把你的構想賣給某個投資公司，你們合夥經營

有這樣一個神父想在一個新城鎮建一座教堂，他身無分文。但是，他先列了下面這樣一個計畫表：

(1) 租一棟學校的建築

(2) 租一間社區互助會的大廳

(3) 租一間狩獵用的小屋

(4) 向葬儀社租一間祭祀堂

(5) 租一間廢棄的穀倉

(6) 租一間社區的交誼廳

(7) 租一座耶穌會的禮拜堂

(8) 租一座猶太教教堂

(9) 租一間劇場

(10) 租一塊空地、一頂帳篷和一些可折疊的椅子

他一個個地去試，不斷地嘗試、排除、產生新想法，最後他把教堂建在了劇場裡；幾年之後，這位神父有了固定參加禮拜的群眾，於是他想建一個真正的大教堂，而且要讓它成為社區的中心，成為全鎮人民希望與精神的庇佑所。這次，他需要 100 萬元，可他依然是身無分文。但是，你現在知道他能做什麼了吧？是的，從計畫開始一步一步走，把大目標分解為小目標：找 OO 出資 OOO 萬元……

3.1.3 學習需要心態

心態的調整最重要的，就是在心中要始終明確自己的學習目標，永不放棄；其次是要在學習的過程中，主動去尋找能使自己感興趣的東西；再次，可以在不同科目中，於時間上做必要的調換安排。我們大家都有這方面的經驗：算數學的時間久了，腦子就卡住了，這時不妨去讀一讀英文 —— 這就好像做愛眼健康操，其實也就是醫生告訴我們的那樣，看書時間太長了，眼睛會疲勞，抬起頭來看一看遠處的東西會是一種很好的調節。

我們都知道「興趣是最好的老師」，所以興趣的尋找、心態的調節應該是最需要想到和不斷培養的。有很多人都是「球迷」，大家看球時都有這樣的體會：如果有自己喜歡的球隊比賽，那恨不得把對方打得「滿地找牙」才解氣，這時候你可能並不在意這場球水準的高低，你會很緊張地看下去，就是因為你有強烈的「興趣」。但如果今天不是「你的球隊」在比賽，而是兩支不相干的球隊，那你看球時的心態如何？首先會平靜很多吧；其次，估計你對輸贏並不是十分關

心。這時，如果雙方的水準發揮都很出色，你可能會堅持看，但如果實在打得不好，而接下來是「你的球隊」比賽，你必須要「熬下去」，你會怎麼辦，這時就需要你做一下心理調節：你可以想像其中的一支球隊你更喜歡，從而強迫自己去支持它，你就會堅持看下去。

　　研究學習環境的專家認為：改善自己的學習狀況、提高學習速度的祕訣，在於重塑自然學習環境，這裡面最重要的就是心態；透過鼓勵自我實現或尋求完美，都可以促進潛能的調動和發揮；你的大腦只有在認為這件事是真實的、正確的時，它才會打開學習的開關。「暗示學習法」就是以成功塑造學習心態為基礎的。一個人如果處於像嬰兒般的狀態，就會完全接受建議並照著去做。很多時候，我們自己認為事情能夠成功，那常常就能夠獲得成功；反之，自認無法做成的事情，則常導致失敗。

　　一個大家都經常遇到的現象，很恰當、也很有趣地說明了心態和暗示在人的行為和學習中的作用：遇到別人和自己打招呼時，通常被問到的一句話就是：「還好吧？」，一般情況下你可能順嘴就回答：「還好」。但是，如果哪一天你真的想對別人表達一下自己的狀態，或者是你覺得總是「順嘴」的回答太無聊了，而恰好這幾天你真的不太好，你回答說：「糟透了！」，你猜會怎麼樣？你本意是想引起別人的注意，起碼是停下來你們討論一下你目前的狀況。實際上，絕大多數人都只是點點頭並微笑地走過，似乎他們並沒有注意你回答了什麼。可是，你自己的下意識卻注意到了！因為自己很快就感覺到自己真的很糟……既然這樣，以後遇到別人問同樣的話語，自己就回答：「好多了」，當這樣回答時，發現自己真的獲得了許多的改善。更有趣的是，別人卻要湊過來想知道 —— 這傢伙中樂透啦！為什麼會如此不

可思議地樂觀。

有這樣一個故事：有一個叫瑪莉的女孩子，她天生害羞，眼看著周圍的同伴都有了自己的戀人，就是沒人約她，她自己喜歡的男孩子她也不敢主動交往。

一天，街上一個醒目的櫥窗吸引了她，裡面是各種顏色的絲帶和各式各樣的蝴蝶結。旁邊的一塊牌子上寫著：請挑選適合你個性的顏色和樣式。瑪莉在櫥窗旁留戀了很久，這些都是夥伴們經常戴的，它們的確很漂亮。可媽媽讓不讓我戴呢？我戴上會引人注意嗎？

這時，店員拿著一條帶綠色緞帶的蝴蝶結走過來對她說：

「親愛的，這個對妳再合適不過了。」

「啊，不，我不能戴那樣的東西……」瑪莉回答道，但同時她卻渴望地靠了過去。

女店員顯得驚奇地說：

「妳有這麼一頭可愛的金髮，又有一雙漂亮的眼睛，孩子，我看妳戴什麼都好看！」

也許正是店員這幾句話，瑪莉把帶有綠色緞帶的蝴蝶結戴到了頭上。

「很好，它好像是專門為妳準備的。」

女店員又提醒她：「向前戴一點，抬起頭來，這個世界上沒有人比妳更有資格戴它。」

「這個我買了。」瑪莉說，她自己都感到自己現在說話的音調有些不一樣。

「如果妳在集會、舞會……」店員還在說，可瑪莉把錢一放回頭就向門口衝去，速度快到差點撞到一位顧客。

她繼續飛快地跑著，好像是有人要從她的頭上搶走蝴蝶結。跑過了一個街區她才停下來。出人意料，瑪莉跑到了卡森咖啡館門前，她意識到她開始就一直想到這裡來。這裡是鎮上每個女孩都知道的地方，因為伯特 ── 大家都喜歡的一個男孩，每個星期六下午都在這裡。

他果然在這裡，坐在賣飲料的櫃臺旁，要了一杯咖啡，並不喝掉（莉妮剛把他甩了），瑪莉暗想：「他要跟其他人去跳舞了。」

瑪莉在另一端坐了下來，也要了一杯咖啡，伯特轉過身來望著她。瑪莉筆挺地坐著，昂著頭，而伯特立刻注意到瑪莉頭上的綠色蝴蝶結。

「嗨，瑪莉！」

「唔，是伯特！」瑪莉裝出驚訝的樣子說，「你在這裡多久了？」

「整個一生。」他說，「只為等妳。」

「少來了！」瑪莉說，她為頭上的蝴蝶結而感到欣喜。

過了不久，伯特在她身邊坐下，看起來似乎剛剛注意到她的存在，問道：

「妳的髮型改了？」

「你通常都是這樣注意嗎？」

「不，我想正是妳抬著頭的樣子。似乎妳認為我應該注意到什麼似的。」

瑪莉感到臉紅起來：「這是有意挖苦吧？」

「也許。」他笑著說，「但是，也許我有點喜歡看到妳那抬著頭的樣子。」

大約過了十分鐘，令人難以相信的是，伯特邀她去跳舞。當他們離開卡森咖啡館時，伯特主動要陪她回家。

回到家裡，瑪莉想在鏡子面前欣賞一下自己戴著有綠色緞帶的蝴蝶結的樣子，令她驚奇的是，頭上什麼都沒有，後來她才知道，當時撞到那人時，綠色緞帶的蝴蝶結被撞掉了……

3.1.4 把別人的變成自己的，用舊的消化新的

學習是一個儲存生存技能的過程。所以，學習的目的是為了自己能掌握和運用各式各樣的生存技能，以應付生活中出現的問題。這就需要，透過學習把別人的東西變成自己的，而在自己有了一定的學習基礎之後，就能夠用已經學過的東西去「消化」要學的新東西。這裡問題的關鍵還是消化。實際上，只有把學習的東西真正消化，才真正達到了學習的目的。

現在，許多人的學習目的，多多少少是為了考試。當然，考試是為了檢驗學習的效果，但它只是為了達到我們的學習目的（學習的東西真正消化、變成自己的了）的一種方法。如果我們為了通過考試而讀書，那一定是本末倒置了。而且，沒有明確的利己的利益存在，很難產生好的效果。更可怕的是，某些人，為了通過考試而去採取作弊的方法。

實際上，無論從哪個角度講，作弊都是有百害而無一利的。我們

可以簡要地分析一下作弊的好與壞。好處可能是明擺著的 —— 考試通過了。可實際上，這種通過對你來講反而是最大的害處！

　　試想，你的這次通過不是靠自己的努力獲得的，而是靠投機取巧，這一次你成功了，你就有理由期望下一次的成功，可人生是需要每個人去真實面對的。切合實際地想一想，一生中每一次機會你都可以靠作弊而成功嗎？這是從長遠的、廣義的角度去說，我們也可以「就事論事」地來看看這個問題。首先，作弊的人在自己的心裡就已經承認了他比別人弱，如果不是這樣，他為什麼會去「抄」別人的呢？這種內心深處的「示弱」心理是與目前超殘酷競爭所需要的「示強」心理而格格不入的！其次，作弊之前、之中和之後，都會對作弊人的心理狀態和工作狀態有極大的影響。試想，作弊之前，是不是要停下來進行「火力偵察」，看看周圍環境是否有利於行動；接下來，作弊畢竟是一種為人不齒的行為，就是作弊的人內心也是清楚的，有句成語不是叫「做賊心虛」嗎？再下來，即使作弊成功了，可實際上已經打亂了自己正常的工作，對下面的工作進行一定是沒有好處的。而最關鍵的是我們一開始就分析了，如果你作弊成功了，你就會滋生僥倖心理，那將是對你最大的傷害。

　　那如何才能正常地把「別人的東西」變成自己的呢？說一個常見的現象吧：上課時，很多學生有寫筆記的習慣，這裡我們並不是說寫筆記不好，而是說，有些情況下適合，而有些情況下不適合。就消化知識來說，課堂上寫筆記是不好的。因為課堂上的時間有限，老師的上課往往有他很強的系統性，要求你從頭到尾、聚精會神地去聽，去理解，去思考，我們總是說，「一心不得二用」，你忙著寫筆記了，我相信一定會影響到你聽課。那是不是不應該寫筆記？不是，是要寫

的，但不是在課堂上寫，在課堂上要聽、要領會、要思考，要盡可能多地去吸取老師的東西，下課之後，在課堂內容的基礎上再結合課本（課堂上老師講的應當大部分都在課本上）整理出自己的筆記，相信這就是你自己的東西了！

我們都渴望學習新的東西，然而，不知道你有沒有體會到，「舊的」東西往往對我們的幫助最大。做學生時，老師總是要講，學知識要力求「融會貫通」，這就是用自己已經掌握的知識去消化新的知識。目的還是要把知識變成自己的。如何用舊的去消化新的呢？一個比較好的辦法就是不斷總結，不斷使自己達到新的「高度」。不要怕花時間去整理已經學過的，要明白它們是底座，是地基，是要在上面蓋「高樓大廈」的。

黃美廉是美國加州大學的藝術學博士。但她從小就患有腦性麻痺症，腦性麻痺症使她失去了肢體的平衡感，更可怕的是她也沒有說話的能力。可她用她的手做畫筆，以色彩告訴人們「寰宇之力與美」，她活出了「生命的燦爛色彩」。在她回母校演講時，一個學生小聲地問她：「妳從小就長這樣，請問妳怎麼看妳自己？妳都沒有怨恨嗎？」周圍的人都緊張了起來，怎麼會當面問這樣的問題呢？

「我怎麼看自己？」黃美廉用粉筆在黑板上重重地寫下這幾個字。她停下筆來，歪著頭看了看發問的同學，然後嫣然一笑，回過頭來，又在黑板上龍飛鳳舞地寫了起來：

（1）我好可愛！

（2）我的腿很長很美！

（3）爸爸媽媽這麼愛我！

（4）上帝這麼愛我！

（5）我會畫畫！我會寫稿！

（6）我有隻可愛的貓！

（7）還有……

（8）……

忽然，大廳裡鴉雀無聲，沒有人敢講話。她回過頭來定定地看著大家，再回過頭去，在黑板上寫下了一行話「我只看我所有的，不看我所沒有的」。我們是不是可以理解為：只有自己所有的才是真的有的，才是真實的、有用的！

作弊也好，上課忙著寫筆記也好，無非就是更好地應付考試，都不是全身心地投入學習，所以，它們對學習的實際幫助都不是很大。但說到考試，這的確是一個敏感的問題。我們要不要考試？考試真的能衡量學習效果嗎？我們是不是需要利用考試來選拔人才？如何實施考試？怎樣「應付」考試？……我們大家是不是都要面對這些問題。而在說這些之前，我先要提醒大家，人類的天性是喜歡做考試這個「遊戲」的，也就是天生喜歡借助測試來增進能力 —— 如果能做到安全、快樂而又不失尊嚴。

第一，考試是必要的。尤其是在現代的競爭社會，考試是一種必不可少的方法。關鍵的問題實際上不是要不要考試，而是，如何組織考試、如何對待考試、如何適應考試以及將考試變成激勵自己學習的動力。

考試能成為動力？你在開玩笑吧！記得讀國中的時候，我個子很矮，相比同班的同學年齡也小。無論大家有什麼樣的活動，總是不

能「表現出」自己；可後來我發現，每當考試成績下來時，那幾天自己總是焦點。很小的時候真的談不上為了什麼偉大的目標而讀書，但是，要想讓同學注意你，要想和大家在一起時你有發言權，就要「表現出」自己。所以，考試就成了我的學習動力。

第二，考試在一定的程度上是可以衡量你的學習效果的。不經過檢驗，如何能知道效果呢？至於說考的是不是你所學的或者你所用的？我相信，大部分考試都是針對基礎知識的。

第三，考試能選拔人才嗎？我們不妨反問，如果不考試，我們用什麼辦法去選拔人才呢？你可能會說，方法很多！是的。但是，從古到今，考試依然是最直接、最有效、相對最公平的選拔人才的辦法。

第四，如何複習。考前是要複習的，除非你對考試有很大的把握，或者是考試對你來說意義無足輕重。怎樣複習呢？心理學家和腦科學專家告訴我們，如果你在大腦（身體）「低緊張」的狀態下學習（複習），而在高度緊張的狀態下考試，大腦會在相互狀態不匹配的狀況下處於低效。嚴重影響你的思維能力和記憶水準。怎樣改善呢？一是提高學（複）習的緊張狀態（適度緊張）；二是創造低緊張度的考試環境；三是經常測試讓自己的各種感官適應考試的環境。

第五，如何實施考試。前面的幾個問題，從大體上來說應該是不存在很大爭議的。而如何實施考試，卻是我們一定要十分注意的問題。科舉制度早就被廢除了，因為它不適應時代的發展。我們現在的考試制度是不是也與時代合拍呢？一定是有需要改進的地方。但是，關鍵是如何改進！這個問題比較大、比較複雜，我想我們在沒有共同的、好的結論之前，我們先不去討論。

第六，如何考試。這是問題嗎？是，而且是很重要的問題！我

們說過，大考好像是千軍萬馬過獨木橋，也就是「一考定終生」。實際上，上大學的人，實力相差就是那麼幾十分嗎？有些人考試發揮得好，有些人「運氣」比較差。有些人講自己沒有考好，實際上是你不會考試，所以說考試是一門綜合的學問。

（1）**好的心理狀態是第一位的**。為什麼大多數選手參加比賽，尤其是大型比賽的成績，往往會不如他平時訓練的成績呢？這就是比賽時的心理狀態沒有把握好。教練在挑選選手時，很注意挑選「比賽型」的，實際就是心態好的。考試也是一樣，你抱著不一樣的心態去考試，得到的結果必定不一樣。記得一位老師提醒過我們，考試（學習）的時候，要記得這樣一句話：「進了教室人都不如我，出了教室誰都比我強。」

（2）**各方面綜合條件的具備**。你可能會說，現在的家長什麼想不到？但首先應該不是他們想到，而應該是你自己想到，俗話說：有備無患。那麼，如果你做事情時是「無備」的，結果會怎樣！

（3）**「對付」考試要一步一步來**。我們學習知識是循序漸進的，相信考試的自然規律也應該如此。而且，一步一步地做下去，可以給你心理上一個「踏實」的感覺。相信大家都有這樣的「體驗」，拿到一個問題，開始時不知所云，但是耐心下來，一步一步做下去，漸漸地就豁然開朗了。這是基礎在起作用，它是一種「潛移默化」的影響。

（4）**答題需要技巧**。有些考試的確是比較有難度，相信大家都遇到過類似的情況，英語考試中的選擇題：一個單字，下面有四個「替換單字」，最慘的是自己五個都不認識，或者是都很含糊，怎麼辦？從心理學角度來說，有兩種辦法解決：①「一見鍾情」法 —— 哪個「順眼」選哪個。這裡的依據是，你選擇的那一個是和你心裡的「女

神」（積累知識的沉澱）最相匹配的；②排除法 —— 這裡是真正的排除，哪個「不順眼」先排除哪個。依據你也能想得到，依次比較，排除最不可能，最陌生的那一個。看到了沒有，兩種方法都需要平時知識的沉澱。

（5）**檢查是十分必要的**。實際上，很多人忽略了檢查。或者說，更多的人檢查時只是流於形式。但是，大多數情況下，檢查對你的考試成績會造成「事半功倍」的效果。我們提醒，當你要檢查時，最好不要沿著你原有的思路走，人是有很強的慣性的。

（6）**要知道「取捨」**。換句話說就是，一定要拿到自己該拿的，爭取自己可以拿的，放棄自己幻想能得到的。

3.1.5 完整地認識自己

人的一生中最難做到的就是認識自己。學習的過程更需要發揮自己的主觀能動性，調動自己以及周圍的各種力量。如何去認識自己的能力呢？這是一個複雜、長期並需要不斷總結的過程。我們說1、2、3、4多少條估計也很難引起你的重視，還是你自己透過下面的幾個小故事來領悟吧。

1. 勤奮的人能打開幸運之門

在美國的某個年代。聽說西部一條大河邊能挖到金子，彼得就像許多人一樣，懷著發財的夢想趕到了那裡。河邊被挖了無數個大大小小的坑，有些人如願以償，有些人掃興而回。彼得也買了一塊地，可惜他也加入了失敗者的行列。6個月過去了，他連買麵包的錢也快沒有了，他準備離開，到別處去發展。要離開的前一天晚上，下發揮了

傾盆大雨，一連下了 3 天 3 夜。大雨終於停了，彼得走出小屋，發現眼前的土地好像和以前不一樣：坑坑窪窪已被大雨沖刷平整，鬆軟的土地上長出一層綠綠的嫩草。「這裡沒找到金子。」彼得忽有所悟地說，「但土地很肥沃，我可以用來種花，把它們賣給那些定居的人，一定也能發財。」於是，他留了下來。精心種出了各式各樣的美麗花朵，很受大家的喜愛。

　　5 年後，他成了富翁。站在他的花田邊，彼得在想：「我是唯一一個在這裡找到金子的人，挖到金子的人都遠遠地走了，而我的『金子』是在這塊土地裡，只有誠實的人用勤勞才能採集。」

　　—— 學會「另闢蹊徑」，多種方法解決問題，你具備嗎？

2. 你聽到蟋蟀聲了嗎？

　　一名紐約人邀請他的一個印第安朋友來紐約做客。當他們走出機場穿越馬路時，印第安人對紐約人說：

　　「你聽到蟋蟀聲了嗎？」

　　紐約人笑著說：「你大概坐飛機坐太久了，這機場的道路連到高速公路上，怎麼可能有蟋蟀呢？」

　　「真的有蟋蟀！我清楚地聽到了它們。」

　　紐約人大笑了起來：「你瞧！那裡正在施工，機器的噪音那麼大，怎麼會聽得到蟋蟀聲呢？」

　　印第安人二話不說，走到斑馬線旁安全島的草地上翻開了一段枯倒的樹幹，招呼他的朋友來看兩隻正在高歌的蟋蟀！

　　「你的聽力實在是太好了！」紐約人露出不可置信的表情，「能在那麼吵鬧的環境下聽得到蟋蟀聲！」

印第安朋友說：「你也可以啊！每個人都可以！我可以借你口袋裡的零錢來做個實驗嗎？」

「可以，可以！」紐約人忙掏出零錢遞給了他。

「仔細看，尤其要注意那些原本眼睛沒朝我們這裡看的人。」

剛說完話，印第安人就把零錢撒到了柏油路面上，突然許多人轉過頭來看，甚至有人開始彎下腰來撿錢。

「你看，大家的聽力都差不多，不一樣的地方是，你們紐約人專注的是錢，我專注的是自然和生命。所以聽到與聽不到，全然在於有沒有專注地傾聽。」

—— 你在專注什麼？

3. 一只特別精美的金殼懷錶

有一位很有才華的年輕詩人，寫了許多吟風詠月、描景抒情的詩篇。可他卻很苦惱，因為，人們都不喜歡他的詩。這到底為什麼呢？他絕不懷疑自己的才華，於是，他去向父親的老朋友 —— 一位老鐘錶匠請教。老人什麼也沒說，領他到了一間擺滿各種名貴鐘錶的小屋。老人從櫃子裡拿出一個小盒，取出一只不僅樣式精美，還能清楚地顯示出星象的運行、大海的潮汐，標明月分和日期的懷錶，這簡直是一只魔錶。年輕詩人愛不釋手，忙問這只錶的價錢。老人微笑了一下，只要求用這「寶貝」，換下年輕詩人手上的那支普普通通的錶。詩人對這只錶珍愛至極，吃飯、走路、睡覺都戴著它。可是，過了一段時間之後，漸漸地對這只錶不滿意。最後，竟跑回鐘錶店要求換回自己的那只普通的錶。老人故作驚訝，問他這樣美的錶還有什麼不滿意嗎？年輕詩人遺憾地說：「它不會指示時間，可錶本來就是用來指

示時間的。它對我沒有實際價值，有誰會來問我大海的潮汐和星象的運行呢？」老人微微一笑，把錶放在桌上，拿出年輕詩人的詩集，意味深長地說：「年輕的朋友，讓我們努力做好各自的事業吧。你應該記住：怎樣為人們帶來用處。」

詩人這時才恍然大悟，從心底里明白了這句話的深刻含義。

—— 你如何為他人、為社會帶來好處？你的本分工作是什麼？

4. 沒有一個方案適合所有人

你曾經節食過嗎？你曾經讀過飲食方面的書嗎？這樣的書有數千種，並且它們彼此矛盾。一些說吃肥肉會使人發胖；一些事例給你證明糖是罪魁禍首；一些人確信素食主義是治療人類各種疾病的良藥；同時一些人提出要保持強壯的身體，不同血型的人應該吃不同量的肉；一些人強調吃新鮮的水果和蔬菜，另一些人則鼓吹應適當進行烹調；一些人教你應該大量喝水，然而其他人又說這是危險的 ......

哪種飲食方式是正確的？哪一個是適合你的？哪種方式是真正可行的？答案是：它們全是 —— 甚至喝尿的那一個！每一個方案都適合一些人，但沒有一個方案是適合所有人的。

—— 去思考一下吧，學習的方法也是很不一樣的！

5. 付出的越多，得到的回報越多

一個在大熱天忙著趕路的人，好不容易看到了一個農舍。就趕緊到井邊的抽水機邊去壓水，壓了幾下後，一直不見水出來。農夫出來往抽水機裡倒了一些水，使抽水機頂端產生了吸力後，水就源源不斷地出來了。很多時候，祕書找到老闆說：「幫我加薪，我會更好地工作，更加盡職盡責。」而店員找到老闆說：「讓我做行銷經理吧，我會

讓你看到我真正的能力。」學生則對他的老師說：「如果這學期我的分數很爛，我的家人會責怪我。所以老師，如果你在這半學期給我高分，我發誓下半學期會真的刻苦讀書。」

這些都有用嗎？實際上他們所說的是：「給我報酬，我會去創造生產的。」但是，生活並不遵循這樣的規律。如果你想生活賜予你什麼，首先你必須得付出。

—— 如果你是上面提到的那個被索要高分的老師，你會怎麼想？怎麼做？

6. 人生如爬樓

有一對兄弟，家住在 80 層樓上。有一天他們外出旅行回家，發現大樓停電了！雖然他們的行李很多，但看來只有爬樓梯上去了。爬到 20 層他們開始累了，哥哥說：「包太重了，我們乾脆把它們放在這裡，等來電後坐電梯來拿。」於是，他們把行李放在了 20 樓，輕鬆多了，他們又開始有說有笑地向上爬。可是，爬到 40 層，他們實在累了，開始相互埋怨，指責對方不注意大樓的停電公告。他們邊吵邊爬，就這樣到了 60 樓。這時，他們累得連吵架的力氣也沒有了。弟弟對哥哥說：「我們不要吵了，爬完它吧。」於是他們默默地繼續爬樓，終於到了 80 層！兄弟倆興奮地來到家門口，才發現他們的鑰匙在 20 樓的包裡……

有人說。這個故事其實就是反映了我們的人生。

20 歲之前，我們活在家人、老師的期望之下，背負著很多的壓力、包袱，自己也不夠成熟、能力不足，因此步履難免不穩。

20 歲之後，離開了眾人的壓力，卸下了包袱，開始全力以赴地

追求自己的夢想，就這樣愉快地過了 20 年。

可是到了 40 歲，發現青春已逝，不免產生許多的遺憾和追悔，於是開始遺憾這個、惋惜那個、抱怨這個、嫉恨那個……就這樣在抱怨中度過了 20 年。

到了 60 歲，發現人生已所剩不多，於是告訴自己不要再抱怨了，就珍惜剩下的日子吧！於是默默地走完了自己的餘年。

你希望自己也是這樣嗎？

3.2 人的智力發展過程

> 人類生來野蠻，文化使人類高於其他動物。因此，是文化造就了人；人越文明，便越偉大。正因如此，古希臘人將世界上的其他人稱為野蠻之人。無知就是未開化 —— 最能教化人類的莫如知識。但是若不高雅，即便有知識，也顯得粗鄙。我們的才智，我們的欲求，特別是言談、衣著（如同靈魂的果皮）和才幹（如同靈魂的果實）都顯得高雅；相反，有的人粗俗不堪，極度缺乏教養，令人無法忍受，這使得他們的一切（甚至包括最優秀的特質）都失去了光芒。
>
> —— 《智慧書》（87）

就學習的過程來說，其主要還是一種智力「遊戲」。人類的智力發展，是隨著社會的發展和科學的進步逐漸進行的。據研究，從猿到人，大腦的容量增加了三倍。就衡量人的智力水準的智商的變化來說，現代的人比我們的祖先，平均智商最少提高了三分之一。那是我

們現在都變得更聰明了嗎？並不完全如此，最可能的結論是，伴隨著社會的發展，人類智商的社會因素得到了極大的提升。或者這樣說，當今社會一個人的智力構成，IQ 和 EQ 同樣重要。

3.2.1 智力與智商

1. 智力是什麼？

自從人開始把自己與動物或其他人相比較的時候起，就有了智力的概念和相應的表達詞彙。可是，時至今日人們也不能夠對智力是什麼這一看似簡單的問題提出一個明確而統一的回答。

亞里斯多德的智力概念很簡單：它是不同社會階層的區別所在，是上帝不平均地賜予人的天賦。他說，一個人的智力天賦是不變的；若要普遍地提高智力，生育就必須只限於「統治者」，這是最早的「優生學」。當然，現今社會也有許多人在繼承，比如我們前面提到的《鐘形曲線》。

相比之下，亞里斯多德的老師柏拉圖較主張「平等」，他說人的智力大同小異（不包括奴隸，他認為奴隸幾乎算不上人），有所差別是由於教育和榜樣的作用（而人與其他動物的區別在於只有人具有智力，其他動物不具有智力）。古羅馬人、古代中國人、還有中世紀的聖徒、學院，以及文藝復興時期的哲學家、思想家和心理學家們，對此的討論眾說紛紜，直到現在仍未停止。

在現代各種社會中，走到哪裡你都能夠得到智力的概念和相應的詞彙。在人們日常的談話中，「聰明」等詞彙多是用來評價一個人的智力的。家長看待孩子；老師形容自己的學生；面試官測試應聘者，我

們都會看到大量的、類似的詞彙。「聰明」、「反應快」、「機靈」、「學得快」、「精明」等。尤其是家長們，從孩子一出生就開始在他們身上去尋找「智力（聰明、天才）」的因素和表現，以至於智力的培養已經成了經濟成功的核心。

但是，他們真的能夠代表（形容）人的智力構成嗎？或者說，人們真的知道智力是什麼嗎？心理學家羅列了一些關於智力的表述，讓大眾選擇，表 3.1 是調查結果。

除去對抽象思維能力的判斷，各種表述的支持率都是很可觀的。而這些表述中有些提法是相互矛盾的，這表明，要麼是人們的意見分歧很大，要麼是對智力的理解很含糊。研究還表明，同一個人也會隨著時過境遷而改變其智力觀念。這樣智力就成了一個「多意」概念，即因表達目的不同而含義各異。有時它是指人有別於動物的人類共同特徵；有時又指人區別於他人的最根本的特徵，因而又成了培養、任用或提拔一個人的根據。

表 3.1 關於智力定義的調查表

有關智力的說法	人們的認可程度（占被調查人數的比例）
衡量智力的標準是抽象思維能力	34.4%
智力產生於腦	72.3%
智力的發展是對社會生活規則的逐漸習得	51.8%
智力的發展按照與生俱來的固定的生物程序進行	46.0%
人各有聰明之處	71.4%
有些人生就比別人要聰明些，有些人天生就笨	71.0%
兒童的智力發育是透過自己的活動得以實現	68.8%

那我們還能夠回答關於智力是什麼的問題嗎？在你看下面的解釋之前，我們先嘗試著給你一個籠統的答案：

人類的智力是一個「認知 — 文化複合體」。在這個系統中，社會組織提供各種結構，而認知系統（連帶大腦）必須要適應這些結構。適應的方式是，個人可以思考並不斷改造這些外部系統。人類的智力就存在於認知與文化的這種辯證關係中。

就個體而言，一般智力的描述可以看成是：智商＋情商＋性格。

2. 智商可以衡量智力嗎？

要回答這個問題，就要說明什麼是智商或智力測驗。

智力測驗的前提就是，智力的差異就像體力的差異一樣，基本上是由生物因素決定的。最早提出智力測量的是英國人高爾頓（Francis Galton），他是達爾文的堂兄弟。1859 年他讀了《物種源始》後，開始篤信遺傳對於人間諸事的重要性以及人種改良的可能性。高爾頓深信天然能力的差異所反映的僅僅是生物稟賦上的差異，卻忽略了一個事實：在家庭中，生物遺傳和社會遺傳是緊密相關的。他反覆譴責「天然平等的虛偽性」，他就像柏拉圖一樣，贊成以改良社會為目的的優生計畫，為此他盼望著能用什麼方法對天生能力（他認為是智力）進行科學測量。他甚至在倫敦成立了一個「人類學實驗室」，並組織了一次對皇家協會會員的問卷調查，要求他們替自己的天分打分數。達爾文也身在其中，他在問卷的頁邊上寫道：「請注意：我覺得很難用你的標準來評估我自己的個性。」

高爾頓之後，各式各樣的智力測量蜂擁而出，目的各異。更多的是為種族分化，社會分層搖旗吶喊。但是，20 世紀初期，法國巴

黎的貝內特（George K. Bennett）用了十幾年的時間，研究用一些短小的、類似學校的測驗題一樣的題目，對學校中不同年齡的孩子進行測試，目的是為巴黎的學校篩選出由於各種原因需要特別輔導的學生。他的目的是很實際的，方法也考慮是透過簡短的問題能夠測得孩子的智力特質：如一般常識、記憶力、想像力、注意力、對句子和同義詞的理解、審美判斷、道德判斷等。是側重實用性而非所謂的科學研究，他反對高爾頓及其擁護者們所謂智力是固定不變的觀點，指責他們是「殘忍的悲觀主義」。他的研究目標有兩個：第一，每種測量項目的平均分數是否隨年齡而成長；第二，孩子們在各種測驗項目上的得分是否與老師對這個孩子智力的判斷相符。

1912 年，德國心理學家斯特恩（William Stern），提出用智力年齡與實際年齡的比值作為智力指標，這就是今天人們熟知的「智商」（IQ）：

$$智商 = \frac{智力年齡}{生理年齡} \times 100$$

就這樣，第一個現代智商測驗就誕生了；幾年之內，測驗就流傳到世界上很多地方。不久這種測驗就被用於社會目的（升學、招聘、能力評價等）。而人們卻忘記了試題選擇原則是循環論證性的，同時測驗的適用範圍原本是極其有限的。比如，一項研究表明，一個人的成長過程，越接近於白種中產家庭，他的智商測量值就可能越高。而有人也認為，腦的體積越大，人越聰明，智商水準也就越高。但是，平均而言女性的腦要比男性小 15%，你感覺到男女之間有這麼大的智力差異嗎？

3.2.2 認知、思維和記憶

　　人的智力水準，起碼在學習方面，更多是體現在認知、思維和記憶的能力上。

　　認知，也稱之為認識，是指人認識外界事物的過程，或者說是對作用於人的感覺器官的外界事物進行資訊加工的過程。它包括感覺、知覺、記憶、思維等心理現象，這是認知的廣義的解釋，代表了人類認識事物的整個過程或階段；狹義地說，認知過程就是人透過各種感覺、直覺通道認識事物的過程。比如視覺、聽覺、觸覺等。

　　思維，可以包含在人的整體的認知過程中。也可以認為是人在接收了外界的各種資訊之後，在表象、概念的基礎上進行分析、綜合、判斷、推理等認識活動的過程。

　　記憶，貫穿於人的認知過程的始終。也是人的認知過程的基礎和結果。

1. 認知的發展過程

　　人類認知水準的發展被認為很少存在個體的差異，基本上是沿著一個可預測的時間軸進行的（圖 3.1）。

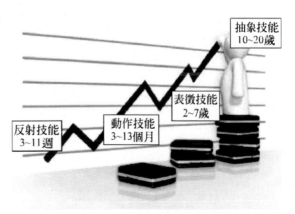

圖 3.1 人類認知發展時間圖

出生時我們只擁有反射，但嬰兒是快速的學習者。基本技能（眼睛會追光、頭會抬起來等）的發展一般在 3 ～ 11 週之內；在 3 ～ 13 個月之內，嬰兒變得能夠做基本動作，如將食物放入口中，或將蓋被掀開。然而直到此時，嬰兒只是擁有非人類靈長類動物所顯示出的認知能力。但是蹣跚行走會很快來到，學語的發展會使他們很快地脫離靈長類動物的世界。伴隨著這一階段所獲得的技能包括識別物體和位置、有意識地運用身體語言、進行因果判斷、想像劇情和用詞彙表達他們的需要和感受。然後直到小學後期至國中時期才能發展到認知技能的頂峰 —— 抽象思維。抽象思維反映在完成如識別普通真理、美麗、道德兩難推理和文化框架等任務之中。我們絕大多數人，到成年期控制這種認知的大腦額葉才完全成熟。

2. 思維訓練

思維，尤其是有智慧的思維絕對是當今世界取得成功的主要技能之一。有關創造性、生活技能和問題解決都需要有效、有步驟的思維訓練，而這方面在學校的傳統教育模式中往往被忽視。怎樣才能夠提高我們的思維水準和得到思維方面的訓練呢？專家強調，應該注意以下的一些事項：

· 習慣於隨時隨地收集資訊，利用資源

· 主動地發展自己的行為方式與客觀形勢的適應性

· 盡量提出高品質的問題

· 訓練自己在每次做出結論之前斟酌證據

· 大量運用隱喻和模型

· 將行動策略概念化（繪製心智圖、製作利弊列表、做出概要大綱）

- · 有效地處理歧義、差異和具有新異性的問題
- · 生成可能性和或然性（製造腦力激盪、規則，進行調查、注意因與果）
- · 集體爭論和討論技能
- · 識別錯誤、不一致和不合邏輯的任何事物或過程
- · 檢驗其他可選方法（改變原有的參考框架、拓展思維等）
- · 多進行假設 —— 檢驗訓練和制訂相應的策略
- · 發展和注重客觀性
- · 概括和模式檢測（識別和組織資訊、轉化資訊並注意資訊的交叉利用）
- · 事實排序

3. 短時記憶和長時記憶

記憶和思維一樣，是我們認知的基礎和結果。經常聽到人說：學是學過了，可是記不住……他的意思也就是說學習沒有效果。

記憶的形成可分為下列三種資訊處理方式或過程，如圖 3.2 所示。

圖 3.2 記憶 —— 資訊加工的過程

（1）譯碼，感覺記憶階段，主要是依靠感覺器官獲得資訊並加以處理和組合；

（2）儲存，短時記憶階段，也稱之為工作記憶。將組合、整理過的資訊做永久記錄；

（3）檢索，長時記憶階段，將被儲存的資訊取出，回應一些暗示和事件。

或者可以對我們的大腦如何記憶做這樣的記述：

（1）透過思維、感覺運動和經歷生活獲得感覺刺激；

（2）在大腦中上傳所有經驗；

（3）由腦結構和過程依據價值、意義與實際用途對經驗進行排序；

（4）刺激許多個別神經元；

（5）神經元透過電和化學反應將資訊傳遞給其他神經元；

（6）透過重複、休息和情緒強化這些聯繫，形成持久（長時）記憶。

4. 如何強化我們的記憶（力）呢？

關於這個問題，可以說正處於「蓬勃發展」階段。研究人員正在極力地想透過腦科學、心理學、生物學等多領域的結合，解開「記憶之謎」；江湖騙子們也在利用記憶對人的重要性，在推銷各式各樣的「記憶術」。也就是說，我們對於記憶的了解和認識正處於發展的階段，並沒有形成最終的認識。不過，對記憶認識我們起碼知道以下幾點：

(1) 我們的記憶「身在何處」？

· 海馬迴 —— 傳遞語義與情節記憶；

· 杏仁核 —— 傳遞緊張情緒事件；

· 大腦皮質 —— 形成短時記憶；

· 前額葉皮質 —— 情緒、情感記憶；

· 小腦 —— 程序性記憶、反射學習和條件反應；

· 身體 —— 證據表明，記憶可以儲存在透過血流流遍整個身體的肽分子中。

(2) 化學物質影響記憶

· 老年人的記憶力缺失，被認為是身體內的鈣缺失造成的。

· 腎上腺素是一種與緊張相聯繫的和記憶有關的神經傳遞，它的作用像是記憶固定劑，鎖住令人激動的或心靈創傷的事件的記憶。

· 維生素 A 有助於記憶形成。

· 乙醯膽鹼可以作為神經傳遞物，透過大腦形成長時記憶。

· 苯丙氨酸幫助製造正腎上腺素，參與警醒和注意，乳製品中常見。

· 卵磷脂有提升膽鹼濃度的作用，可促進重複嘗試中的回憶，一般在雞蛋、鮭魚肉和瘦牛肉中含量較高。

· 血糖也能夠促進記憶。

專家特別提醒：身體中的化學物質（調節我們的生活狀態）是觸發回憶的關鍵要素。一般情況是：在什麼狀態（喜憂、緊張、敏感）下進行的學習，在同樣狀態下最容易回憶。這就是一種所謂測驗／評價狀態與學習狀態匹配較好時記憶增加的現象，也就是說，你學習的

時候吃巧克力，測驗時也吃會得到更好的回憶。

（3）記憶依賴狀態

每一種心理的、身體的和情緒的狀態都與特定狀態下的資訊緊密聯繫在一起。換句話說，像焦慮、好奇、憂鬱、高興和自信這樣的狀態還會觸發在該狀態下所學到的資訊。

「這兩種狀態就好像是不同的圖書館，只有回到最初儲存的圖書館或生理狀態，才能提取已知的回憶記錄」，研究者不無好奇地說。也就是說，你上一次在學習某個程序時伴隨的音樂是貝多芬的《第六號田園交響曲》，那如果你需要參加和這個程序有關的考試，複習時最好不要聽「鄉村音樂」。

我們可以在學習中利用我們大腦的這一「特質」：

- 複習時，促進我們的五種感官共同參與；
- 在進行新的學習時，強調關注伴隨學習時的情感和情緒；
- 學習時以某種方式將學習內容和生活結合在一起；
- 用「故事板」或製作「超大連環畫板」呈現學習的關鍵點；
- 製造關於學習的影片，越複雜越好；
- 應用固定字詞法，將數字或圖像與觀點聯繫在一起以便回憶；
- 創建或改編民歌（流行歌曲）的歌詞（自己重新填詞），表現新的學習。

你一定有這樣的經歷，聽到一首最喜歡的歌曲或旋律，突然感到回到了當時當地？走到大門邊，突然間想起有一件東西忘記帶了，回到房間卻又記不起來是回來拿什麼的，可是，回到大門邊就又想起來了！為什麼會這樣？這都是情景黏附記憶線索的結果 —— 觸景生

情。大腦成功的記憶提取總是伴隨著非常特別的狀態、時間和情緒。

(4) 記憶是「多通道」的

關於記憶的分類有許多。就記憶通道來說，一般我們分為兩大類、四種（表 3.2）：外顯式記憶和內隱式記憶，前者基本是自動習得的，而後者則需要經過努力習得。

我們的腦處理新資訊的這兩種主要方式之間的差異可以相當簡單地描述為：內隱式記憶是嵌入情境資訊的「情節」記憶，它儲存在與特定地點、環境和情節的關係中；外顯式記憶是嵌入內容資訊的「語義」記憶（事實），通常源於閱讀和學習。

表 3.2 關於學習通道的分類

記憶通道			
外顯示記憶		內隱式記憶	
語義的	情節的	程序的	反射的
詞彙、符號，抽象概念，影片，教科書，電腦，書面故事，學校事實	地點，時間，環境「當……的時候，你在哪裡？」	身體技能（如學騎腳踏車），身體學習，操作，「動手做」學習	自動的，非義式學習

情節記憶有無限的能力，形成迅速，易於更新，無須練習，無須努力，通常為每一個人自然地應用；語義記憶要透過機械練習和運用某些方法、方法才能習得。它要求演練，抵抗改變，與情境分離，有嚴格限制，天生缺乏意義，並與外部動機相聯繫。可惜的是，學校裡學習的大部分內容多屬於後者，這就需要你生動、靈活地把它們盡可能地轉化為前者的情境了。

(5) 記憶的 BEM 原則

詞首字母縮略詞 BEM，是開始、結束和中間的縮寫。當資訊被呈現時，我們最可能以這樣的順序記憶。換句話說，對於所呈現的資訊，最難忘的是開始，其次是結尾，最後是中間。我們的學習過程也是如此（圖 3.3）。

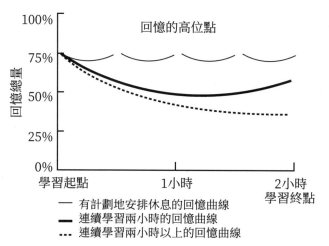

圖 3.3 針對大約 90 分鐘的學習週期，學習和記憶的效果呈現 BEM 原則

我們要問：為什麼這樣？研究表明，學習者對於開始和結尾存在著注意偏好。開始所固有的「新異因素」和結尾的「情緒釋放」促進了腦中的化學變化。這些化學變化為學習「加上標籤」，使之更加難忘。

與中間部分沒有新奇事物，開始出現厭倦的心理狀態相比較，在經歷的開始與結尾處存在著顯著不同的慣性心理（參與、懸念、新異和挑戰）。因而，當複習列表、整理筆記或履行事實，或呈現冗長的任務時，可以在中間時段插入出人意料的成分，造成腦的「課間」休

息，和（或）一些有意識用於記憶這段時間所呈現素材的策略。

3.2.3 培養天才

天才，前面不是說沒有天才嗎？

我們不是說沒有天才，而是沒有天生的天才。天才是可以培養的；天才是可以造就的；天才是需要發現的；天才的出現也是需要機遇的。在我們的「G×E」裡，首先你要先具備「G」和「E」，然後我們才能想辦法、創造條件讓它們很好地融合，產生倍加的效果。不過，這種機遇實在是太難得了。打個不太恰當的比方吧，這就像一個人一直在尋找自己終生的伴侶、人生的知己、完美的另一半，可是兩個完全沒有過「交集」的人，怎樣才能遇到呢？怎樣才能很好地融合產生乘積的效果呢？顯然，這是一個很大、很複雜的問題。

那麼，怎樣才能發現、培養、造就天才呢？是什麼將一般和優秀區別出來；是什麼將優秀和非常優秀區別出來；又是什麼將出類拔萃和非常優秀區別出來呢？有這樣一個研究團隊，他們對體育、智力和藝術方面的一些天才開展了工作，進行了大量的採訪、錄音、再錄以及掃描。他們對眼睛轉動、肌肉反應、呼吸、擺動、揮舞、旋轉、心室功能、大腦蛋白、大腦灰質以及記憶力進行了測量。經過一段時間，一幅畫面呈現出來，雖然不夠清晰，但已經足夠說明成長中的一些部分會影響個人逐漸進步的過程。或者說，在通往偉大的道路上，如下若干主題反覆出現：

（1）**身體因訓練而改變**。研究人員記錄下了所有領域內技能水準與肌肉、神經、心臟、肺部以及大腦等身體變化方面的聯繫。關於針對性的專門訓練，專家總結說：「這種方式的嚴酷訓練在我們的身體

上形成了壓力，形成的生物化學變化促進了細胞的生長和轉型，進而連帶提高了生理系統和大腦的適應性。」

（2）**具體技能**。那些在某種技能上獲得成功的個人，並不能隨隨便便地獲得其他技能的成功。西洋棋世界冠軍能記住上萬種錯綜複雜的棋局變化，但在其他方面也是只有普通人的記憶力。一種技能需要身體和智力作出非常具體的改變。

（3）**快速反應的大腦**。即便是選手，大腦也發生了深刻的改變，儘管這一點仍有待於商榷。由於運動知識的大量增加，意識的分析轉變成為直覺思維（節省時間和能量）和精確的自我監控技能，這使得及時調整成為可能。

（4）**訓練模式至關重要**。普通訓練可使你現有的技能水準獲得提高，但是要想取得更好的成績，這還不夠。特殊的、經過強化的訓練方法才能促成身體和頭腦的特殊變化。

（5）**短期突擊無法取代長期投入**。關鍵的變化要花費很長時間。從身體方面來講，一夕之間改變是不可能的。我們所看到的「某某世家」均是沿襲了幾代人。

天才的養成需要特別的、刻苦的努力；天賦的刺激是一個「恰好的」過程。每個人都是一個生物個體，每個人都有若干種發展方式。但沒有誰的命運是天生就注定的。如果你想開發你的潛能，你就需要對你的生命施以滋養、關愛、維護，需要你身上的「天賦基因」和適合它被刺激的環境之間「一見鍾情」般地相遇，還要付出許多的時間和超出常人的忍耐力及意志力。

現在我們知道了，天才的基因不是不存在，而是不能獨立存

在，它需要刺激的誘因，需要有交互作用的環境。已經比較明確的誘因包括：

（1）**早點與孩子說話**。甚至從「胎教」開始，盡早地打開他們與外界交流的開關。

（2）**早點讓孩子經常閱讀**。美國一份全國性的調查表明，親子閱讀對智力的成長造成了相當的積極作用。後來幾年的調查也表明這種作用與家庭情況、社會地位、父母受教育的程度都基本沒有關係。而應該伴隨著閱讀出現的寫作，可以說是我們表達自我的最好、也是最自然的方式。只是早期的寫作嘗試得到了太多的批評（家長、老師，文法、內容要求等），這才使得很多人對其作用產生了負面的想法。

（3）**培養和鼓勵**。關於孩子成長的研究發現，在出生後的前 4 年裡，專業人士家庭的孩子受到鼓勵的詞語，要比打擊的詞語多 560,000 個；小資家庭的孩子受到鼓勵的詞語，要比受到打擊的詞語多 100,000 個；而低收入戶家庭裡的孩子，受到的打擊詞語反倒比鼓勵多 125,000 個。

（4）**設定較高的期望**。這裡有一句名言：「孩子只會在環境有要求時成長。」

（5）**包容失敗**。教練、企業家、老師、父母和心理學家現在都認識到了反覆挑戰極限的重要性，挫折只能被視作學習的工具，而不是永久的內在局限。

（6）**鼓勵一切「成長心態」**。一個人越是相信自身的能力能夠發展，這個人最後越能享受到成功的喜悅。

造就天才還需要被刺激的「天賦基因」與良好環境的交互作用。

最新的腦科學研究也表明：

· 豐富的大腦環境促進智力發展沒有年齡的限制；

· 特別的、內容豐富的刺激可以促進腦細胞的形成；

· 對於大腦「訓練」，複雜的學習任務優於簡單任務、多練習優於不活動、挑戰性任務優於常規性任務、交互作用優於隔離；

令人生厭的環境對於大腦皮質，有使之變得更薄的效應；相比之下，豐富環境使腦皮質增厚。因而，理想化地為學習者提供豐富的學習環境很重要。

專家們進而提出了豐富環境的五個關鍵要素：

· 挑戰性：時間、標準、資源、環境；

· 新異性：對照、新穎；

· 回饋：適時、具體、經常控制；

· 一致性：有意義、選擇；

· 時間：較大的改變需要更長的時間。

想成為天才，是不是很難？

3.3 為自己製造適宜的學習氣氛

了解自己。要了解自己的天賦、才智、判斷和傾向。不了解自己的人無法掌控自己。世上有可以照臉的鏡子，卻沒有照出心靈的鏡子。那麼，就用認真的自省來代替吧！當你忽略外部形象時，就會不斷提升、檢驗自己的勇氣，以便加以運用。穩固你的根基，保持頭腦清醒，以應對一

切事情。

—— 《智慧書》（89）

現在我們可以談談學習者的學習過程了。當然，這還不是全部，因為每個學習者不同；學習者所處的學習階段不同；學習過程中面對的學習內容和學習環境也不同。下面我們將循序漸進地來討論。

3.3.1 學習者的 12 個原則

原則是行動的開端。好的開始是成功的一半，制訂好自己學習的原則（按照自己的要求、習慣、環境），堅持下去，你就會是一個有原則的人，是一個有章有法的學習者。

（1）學習需求與資源評估：這與本書開頭的「三個 W」異曲同工，我們需要學習什麼？我們擁有什麼？怎樣得到我們所沒有的？得到的方式、途徑是什麼？在哪裡？用一連串的問號把我們帶入疑問的世界，給大腦足夠的挑戰性、新異性。

（2）建立對學習環境和學習過程的安全感：喜歡學習的大腦首先要有安全感，不然，它就要優先考慮處理生存危機了。學習環境的作用，我們在上一章明確地強調了，喜歡的顏色、適宜的溫度、良好的情緒和心態以及學習時間的安排，學習時效性的考慮等等，相信你會結合自己的情況，做到最佳。

（3）建立學習者與學習引導者之間的健全關係：讀萬卷書不如行萬里路；行萬里路不如閱人無數；閱人無數不如有高手指路。優秀而適宜自己的學習引導者，且和自己以及自己的學習過程建立良好而健全的關係，可以說是成功學習的保護傘。

　　(4) 關注學習內容的順序和重點學習：整理一下自己的學習習慣，是喜歡循序漸進，還是喜歡跳躍式或者其他形式的學習，但一定要有一個比較固定的模式。當然，不同的學習內容也會影響你的安排。學習重點的安排也是必要的，要學會適時地「攻關」。

　　(5) 實際應用：結合場景、情緒、內容的記憶，容易形成長時記憶。我們理解和學習的過程也應該是理論─實踐─再理論─再實踐，直至成功。

　　(6) 以自我為中心掌握學習：不要為情緒所左右，也不要左右自己的情緒。學習永遠都是一個過程，成功的學習應該排斥「功利性」。更不能出現因為不喜歡而不學習的情境，最幼稚的情況就是 ── 因為不喜歡某一門課的老師就不喜歡這門課，那就是說你是為了「他（她）」而學習的了？

　　(7) 知、情、行統一：學習和學習的感覺就好比與人相處。對事情的感覺很好時，全部的智慧都在蓄勢待發，會有一個良好的投入產出；如果負面的感覺出現，就會使資訊輸入受阻、思維停頓，更可怕的是如果這個負面感覺（影響）不能及時解決、即時消除，導致受到傷害的想法不斷地在腦中重現，就會造成我們「聽不進去」，更無法引起關注。如果它們深植腦中，還會有放棄、躲避（學習）的情緒和行為。

　　(8) 把握學習的實效性：這點不僅僅體現在學習時間的安排和利用上，還應該是結合學習的回饋而調整和改變讀書計畫和學習習慣的要求。時效性和實效性都需要注意。

　　(9) 明確的角色定位和角色發展：你是一個領先者還是一個追趕者？明確你的定位，這很重要。同時角色發展的確立，就需要你結合

我們前面談到的「大目標、小目標」。

(10) 小組合作：也可以稱之為「結伴學習」。社會人、社會的人，每個人都有或多或少的「從眾心理」，而且，最能左右你的行為和決定的人，不是你的父母，也不是你的老師，而是你的夥伴。這就像，一個女孩子在做和感情有關的決定時，她會找誰？當然是「閨密」。

(11) 學習者主動參與、設計學習：心智圖、腦力激盪、解決任務，自己設計的學習，自己最有感覺，收穫也會最大。

(12) 學習回饋：我們究竟做了什麼？做得怎麼樣？如何才能更加出色？不重要嗎？很重要！

3.3.2 如何專注，學習感覺和學習回饋

1. 學習注意和注意轉移

對學習的關注度，也就是學習注意對你學習的影響，不亞於智商。人的注意水準是由多種相互關聯的因素決定的。

(1) 特別的感覺輸入。課本的、視覺或聽覺的、校外實習或者是旅行考察的，我們的大腦存在不同的關注度，要去選擇你關注度最高的方式。

(2) 資訊強度或所意識到的重要性。威脅（生理因素）、機會（成就動機）、身體感覺（情緒選擇）都大大地影響我們的關注度，你要做好選擇、排序。

(3) 腦內化學物質「此時的特點」。荷爾蒙、肽和神經傳遞物濃度，記住它們，盡量提出相同的選擇。

決定我們的注意的要素序列是：最初的警報或察覺（即「這裡有

事情發生」）；然後是方位（即「在哪裡發生的」）；接著是確認（即「發生了什麼事情」）；最後是決定（即「這就是我要做的」）。

　　大腦在完成注意後要實現注意轉移，否則就是無效的注意。腦的 E － W（外部的 － 內部的）注意轉移是頻繁而自動進行的。只有發生了注意轉移我們才能夠「繼續理解」，才能夠「更新長時記憶」，才能夠「強化我們的神經網路」。大腦需要時間和過程「進入內部」，聯繫現在、過去和未來。沒有這種轉移，學習將會急劇下滑。

　　怎樣能準確完成注意和注意轉移呢？

　　完成注意，最好是每次只做一件事，直到熟練地掌握；然後去尋找與主要觀點相關聯的主要方面，「以點帶面」讓每件事情之間都建有聯繫；最後，在回過頭來找尋事件（事物）的規律性，去完成注意轉移。有句話是用來形容我們的「注意」的，叫做「跟上心跳的節奏」。它指我們的心情，也指我們的（身體）狀態，身體的每個器官需要有充足的「動力」時才會工作。

　　注意轉移需要背景知識和時間。學習者學科的背景知識越豐厚，理解加工就進行得越順利，加工的時間也就會越少；學習者對資訊的處理方式也有影響，當處理資訊時讓學習者感受到了資訊的新異性和挑戰性時，學習者就越處於好的狀態。老師經常強調學生要做的課後複習，就是要學生去做注意轉移的任務。這種 E － W 的注意轉移時間，有的人需要 1：2，有的學習者可能需要 1：5。

2. 學習的感覺

　　關於學習過程，我們一定要「感覺正確」。正是我們的學習感覺提供了我們完成學習的能量。我們的腦、我們的學習都需要一種「自

我確信狀態」。它一般具有三種檢驗方式：

（1）感覺通道：學習必須由學習者所依賴的感覺通道（即視覺、聽覺或動覺）所強化。我們必須看見、聽見或感覺到。實例包括測驗分數、稱讚、持有獎品、他人臉上的微笑、積極的同伴評價或觀眾的鼓掌歡迎。

（2）頻率：新學習必須經重複進行強化。必要的重複因個體不同從一次到二十次。例如，一些學習者透過仔細閱讀先前的測驗，重新閱讀題目並解答許多遍以強化他們自己的學習。一些學生可能要觀看所學學科的影片，可能要讀幾本有關的書籍，並進行相關的實踐考察。另一些學生也許只有將所學會的內容教給他人之後才感覺確實知道了。

（3）持續時間：學習必須有一段有效時間 —— 每次依個體的不同從兩分鐘到數日。因而學習者可能依靠其感覺通道學習，甚至又用數小時進行強化，但他們仍然沒有感覺到像是知道了，然而不確定的持續時間可以改變這種感覺。這就是為什麼複習是一個如此重要的學習步驟的原因。

一旦學習者已經經歷他們偏好的感覺通道、正確的次數和正確的時間長度，他們將會感覺到現在是真的學會了。想想，你曾有多麼經常地問自己是否知道某事的感覺。你是否曾經在離開房門之後又突然疑惑起來，「我鎖門了嗎？電腦關機了嗎？暖氣的開關關了嗎？」或者也許你看著一個你剛剛寫的字疑惑起來，「是這樣寫的嗎？」這不是記憶問題。這是不相信自己。如果你沒有或是很少有這樣的情況，你就確實相信自己了，就已經達成了「自我確信狀態」！

我們都聽到過有人說：「眼見為實。」很清楚，這是視覺學習者

必須看到某事才會相信的情形。另一個人也許說：「我看到了，但我只是不會相信。」而另一些人也許必須叫上同伴，並了解他們的看法之後才感覺他們知道了。「如果我能觸摸到它，拿著它或有第一手資料，我才會相信。」這三種反應體現了主要的感覺通道變量——視覺的、聽覺的和動覺的。

需要改變信念的時候，自我確信尤其關鍵。如果一個學生已相信自己要取得成功，就只需要求保持這一信念的「持續強化」。但如果一個學生相信自己注定失敗，而你要他們改變信念，就必須滿足上面的所有三項準則。否則學生的內在信念就會保持不變。

一般而言，「危機四伏的」、遲鈍的或低水準學習者通常沒有強的自我確信策略。他們要麼太容易自我確信，意思是他們在確實知道之前就認為他們已經知道；或者，他們容易缺乏自我確信，意思是他們的學習自我確信非常低。換句話說，「天才」學習者可能只擁有更加精確的自我確信技能，結果顯示出更加自信。

3. 學習回饋

· 回饋鞭策學習
· 主動回饋優於被動回饋
· 非意識回饋優於有意識回饋
· 短期、及時的回饋優於長期、延遲的回饋
· 自我設計的回饋優於他人控制的回饋（比如考試）

沒有回饋——你會瘋掉！

3.3.3 身體技能與學習技能

第1章我們談到過體育和學習的關係，不過，那基本上指的是大方向。身體健康、全面發展，培養一個整體協調發展的自我。這裡我們要告訴你的是，身體技能直接關聯和影響著你的學習技能。比如說，你感覺大腦「累了」，那就站起來，四肢做一些越過身體「中軸線」的交叉運動，你的大腦就會「重置」。因為，雖然最新的研究說明，大腦的運行是整體進行的，左右半腦的差異很小，但是在資訊輸入和持續加工階段還是有一些區域分工的。最起碼的認識提醒我們，我們的左右半腦是交叉控制我們的身體的，這樣在我們感覺「腦疲勞」時，有意識地做一些肢體的交叉運動，有利於大腦血液等的物質交換，達到大腦「重置」的效果。表3.3就很詳盡地告訴我們身體（運動）機能是可以促進學習（學術）技能的發展的。

表 3.3 運動技能和學習（學術）技能

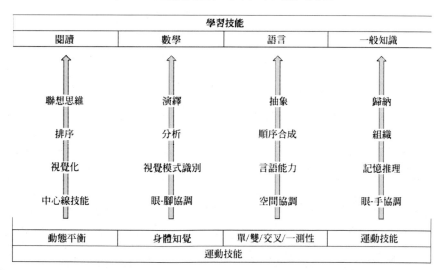

鍛鍊促進學習，有幾個方面已經是可以證實的了：首先，鍛鍊促進血液循環以及使個體的神經元能夠得到更多的氧氣和營養；其次，鍛鍊可以促進有助於腦功能的荷爾蒙 NGF（神經生長因子）的產生；第三，鍛鍊帶動粗大的神經組織反覆運動，能夠刺激多巴胺（一種情緒促進神經傳遞物）的產生，它能夠強化人體的挑戰意識，使學生更願意回到學校。研究者相信，尤其是針對小學生，諸如旋轉、匍匐前進、翻滾、搖擺、翻跟斗、指向和舞蹈中的一些平衡動作，有利於他們記憶力和語言能力的發展。「每週三次，每天二十分鐘。做一些上述提到的類似的運動，就可以獲得非常有益的回報」—— 專家這樣提醒我們。

相比於身體的運動，站立學習和學習間隙的放鬆（主要是如何放鬆），經常被大多數人忽略。站立時，我們的心率平均每分鐘增加 10 次；向大腦的供血和供氧量提高 10%～15%；加速資訊加工速度達到 5%～20%；並創擬更多的注意喚醒。而且，站立的姿勢有利於呼吸，而新鮮的氧氣能給我們和大腦帶來動力。一般在封閉的教室裡，學習者的每一次呼吸僅交換肺部容量的 10%～25%，而海豚每一次露出海面的呼吸這一數字能達到 90%。所以，看上去教室裡的學生們注意力不集中、昏昏欲睡，那可能是大腦缺氧的表現。要站起來，運動一下四肢，最好能去戶外，好好地做幾次深呼吸。

放鬆促進學習，這是所有人都認可的，怎樣做才能很好地放鬆呢？

（1）站起來緩慢地舒展四肢，最好做一些交叉的動作。

（2）放聲、盡情地大笑或與同伴之間講一些幽默的小故事。

（3）聽聽音樂，最好是熟悉的。

（4）不妨玩小遊戲（身體的）或者乾脆去戶外走走。

（5）進行一些「無結構」的討論與分享。

（6）讓整個身體，尤其是大腦進入低緊張程序。

（7）視覺放鬆，看看遠處或是輕鬆的東西。

3.4 學習障礙和計劃學習

點撥心智，勝於助其回憶。前者需要思考，後者只需回憶。許多人不能在恰當的時候做恰當的事，只是因為他們一時未能想起來。在這種情況下，朋友的提醒可讓他們看清事物的利弊。能審時度勢、提供當下所需是人的一大天賦，許多事就無法繼續。如果你有見事之明，就應為他人指點迷津。如果你沒有，就請他人幫助你。前者你要慎重，後者你要急切。為人引路時須謹慎行事，點到即可。如果事關當事人的利益，而你已提醒他小心，則更需講究這個技巧。一開始，你只需讓他有所領悟；如果還不夠，就應提供更多的資訊。假使對方不以為然，你就應運用技巧讓他贊同。很多事情沒有結果，只是因為沒有嘗試罷了。

—— 《智慧書》（68）

做任何事情都不可能一帆風順，學習作為我們一生的追求就更加如此。這種那種的困難；這樣那樣的障礙，都有可能成為我們學習的絆腳石。預先知曉它們，加以防範，就可以讓我們繼續輕裝前進。

3.4.1 學習道路上的 4 種障礙

人生的道路處處都有障礙，愉快的學習道路上有障礙嗎？是的，確實有。

「這份作業我學不會，我根本就不是這塊料！」有多少人，在還沒有真正深入學習之前就開始懷疑自己的能力。

「要是有時間，我會去學」；還有不少人這樣說：「你無法想像我有多忙！」

「老了學不動了。而且，現在學還有用嗎？」會有許多人說這樣的話，還有比他們多的人，對這樣的話深信不疑！

「如果遇到好老師，我就會學好這門課（學科）的，可是……」

這就是經常出現在我們學習道路上最大的四種障礙：懷疑自己低能、感覺自己太忙碌、年齡、機遇，它們對學習者的傷害到底有多麼致命呢？

他們不是不想學習，學習是人類天生的需求。他們屬於「苦惱」的學習者。我們都可能經歷學習中的苦惱，通常在遇到下列情形時，學習者會出現苦惱：

- 遭遇到我們不想解決的問題
- 沒有發現應對所面臨問題的解決方法
- 缺乏解決所面臨問題的資源
- 感覺到參與解決問題時，所面臨的冒險水準不可接受
- 缺少自制能力，很少或不能掌控所面臨的問題
- 反覆經歷強烈持久的緊張情形刺激，解決問題的欲望低下

這似乎在告訴我們，學習者的苦惱都只是「暫時」狀態

1. 能力欠缺的障礙

「我沒有能力學習（這門課）。」

我們無法確定這句「垂頭喪氣」的話，是不是真話。因為人的學習能力的確是存在差異的，而且差異程度不亞於培養這些能力時存在的成長環境差異。不可能每一個學習者都能學好微積分；也不可能所有人都像芭蕾舞演員那樣舞姿翩翩；同樣不可能我們大家都具有帕華洛帝一樣的好嗓子，這些我們必須承認。

但是，我們堅信，90% 以上的學習者在堅持長期實驗之前，是不能夠確認自己是天生學習能力欠缺的。由於小時候在某些相關領域培訓不夠、某些學科缺少訓練（這些學科必定是高於你堅信自己無力學習的學科）；由於很久前（甚至已經忘卻）受到某種刺激而產生的情感偏激；或者由於眼下潛意識裡對提出學習的知識存有惰性或叛逆心理。人們稱為「能力欠缺」的東西（理由）是千變萬化的。

我們真的就因為這些「理由」而承認自己天生就「低人一等」嗎？且慢！請你先做一下以下的分析：你的健康狀況、以前在學習中受到的打擊和教訓、感情上你對所學知識的態度，以及可能破壞你才思敏捷的所有其他因素，然後我們再談。

2. 時光老人是障礙

「我沒有時間學想學的東西，我太忙了！」

真正沒有時間的人是死人 —— 死去之後已被埋在地下的人。其他聲稱沒時間的人無非屬於如下幾類：白痴、無業遊民、懶人和浪蕩子，即便是平躺在病床上的病人也有時間，時間甚至很多。

　　如果時間選擇得好、時間表安排得合理；如果把要處理的學習、事情排好輕重緩急；如果你能用「榨果汁」的方法去「擠（榨）出」你的時間，你會得到很好的回報。試試看，堅持每天學習一小時（工作之餘），起碼堅持四年。你會發現，首先，自己養成了良好的學習習慣；其次，知識的積累使得自己學習新知識的能力越來越強了，需要花費的時間越來越少了；再次，你會在不經意間發現，多年的學習大大提高了你的知識修養，你的身邊都是一些知識精英，這促使你在成功的道路上加快了腳步。

　　珍惜時間無疑是重要的，也是人的一種可貴的特質。而想從時光老人那裡「撈取好處」，還有另外一種辦法，那就是合理地處置我們要面對的任務，從而合理地分配時間。

3. 老狗與新把戲

"You can't teach old dogs new tricks."

　　這是一句英語諺語，字面的意思是：你無法教老狗新把戲。人們實際要表達的意思是：上年紀的人學不了新東西。

　　真的是這樣嗎？姑且不說社會在進步，人的平均壽命在提高，生理機能越來越強；就算是老年人，甚至老狗也能學會新事物、玩轉新把戲。不信嗎？你去買一批最新款的智慧型手機「孝敬」到安養中心，他們照樣用得很順手。

　　人的年齡大了，學習那些需要靈巧使用手、眼、腿的學科時會感到很困難。但是，側重用腦的事情，要想完全學會，並沒有年齡大小之分。在某些情況下，青春年華逝去後再學習，對知識的掌握甚至更加牢靠。比如說，你在 40 歲時學習一門新語言要比 15 歲時學習效

果更好。

在 22～40 歲之間，學習某一門邏輯縝密、系統性強的學科如外語、數學或某門自然科學的能力，會以每年不超過 1% 的速度下降。42 歲的中年人與 20 歲的年輕人相比，這方面的能力僅落後 20%。況且，年紀大的人還可以運用更加深厚的學科背景知識，使他們獲得更加嚴密的領悟能力。總體來看，差異只是掌握知識的速度稍慢而已，也就是說要比年輕人多花 10%～15% 的時間。

現在人們都喜歡「勵志」的東西，我們還是講個「勵志」的小故事，看看是不是更能說明問題。

他 5 歲時就失去了父親。他 14 歲時從格林伍得學校逃學開始了流浪生涯。他在農場工作，做得很不開心。

他當過電車售票員，也很不開心。16 歲時他謊報年齡參了軍，但是也不順心。一年服役期滿後，他去了阿拉巴馬州，在那裡他開了個鐵匠鋪，但不久就倒閉了。隨後他在南方鐵路公司當上了機車司爐工。他很喜歡這份工作，他以為終於找到了屬於自己的位置。

他在 18 歲時結了婚，僅僅過了幾個月的時間，在得知太太懷孕的同一天，他又被解僱了。接下來，當他在外面忙著找工作時，太太賣掉了他們所有財產，逃回娘家。

隨後大蕭條開始了。他沒有因為總是失敗而放棄，別人也是這麼說的，他確實非常努力。他曾透過函授學習法律，但後來因生計所迫，不得不放棄。他賣過保險，也賣過輪胎。他經營過一條渡船，也開過一家加油站。

但這些都失敗了。有人對他說：「認命吧，你永遠也成功不了。」

　　有一次，他躲在維吉尼亞州若阿諾克郊外的草叢中，謀劃著一次綁架行動。他觀察過以往小女孩的習慣，知道她下午什麼時候會出來玩。他靜靜地埋藏在草叢裡，思索著，他知道她會在下午兩三點鐘從外公的家裡出來玩。儘管日子過得一塌糊塗，可他從來沒有過綁架這種殘酷的念頭。然而此刻他卻藉著屋外草叢的掩護，躲在草叢中，等待著一個天真無邪的小女孩。可是，這一天，那個小女孩沒出來玩。因此他沒有突破一連串的失敗。

　　後來他成了考賓一家餐廳的主廚，要不是那條新的公路剛好穿過那家餐廳，他也許就會成功了。

　　接著到了他退休年齡。

　　他並不是第一個，也不會是最後一個到了晚年還無以為榮的人。

　　時光飛逝，眼看一輩子都過去了，而他卻一無所有。要不是有一天郵遞員給他送來了他的第一份社會保險支票，他還不會意識到自己已經老了。

　　那天，他身上的什麼東西憤怒了，覺醒了，爆發了。

　　來人很同情他，說：「輪到你擊球時你都沒打中，不用再打了；該是放棄，退休的時候了。」

　　他們寄給他一張退休金支票，說他老了。他說：「呸！」他收下了那105美元的支票，並用它開創了新的事業。

　　而今，他事業欣欣向榮。而他，也終於在88歲高齡時大獲成功。

　　這個到該結束時才開始的人，是哈倫德·山德士·肯德基的創始人。他用他的第一筆社會保險金創辦的嶄新事業，正是肯德基家鄉雞。

4.「我想學習,可誰來教我呢?」

只能是你自己,任何人都能夠教自己。老師能教給我們什麼?學習知識和學習方法?知識浩如煙海是學不完的。而且,你想得到哪一門知識,只要打開電腦的搜索引擎,相關的條目會「撲面而來」。學習方法,我們不是一直在說嗎?世界上沒有一條「通用」的學習方法,某個方法只能是適合於某個人,學習中你自己必須要承擔大部分的角色,必須「將別人的東西變成自己的東西」。

資訊時代、知識爆炸,你完全可以在網路上學知識,甚至拿到學歷文憑。優秀的網路課程比比皆是,可以借鑑的、相關學習的東西,只要你留意,到處都有,關鍵只在於你自己的態度和毅力。

· 恩格斯只上過幾年中學,全憑自學,系統地學習了幾乎涉及所有學科的知識。他與馬克思共同創建了馬克思主義學說,獨自開創了自然辯證法這一科學,馬克思稱他為「百科全書」。

· 列寧一年內學完了大學四年的課程,以外校生資格,參加了聖彼得堡大學法律系的畢業考試,各門課程都拿到最高分數,名列第一,得到了高等畢業證書。

· 文藝復興時代被稱為「巨人」的達文西。14 歲就被父親送到畫室去學藝。自學、業餘研究和實踐使他不僅成為偉大的畫家、雕塑家,而且還是工程師、建築師、物理學家、生物學家和哲學家。

· 曾被認為「低能兒」的發明大王愛迪生,只在學校讀了三個半月書。由於勤奮自學,刻苦鑽研,發明了電燈、留聲機、電報等上千項發明,成為世界上第一流的大發明家。

· 高爾基只上過兩年學,但他的著作《母親》(*Mother*)和《海燕之歌》(*The Song of the Stormy Petrel*)傳遍全世界。成為偉

大的作家。

· 道爾頓是近代化學的奠基者，原子說是他提出來的，他只在鄉村讀了幾年書。

· 歐仁·鮑狄埃生於一個木箱工匠家庭，自幼失學。由於他勤奮自學，一生寫出了 240 多篇宣傳革命思想的詩歌。

· 齊白石 30 歲前是一名木匠，後來成為世界第一流的畫家、篆刻家。他臨終前寫了「精於勤」三個字，勉勵後輩。

· 著名數學大師華羅庚年輕時只讀過國中，後來又做過雜貨店的店員。

自學成才的例子數不勝數，只看你自己的態度了。

3.4.2 六種不同心態的學習者

學習障礙的存在是一定的，學習者應該學會在學習的道路上，不斷地克服障礙繼續前進。而透過對障礙的克服我們也會獲得能力。而障礙的存在主要是學習態度和學習方法、如何計劃學習的問題。這些問題，不同的學習者會有不同的表現，也需要我們不同的對待。

1. 多愁善感的學習者

感傷主義對學習的影響，與所有其他不健全的態度帶來的影響都不同。如果感傷主義的壞處僅僅是促進一個人將學習的精力用在變得越來越多愁善感的學科上，那麼，這種感傷主義的傷害微乎其微。但是，這種情緒往往會用在錯誤的事情上，或者肆意誇大某門學科的重要性，甚至會使人偏離某個一旦長期堅持便能取得極大成就的方向。

2. 懷有對立情緒的學習者

由於沒有哪個懷有對立情緒的學習者會打開這本書，因此，權且

當成幾句勸告了。可我們的學校裡這種學生卻到處都是，他們總是怨天尤人，卻毫不責怪自己。

對立情緒的產生和存在，可能是學習的知識和你的應用脫離；可能是你對這門知識還知道得太少，還沒有產生興趣；也可能是你的學習方法讓你感覺學習這門功課太吃力，下意識地想放棄；還有學生，我們前面提到過，不喜歡教這門課的老師，連帶著就不喜歡這門課！荒唐嗎？

無論怎樣，對某門學科的敵視態度，幾乎會永遠阻止學習者在該學科上取得進步。緊閉的心扉不會指引你走上陽光大道。

3. 光說不練的學習者

表面看來，光說不練的學習者與懷有對立情緒的學習者有幾分相像，但在每個重要方面，二者又有所不同。光說不練的學習者開始學習某學科時，就像即將走上戰場的鬥士。他決意擊潰敵人，現在，這就是他的唯一信念。然而，到底怎樣做到這一點卻很不清楚。態度很明確，想法卻很模糊。

學生體現在這方面的弱點很明顯，他們向學科「猛撲過去」，把它們「撕成碎片」，然後大口「吞噬」，卻從來不求甚解。一句話，他們的注意力集中在自己的攻擊行為上，而不是集中在學科上。所以，他們正好是多愁善感的學習者的反面，後者主要缺陷在於將自己的感情與實際行動不能正確結合。而現在這種人則讓行動支配一切學習過程。他們永遠不懂得：最深層的學習是行為遵從的一種形式，必須按事物的本來面目接受現實。

4. 過於溫順的學習者

你聽到這句話也許覺得奇怪。其實，逆來順受的學習者取得的進步，甚至連光說不練的學習者都不如。然而，這種現象在學校的教室裡司空見慣，成年人中也是大有人在。

過於溫順的孩子一般都喜愛老師、喜愛學校、喜愛所學的學科。之所以如此，並非出於積極求知，也並非出於對學習的強烈渴望，而只是因為從小家長對他們的教育，或者他們天生就對人、對事充滿感情。多麼可敬的態度，這很適合去處理人際關係。不過，就學習的藝術而言，它遠非理想的態度，因為它只能導致絕對的消極。

消極的學習者很少對自己的課程深入鑽研，即便的確認真學了，往往也對取得的成就無所適從。也就是說，這種人不善於運用新知識。他只是被動地坐在那裡，等著別人講授別的知識。致使他永遠不會將自己初步學習得來的「原素材」充分吸收後轉化為自己的東西。準確地說，缺少「融會貫通」的能力。充其量，溫順的學習者不過是一個「半途而廢的學習者」，因為他總是停留在較容易、較低級的知識層面上。可怕的是，日常的教學工作恰恰鼓勵他這樣做。想通過一門學科的考試，只要背背上課教授的內容即可。在這方面取得的成功，往往使他誤認為自己的能力得到了強化。

5. 畏首畏尾的學習者

畏懼能使世上最好的老師無計可施。有時候，它會阻止一個人著手學習他確實很想了解的學科。不過更常見的情況是：開始行動之後，畏懼又能使他的計畫和安排土崩瓦解。

當面臨一項新的學習任務時，他們可能會謹小慎微、猶豫不決

地學習，而這種態度正是真正恐懼的後遺症。害怕學習任何知識都絕對不明智，哪怕學習一門你的能力遠遠達不到的學科，也不要心存猶豫。即便剛剛開始學習便走進死路，那又怎樣？

6. 自以為是的學習者

這種學習者，從學習的角度去衡量，他比弱智者好不了多少。儘管許多自以為是者天生就聰明過人，卻改變不了這一事實。智力過人與自私自利之間的矛盾永遠存在，而且不可調和。這是因為，觀察和分析事實、得出明確結論，要求一個人必須謙遜，而且從個人角度看，還必須對一切事物持中立立場。他必須以一種開明思想對待自己得到的資訊，必須檢驗每一種與完成任務相關的衝動，直到以冷靜而客觀的態度對這些衝動深思熟慮。

從這種觀點來看此類人，你會發現，學習者必須將自己暫時置於某種與所學知識相比較的「低等」地位。然而，某些自以為是者卻恰恰討厭這樣做，特別是當周圍有其他人看著他向事實低頭的時候。

3.4.3 計劃學習

遇到學習障礙的學習者，多半都是由於自己的讀書計畫不周。如何安排好我們的讀書呢？有一些需要注意的，更有一些需要計劃的，我們把這些作為這一章的總結！

在制訂讀書計畫時，作為學習者要提醒自己：

（1）學習資料越是具有挑戰性、新異性，越是不尋常的東西，我們就越具有好奇心和爭勝的欲望，這個時候學習狀態最好。所以，我們要想辦法「處理」我們的學習資料，使它變得「誘人」。

（2）每次安排的學習時間不應該過長，一次學習也不要接觸太多的資訊。呈現強烈的（最好還是連續的）感覺刺激 30 到 90 分鐘是好的，緊跟著就要安排自己放鬆、休息。

（3）在新的學習之後，一定要安排適當的「停頓」時間。在初次見到新資料 24 到 48 小時後重複新資料的學習，然後每天，隨後每隔一天重複一次。

（4）隨時與同伴、老師或其他你可以得到幫助的人就學習資料相互作用，然後為自己創擬自我的概念框架，並爭取得到回饋。

（5）對獲得的回饋即時地歸納整理，針對一致性較高的回饋，自己務必要及時改進，然後觀察自己進步的效果。

（6）為自己制訂詳盡的讀書計畫，學習線路圖、學習進度框架、目標指示等。然後，拿給同伴、老師或其他人看，爭取獲得認可。

具體的讀書計畫（步驟）應該包括以下的一些內容：

（1）預先呈現：提出要學知識的梗概，指示大腦獲得一個概念地圖；

（2）準備：心理的準備，環境的準備，情緒的準備。最主要的是好奇心和激情；

（3）知識獲得：沉浸 —— 讓自己充滿在學習內容之中。獲得一種資訊「鋪天蓋地」而來的感覺，開動自己的所有資訊輸入通道，為後面的「資訊處理」準備足夠的儲備；

（4）精細加工：要保證切實地思考、理解、消化，當然要保證足夠的時間，最少的比例也應該是 1：1.5；

（5）孵化期與記憶編碼：這個階段要強調複習檢查的重要性，我

們的大腦不在乎「重複、過度」學習，不要相信什麼「一學就會」；

（6）證實與自信檢驗：學習者這時要「證實」自己的學習，感覺到自己擁有了與教科書相匹配的模型和隱喻時，才能獲得「長時記憶」；

（7）慶祝和整合：慶祝要「發自內心」，要有趣、輕鬆愉快，要歡樂。這一步驟逐漸形成非常重要的對於學習的熱愛，絕對不能錯漏！

最後我們要記住：

當你學會無意識地回憶、判斷、感覺和行動時，你就會很快達到學習目標；當你經常處於這樣一種學習狀態時，你會發現，掌握知識就會像呼吸那樣簡單。

第 4 章
學習的「三角戀」：學習引導者

　　身為老師，自己的工作是學習的引導者。傳授知識只是工作的一部分，而且是變得越來越次要。如果一個老師只是點燃自己，達到照亮別人的作用。那我們說 —— 他是不合格的。

4.1 成為一個好老師的「四句箴言」

> 獲得人們的好感。獲得人們的普遍的讚美的確了不起，得到大眾的愛戴則更了不起。這既靠天資，也靠後天的努力 —— 前者是基礎，後者建立在前者之上。雖然天資被認為是必需的，但是光靠它是不夠的。你應該贏得美名，之後要贏得好感就比較容易。要讓人們產生好感，你須有善行 —— 既要說善話，又更要做善事。如欲被愛，則須先愛人。親切周到是大人物精明的法寶。先立功德而後立言，先建功而後立傳 —— 贏得立言人的好感將使你英名永傳。
>
> —— 《智慧書》（40）

4.1.1 合格老師的「座右銘」

「三人行，必有我師」說明老師的作用無處不在。很多人認為老師也就是「教書匠」，相信大家和我一樣是不認同的。如何才能做一個好老師呢？我認同的「座右銘」是熱情＋經驗。一生當中遇到過太多的好老師，印象最深刻的兩位老師：一個是我國中時代的班導，另一個是大學時期的必修課老師，他們就充分地體現了這個「座右銘」。

大家知道，國中時的班導是很難當的，學生都處於「難纏」的青春期。男孩子調皮搗蛋，女孩子耍小心機，國中時的班導可不是一般人能做的工作！但是，我們班上幾十位同學，三年下來都說班導好，或者說沒有一個人說她不好！大家自己想想自己的國中生涯，就能體會出這有多難。

說一件小事吧：在我那個年代，每天的早自習都是全班學生一起

背誦詩詞；下午的課程，一般是要朗讀一些教科書，而我是負責讀英文課本的，一開始覺得很榮幸，時間長了就有些心不在焉了。有一天在讀文章時嘴裡還含著一顆糖，學生們的注意力並不是很集中，所以沒有多少人注意到。偶然我看到了班導的表情，當時就心裡一驚：被發現了！

但班導並沒有馬上制止我，我就自認為沒事了；但後來有人叫我去見班導，我才知道並沒有躲過去。班導見了我，並沒有先批評，而是先肯定了我前一段的工作，然後才向我指出，一件事情只要去做，就要 100% 做好，不然還不如不做。一直到現在，這件事情都深深地印在我的腦子裡 —— 要做就做好，不然就不做！班導的熱情和責任，心時刻影響著現在當老師的我。

老師「最職業」的工作就是上課，一個能在課堂上吸引學生、講好課的老師，他起碼成功了 80%。遇到上課好的老師很多，印象最深刻的是大學裡一位老師。大學高年級時，有一些必修課是有點枯燥、難懂的，而且學生們認為一般的必修課老師都不會「為難」學生，所以必修課一般不是很活躍。記得我們的一門必修課「球面天文」，聽名字你可能就傻了。它既需要幾何學的知識（而且還是立體幾何），又需要很強的三角函數的計算能力。一開始同學熱情不高，課堂氣氛總是不太活躍。聽了幾次課之後，我們首先被老師淵博的專業知識所折服；而更讓我們無法割捨的是，他的幽默感，他有能把一切複雜問題輕鬆變簡單的能力。隨著我們的注意力被吸引，老師就逐漸地在課堂上帶動我們的情緒，而且他是每一個人都不放過。無論課堂上發生什麼事情，他都能很輕鬆地處理。後來，自己當老師之後，才體會出這是多麼難做到！

　　這就是經驗啊！所以，現在去聽年輕老師的課，下臺來和他們談感想，我的第一句話就是問他們：「你自己上課，自己願意聽嗎？」

　　我們說，一個人能做好本職工作的前提條件就是熱愛，由熱愛才能產生出工作的熱情。作為老師來講，是一個與人打交道的工作，沒有熱情就不可能有溝通，沒有溝通，你如何作為一個學習引導者，將知識和技能傳授給自己的學生呢？

　　另一個很重要的方面就是經驗。上課的經驗，處理課堂「事變」的經驗，與學生溝通的經驗等。而且，經驗要靠自己不斷去總結，還要與其他老師、更需要與學生之間多多交流。有一門課是「現代科技概論」，每當分配教學目標時，老師們對這門課都有點「心有餘悸」。它的教授對象主要是文組生，由於受高中時文理分組的影響，使得這些文組生都基本上是「科學白痴」。但是，老師們發現，他們的聽課熱情都很旺盛（甚至超過理組生）。了解之後才知道，一是此課程開在大二，他們已經差不多兩年沒有接觸此類（自然科學）的東西了；二是科學突飛猛進，社會對人才要求的全面化趨勢，讓他們實實在在地感受到應該知道得盡量多一些。「現代科技概論」是多大的一個題目！多數老師都不具備如此廣的知識，況且老師們略帶「恐懼」地說：「看著講臺下一雙雙相信你的大眼睛，壓力山大！」自己當了十幾年的老師，老實說，不用備課也能夠上講臺，但是，在上這門課之前的頭一個晚上，雖然已經備好了第二天的課，可仍舊是睡不著。後來，我發現，文組生有他們的特點，就針對他們的特點，在講授一定的時間之後，開展討論課，與學生多交流，包括教授的內容、方式，考試的方式等。達到一種「共同完成」課程的效果。而且，我們還組織教相同課的老師相互聽課、介紹經驗，收到了很好的效果。

經驗是需要自己總結的，也是可以借鑑的。現在，自己已經形成習慣，在去上課的路上（大約需要二十幾分鐘），把大致的內容也就是上課的主線，在頭腦中先「run 一遍」，上課時可以在這條主線發揮；下課後，一般停下來冷靜幾分鐘，想想今天的優缺點，小結一下。要注意自己的缺點，但是，也要注意總結和發揮自己的優點，這樣能夠更快地讓你成為「好老師」。這一方面關係到自信心，另一方面，根據能量守恆，你的優點多了，缺點不就少了嗎？關鍵是隨時隨地地多總結你的和別人的經驗。更重要的一點就是始終要記住，你上課的對象是學生，你需要讓他們聽懂你的課、喜歡你的課，就需要你自己「向他們靠近」……

4.1.2 老師永遠年輕

是，做老師最欣慰的就是總是能向學生「靠近」，向「青春」靠近！老師是一個高尚的職業，我們談不上什麼「人類靈魂的工程師」。但是，做老師會讓你永遠年輕，或者說，如果你想當一個合格的老師，那你就須要、就必須永遠年輕！

永遠年輕，首先是溝通的需要。大家都知道「代溝」。所謂「代溝」，表面上說，就是你講的他們不懂、他們說的你不明白。往更深的層次說，就是「兩代人」有著不同的是非判定標準！你想這不是很可怕的事情嗎？ 20 世紀時，「代溝」也是存在的，但基本上體現在長輩和子女之間，一般的年齡差異至少也要 20 年。隨著社會的進步，知識爆炸式的傳播和人類總體智力平均的提高，現在存在的「代溝」，恨不得相差只有 5 年（沒有做過統計分析，但是現在的高中生好像連國中生都不能理解了）。作為老師來講，你要想培養你的學

生，你們之間能有「代溝」嗎？你不需要自己年輕嗎？

　　其次，社會快速發展，人與人的溝通從方法上說越來越容易了，科學技術的進步也越來越快。有個知名科學家就講到：現代科學技術發展的速度，不用說那些受教程度較低的人了，就是我們這些科學家，如果問你一個最近發展的其他學科的「知識」，哪怕只是名詞解釋，恐怕也難以準確解答！一般人可以不去管它發展有多快，是否能跟得上。可是作為一個教育家、學習的引導者，跟不上是不允許的！你不想被社會淘汰，你的頭腦就要永遠年輕。

　　再次，年輕不是一種表面體現，他代表了一個人的心態。你的心態永遠年輕，你就有永恆的激情去工作；你的心態永遠年輕，你就不煩惱與年輕人交流；你的心態永遠年輕，你就永遠能夠進步！

　　想著年輕，你就會永遠年輕。

4.1.3 課堂教學點滴

　　課堂教學一直是老師的主要工作，它能體現出你作為老師的素養、你的教學能力以及你「控場」的能力。「控場」聽起來有些怪怪的，實際上，就是在進行課堂教學時，你能不能把 80% 左右的學生的注意力吸引過來，如果能做到，那你這堂課，想不成功都難。這一點，在現在的教學環境中尤為重要。

　　課堂教學並不是從你走進教室時開始的。我們都知道，你要給學生一桶水，你自己要準備十桶水。備課肯定是課堂教學的一個必要環節。如何備課呢？我見過這樣的年輕老師，把教案寫好，然後就真的是在「背課」了。大家也可以想像，這樣的課教學效果會好嗎？備課

有點類似於寫文章，最好先把上課的提綱寫下來，也就是你本次課要講的要點。然後，在要點中抽出一條主線，這條主線無論是在你備課時，還是在你上課時，你和學生都要時時地牢記（可以把本堂課的教學主線、要點寫在黑板邊上，與學生共勉）。主線就是大樹的主幹，枝節的東西你可以有目的性地發揮，或者乾脆把一些枝節的東西留給學生們去發揮。但是，要注意有提示、有要求，關鍵是所有這一切你都應該是事前有所準備的，起碼是準備好了絕大部分。

課備好後一定要試講，這是一種接近「實戰」的訓練。可以自己講，最好是請人聽你講。講過之後，一定要有評論。沒有評論分析，那你永遠也不會進步。

走進課堂，首先是一個自信心的問題。許多年輕老師這方面的顧慮很大，萬一講不好怎麼辦？有學生「搗蛋」怎麼辦？準備了 50 分鐘的內容 40 分鐘就講完了怎麼辦？我對他們說，這一切實際上你在備課時就已經解決了（課 —— 已經備好了）！你現在根本不要考慮它們，你要去考慮的就是如何「控制課堂」。而且這一切顧慮都只是心理上的，如果你還是覺得心裡不踏實，那你在走進教室之前，自己對自己講三遍：「我是老師，你是學生……」就沒有任何問題了。

「控制課堂」不是件容易的事。過去自己上課之前，曾經要求學生們起立，我認為這樣的過程可以提醒老師和學生：要進入上課的狀態了！但後來發現，效果不是很好，有時還顯得很尷尬。所以，現在上課，總是先要求自己「靜」下來，然後，用平緩的語調開始提請學生把注意力集中。開始時，把前面學過的內容略微地總結一下，效果較好。它不是在幫學生複習，而是你的上課如果從學生比較熟悉的東西開始，那他們的注意力比較容易集中。

　　課堂上難免會出現「意外」。老師們大多有這樣的體會，尤其是上「大課」的時候，你不可能每個學生都注意到。老師注意的最多的是兩頭，即「成績好的」和「成績不好的」。這很有用，比如，你要講一個學生們「必須」要學會的知識環節（如果這一課講不透，後面的內容很難展開），那你就須注意那些「成績不好的」，如果他們都能聽懂了，那其他人不在話下；如果你要講一個比較難的知識，而且以後的上課中允許你多次強調它，那這時你要注意讓「成績好的」的學生先聽懂，說不定他在課後就會成為幫助你很多的「小老師」呢！

　　如今，大多數的學生不習慣問問題，有時不是很懂，他也可能會在課後自己解決或找同學解決；但是，上課的某些關鍵環節，你一定要「獲得」學生的反應，無論是什麼形式的，關鍵是要有，不然真的不知道如何講下去了，因為你不清楚效果。而且，你的上課沒有「反應」，會嚴重地打擊你的「上課激情」。也有的學生，很有「反應」，甚至過度。這時，你首先要做的就是區分他們的「性質」：是搗蛋，還是真的要明白所學的內容？搗蛋的一定要「嚴肅」處理，課堂秩序要維護。真的要明白的學生，你一定要耐心，「徹底地」解決他的問題。用一個不太恰當的比喻，這有點「殺雞給猴看」的意思，能讓全班同學體會你的責任心和能力。我遇過一個男孩子，上課過程中，他突然站起來和我爭論，大家的注意力一下子就集中過來，我當時就是很耐心地與他討論，用了大約 10 分鐘，直到我們有共識。想不到的是，他當時就從座位處站出來向我鞠了一躬。更想不到的是，以後每次他一到教室或是在路上遇到我都會一鞠躬，讓我這個做老師的感覺很是欣慰，同時也有點後怕，如果當時沒有處理好，像這樣性格的學生，不知會有怎樣的後果……

　　課堂教學的最後一個環節，也是很重要的一個環節，就是每堂課之後都要總結。包括好的和不好的。我認為這有「事半功倍」的效果。經驗嘛，就是靠不斷地總結才能積累起來。許多課堂上的情況，尤其是小事件，靠你的經驗就能處理好，也避免浪費寶貴的時間。

　　熱情＋經驗，這是我做老師的四字箴言，你認可嗎？

4.1.4 老師是黑暗中的一座燈塔

　　老師是什麼呢？我認為，老師是指導學生在人生的海洋中前進的一座燈塔。當然它不是唯一的一座，但它肯定是最重要的一座。燈越亮，說明老師的專業技能和教學水準越高，就能為學生照亮更大的一片領域；燈所指的方向越明確，你的學生就越少繞遠路；燈發出的能量越大，你的學生就會感到越溫暖，他的學習積極性就會越高；燈越陽光，你的學生也就會更加具有好的人格特質，會有更堅定的信心去面對一切。

　　那麼，老師這個重要的人生角色，應當如何扮演呢？前面說過，熱情是第一位的，經驗是很重要的。有了這兩點還要有具體的發揮，結合學生的發揮，因為，我們本書唯一的宗旨就是要強調：以學習者為中心的學習，在這樣的前提下，老師應該如何去做呢？

1. 老師要少替學生完成學習任務

　　老師必須停止總是替學生完成各式各樣的學習任務：組織學習內容、舉出例子、提出問題、回答問題、總結討論、解決難題和製作圖表等。這裡的關鍵是「總是」，有時老師是要為學生做這些事情，我們要說的是，老師要有意識地逐漸減少做這些事情，直到做這些事情

是種例外而不是慣例。

2. 老師少講，學生多發現

老師往往習慣於成為「主角」，有一個很嚴重的想把什麼都告訴學生的嗜好。老師做一個範例，並告訴學生我們將要做什麼；當做完時，告訴他們發生了什麼。我們告訴學生他們應該何時並怎樣學習；我們讓學生閱讀並告訴他們哪一部分是最重要的；我們要求學生們來上課；我們告訴他們怎樣寫論文，做哪些作業；在實驗室，我們告訴學生到達預定結果的每一步。還有什麼是剩下讓學生自己去發現的呢？難道這些資訊都是必要的嗎？我們能確定這些資訊都會促進學習嗎？我們是否知道它們是怎樣影響學生的學習態度和學習情緒的呢？

3. 老師做更多的設計工作

在以學習者為中心的學習過程中，作為引導地位的老師，學習設計顯得尤為重要。完成這些設計、執行老師設計的學習任務，使之成為讓自我學習順利發生的工具和途徑。老師的學習設計，應該力爭達到以下四個基本目標中的一個或多個：

第一，它們能夠將學生原有的知識和技能提高到一個新的水準；第二，任務和學習活動能夠刺激學生參與其中。目標是設計的任務能夠吸引學生，並使他們在不知不覺中開始行動並受到激勵；第三，任務和學習活動能使學生做所學學科中真實的、合理的練習。不是那些假的、模擬的或其他做作的，為活動而活動的練習，而是那些能讓學生去做（在他們的能力水準之內）生物學家、工程師、哲學家、政治家和社會學家所要做的任務和活動；最後，這些活動和任務，要有明確的目標，應能確實促進知識的掌握、技能的獲得和意識的提高。

4. 老師做更多的示範

老師承擔著熟練學習者的角色，為學生示範熟練的學習者是如何處理學習任務的。最好的方法是能夠在課堂上為學生展示合理的學習，但這一般適用於一些入門課程；第二種方法是保證自己不斷地去學習新課程，這不僅是為了開拓自己的知識空間，另一個含義是，你可以和學生一樣具有了接觸新的學習內容時的「切身反應」；第三，透過一些大家熟悉事情的處理過程的分析，和學生們一起去經歷。你當時（學習和學生要學的同樣的內容時）腦子裡出現過什麼？跟學生分享你和自己的對話。或者，就要學習的內容，回想你第一次上課時的情形。你記得什麼使你迷惑而你最終又是怎麼弄清楚的嗎？和大家分享你的想法，包括什麼幫了你，什麼對你沒有幫助；第四，學生需要「看到」，即使是有經驗的學習者，學習對他們也是一件困難而繁雜的事情。可以把你準備本課程的整個過程顯現給大家，學生們會驚訝，老師在學習時也是「一波三折」！

5. 老師應該給學生創造更多的互相學習、共同學習的機會

老師常低估了學生合作學習的潛在價值。許多研究證明了互相學習、共同學習的作用，以及學生合作學習的潛力。但是，好的合作學習不是自動產生的。這需要老師的組織、協調和管理。

6. 老師創造學習氣氛

以學習者為中心的學習過程，能對學習效果產生出積極影響的氣氛。此過程中，老師更專心於設計和實施各種活動來創造和維持有助於學習的環境。老師主要是造成導向（引導）的作用，使學生穩步地朝智力成熟和自己承擔責任的方向邁進。學生需要找到學習動機並學會如何為他們自己的學習負責。學習動機不是老師可以強迫或要求

的，但是研究表明某種學習氣氛能培養學生的學習動機。

7. 老師做更多的回饋工作

回饋不等於評定成績。但是，一定的成績評定過程還是需要的。回饋的一層更重要的東西是積極地反映學習和活動的效果，以利於更好地實施。回饋形式應該是多樣的、人情化的、隨時隨地和鼓動性的。回饋的形式、方法、效果都應該更多地去鼓勵積極的東西。

4.2 上好「一堂課」的基本構成

> 明察善斷。一個明察善斷的人可以駕馭事物，而不被事物駕馭。他能迅速探知事物最本質的東西，他還善於相面。無論是誰，只要他看一眼，就能判斷是什麼樣的人，並斷定其本性。透過有限的觀察，他能探知隱藏最深的祕密。他洞察敏銳，領會精微，推理明確，可以發現、留意、掌握和了解一切事物。

—— 《智慧書》 （49）

4.2.1 教學法、教學論

關於教學有許多的教學法、教學論。它們都是眾多教育引導者們的嘔心瀝血之作，但是我認為最好是先有教學實踐之後再去研讀，這樣能夠更好地鞏固和提高自己。制訂教學論的宗旨是為了使學習者能夠用最佳的方法最直接地達到學習目標。可以說是有意識地安排學習條件，來達到預期的學習目標。但是，教學論的實施過程又是「或然

式」的，一個最大的或然因素就是老師與學生的「互動」。這樣，我們為了保障學習事件的發生，在制訂教學論的基本綱要時，應該考慮以下四個方面的因素：

（1）學習者。他們是主角，而且他們還是處於不同的學習過程，或者某個整體學習過程的不同階段。所以，要綜合、靈活考慮。

（2）學習任務。其中包括預期的學習結果，雖然我們不以結果為單一的學習目標，但是，目標的引向性和對學習動力的促進作用應該構成學習中的「正能量」。

（3）學習環境。老師的教學方法和學習者的學習條件等。

（4）參考框架。就是考慮多方面的因素，學習是在怎樣的情境下發生的，時刻記得，學習是一個長期的、交互的、動態的過程。

無論什麼，都是要保障學習事件要確實發生。或者更具體地說，就是所謂的「刺激學生的學習動機」。而這個「學習動機」應該是人類天生存在的，只是需要學習者和學習引導者以及學習媒介去共同作用。人類大腦的存在就是為了學習的，我們正是依靠學習才能生存，我們身上天然的生物性驅動促使我們去尋找新異、社交、食物資源、庇護和快樂。其中的每一條經驗都是透過學習而被人吸納。換句話說，學習者天生就擁有一種動機機制，無須老師傳輸或操縱就可用。我們的身體每時每刻地在學習和為學習而存在，我們的大腦永遠渴望吸收、整合、理解和記憶資訊，並在適當的時候應用。

4.2.2 學習目標（結果）和學習條件

基本的學習過程需要針對基本的學習目標（結果）以及在達成這

些結果時所需具備的條件。基本的學習結果一般包括語言資訊、智慧技能、認知策略、態度和動作技能五大類（見表 4.1）：

表 4.1 基本學習結果分類

學習結果		內容定義	事例
語言訊息		陳述以前習得的材料，如事實、概念、原理和程序	列出感冒的主要症狀
智慧技能	辨別	區分物體、特徵或符號	感覺出衣服的材質不同
	具體概念	識別具體的物體、特徵或事件的類別	從工具箱中挑出所有的扳手
	定義性概念	根據定義對事件或觀念的新例子進行分類	指出各地火車站出現的群體事件屬於「恐怖」事件
	規則	運用一種單一關係解決一類問題	計算員工宿舍管理費金額
	高級規則	運用規則的新組合解決複雜問題	生成一個方案管理私募基金
認知策略		採用個人的方式來指導學習、思考、行動和情感	向客戶做介紹時採用經個人剪輯的影片等方式
態度		根據理解和情感的內部狀態選擇行為	20 小時內不回所有訊息
動作技能		執行涉及肌肉運用的行為	為一個人做人工呼吸

1. 語言資訊

　　它一般是指學習者透過正規的學校教育、書籍、電視和其他許多方式獲得的大量的有組織的知識體。學習者掌握語言資訊應該包含學習和領會知識兩個主要過程。換句話說，就是能夠用自己的語言表達學習者學習的相關知識。所以，學習語言資訊的關鍵是理解而不是單純的記憶。關鍵的學習條件是：

（1）透過變換資訊輸入方式來引起學習者注意，以達到促進學習者掌握知識的區別特徵的目的；

（2）呈現資訊促使其能夠形成「知識組塊」，也即促使學習者對知識進行加工（聯想、比較、分類等）；

（3）為資訊的有效編碼提供有意義的情境；

（4）為資訊的有效回憶（記憶）和泛化提供線索。

2. 智慧技能

智慧技能等同於程序性知識，可以分為五個小類：辨別、具體概念、定義性概念、規則和高級規則。智慧技能的學習（掌握）應該是建立在先前習得的基礎上。促進智慧技能的掌握有利於學習者進行分層次的學習。學習者透過辨別、具體概念的掌握可以分清楚知識學習的層次，有利於知識學習的完整性；透過概念、定義性概念並建立規則可以產生合適的學習順序；而融會貫通地掌握一般規則和高級（特定）規則可以達到有效率的教學（學習）。所以，在智慧技能的教學（學習）中，我們需要：

（1）把注意引向區別性特徵；

（2）保持在工作記憶容量範圍之內，因為在掌握的基礎上才能辨別、定義；

（3）激起回憶先前習得的基本成分技能；

（4）為成分技能的排序或組合提供語言線索；

（5）安排練習和間隔複習的場合；

（6）利用各種情境促進遷移。

3. 認知策略

它決定了學習者學習、思考、行動和感覺資訊的能力。也就是對資訊加工的執行、控制能力。是學習者學會如何學習和進行獨立思考的重要組成部分。認知策略的教學（學習）需要注意：

(1) 陳述或演示資訊、所學知識的策略；

(2) 提供練習使用策略的多種場合；

(3) 對策略或結果的創造性或新穎性提供資訊性回饋。

4. 態度

語言資訊、智慧技能和認知策略都屬於認知領域，而態度則屬於情感領域。它表達的是學習者對某類事物、人或事件的行為選擇的習得性的內部狀態。當態度被組織成一種一致的慣性、哲學或世界觀並支配個人隨後的行為時，就形成了價值觀。態度的教學（學習）需要注意：

(1) 建立與期望的態度相關的成功的預期；

(2) 確保學習者認同所敬佩的某個人物榜樣；

(3) 安排會談或演示個人的行為選擇；

(4) 對成功的表現給予回饋或支持觀察人物榜樣及所形成的回饋。

5. 動作技能

它所包含的應該是身體對行為表現提供準確、流暢、及時的執行的能力。動作技能的教學（學習）需要注意：

(1) 提供語言的或其他形式的指導來引發執行性子程序；

（2）安排重複的練習；

（3）對表現的準確性給予及時的回饋；

（4）鼓勵使用心理練習。

4.2.3 九個教學事件

學習是一個必須在許多水準上交互作用（發生）的過程，學習必須經過輸入、過濾、聯想、加工、評價和儲存才有用。學習越是概念化、程序化、情境化和重構，學習者就越會「擁有」它。研究學習的專家將學習過程分解為「九個教學事件」，以及它們支持的內部學習過程來加以分析（表4.2），這對於老師對學習過程的安排和掌握有引導性的意義。

表 4.2 「九個教學事件」及其支持的內部學習過程

內部過程	教學事件	行為
接收	1. 引起注意	使用突然的刺激變化
預期	2. 告知學習者目標	告訴學習者學習後他們將能做什麼
提取到工作記憶中	3. 激起回憶原有學習	要求回憶以前習得的知識和技能
選擇性知覺	4. 呈現刺激材料	呈現具有區別性特徵的內容
語義編碼	5. 提供「學習指導」	提出一個有意義的組織
反應	6. 引出行為表現	要求學習者表現出行為
強化	7. 提供回饋	給予資訊性回饋
提取和強化	8. 測量行為表現	要求學習者做出另外的行為表現並給予回饋

1. 引起注意

提醒學生們：「上課啦」、「大家看黑板」。引起注意要與當時的情境具有「高對照性」，要保證激起學生們的情緒，充分利用新異性、新穎性刺激學生的大腦引起注意。

2. 告知學習者目標

刺激學習者的學習動機。比如角色扮演、生成問題、想像一個情境、解決一個問題等。目標化的學習能夠促進學生和老師的共同學習。

3. 激起回憶原有學習

「用舊的知識消化新的知識」，同時新知識的學習從「舊的」、已經掌握的知識開始，可以保障學習的連貫性，刺激學生們完成任務的感覺。更重要的是為新的學習進行知識的、身體的、頭腦的和學習場景的「預熱」。

4. 呈現刺激素材

如果教學的目標是獲得資訊，那麼刺激的素材可以由教科書的章節內容、演講或者包含內容的影片資料所組成；如果期望的學習結果是智慧技能學習，那麼最有效的刺激就是能突出地呈現所要學習的概念或規則的區別性特徵的刺激；為動作技能和認知策略學習呈現刺激素材的方式，則由演示預期的結果或提出語言指導構成；對於態度學習而言，刺激一般來源於榜樣做出的與其相關的行為或選擇。

5. 提供「學習指導」

促進「編碼」和完成長時記憶。提供學習指導時應注意學習者的能力和經驗；可利用的教學時間以及是否存在多種的（不一樣的）學

習目標。學習指導的原則應該是最大量的刺激呈現和最少的指導。

6. 引出行為表現

事件 1 ～ 5 基本保證了學習的發生，事件 6 是需要學習者能夠向他們的老師以及其他人證實他們的學習。也就是學習者對學習內容、過程的反應。眼睛是心靈的窗戶，心理學家、行為學家發現，在無緊張的情景下，一個人眼睛（球）的轉動（動作）能夠反映他的認知功能和思維形式及學習態度。

- 眼睛向左上方看，已經進入「視覺回憶（記憶）」。我的車停在什麼地方？明天我要穿的大衣掛在哪裡了？
- 眼睛向右上方看，你通常要創建一種新的想像。在為自己設計一種新的髮型、怎樣重新布置臥室、如果為一個人插上鷹的翅膀會是怎樣的情景？
- 眼睛向左轉是在「通達」所儲存的聽覺資訊。上次和那個人講電話時他到底說了什麼？生日快樂歌的第九句歌詞是什麼？小時候媽媽生氣時一般都怎樣……
- 眼睛轉向右是要創造新的聲音。如果我有鄧麗君一樣的嗓音那會是什麼樣子？如果同時聽到海上女妖和公雞的叫聲，那會怎麼樣？
- 當你的眼睛開始轉向左下方時，一般是你開始和自己「對話」了。
- 眼睛轉向右下方，說明你正在經歷感情事件（時間）。
- 當一個人的眼睛直視前方時，說明這個人此時沒有思維，老師注意！

研究表明，眼睛還能夠幫助我們較好地「鉤住」我們的大腦：

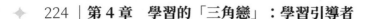

給予記憶的詞彙情感化：從眼睛向下開始；

- 詞彙的視覺化想像：眼睛轉向右上方
- 鞏固詞彙的聽覺記憶：向右看著說出字母
- 鞏固詞彙的動覺記憶：用手依次指著字母讀出
- 回憶已儲存詞彙的形象：閉上眼睛，眼朝向左
- 在紙上寫出正確的拼寫：向左上方看著複習
- 加強成功：向右下方看，慶祝有能力的感覺

7. 提供回饋

在展示了他們能做什麼之後，應給學習者提供其行為表現的資訊性回饋。老師為學生提供的回饋：

- 越經常越好
- 越及時越好
- 越具體越好
- 越是恰如其分地引人注目越好
- 越延遲效果越差

8. 測量行為表現

通常是透過單元或章節測驗、小題、作品集、技能展示等來實現的。評價的方式、方法極其重要。鼓勵要勝於表揚，對個人進行階段性的比較和對照要明顯強於與他人的對照。將一個學生與另一個學生比較，是最無關聯和危險的評估策略之一。同時任何的學習獎勵也是「弊大於利」的，尤其不利於長效學習。我們應該：

- 用承認對成功的內在獎勵（鼓勵）來代替任何外部獎勵；
- 將學生的所有作品保留，並經常查看他們的進步和交

流、回饋；

- 僅將學習者與他們自己比較，而不與其他學習者比較；
- 與所有的利益相關者討論你的評估哲學和評估方法（因何有效、為什麼有效和你的期待）；
- 強調掌握而不是任何形式（形狀）的表現；
- 將你的規則／方法貼在室內最顯眼的地方，使之色彩豐富和具有吸引力，以便學生不將其視為一種威脅，而是一種善意的提醒。

結合你的學生、你的教學嘗試一些新穎的評估方法。傳統的評估方法不是完全不好，而是被「依賴」得太多；所占的比重太大，這多少和比較容易「被測量」有關。「新的」評估策略應該注意增加來自你自己和其他資源（包括其他學生）的回饋；鼓勵各種形式的小組活動；鼓勵學習者進行自我評價、相互評價和小組評價。

9. 促進保持和遷移

儘管這是教學事件序列中的最後一個環節，但促進保持和遷移的教學活動應該經常性地嵌入更早期的教學活動中。例如，多樣的例子和情境是學習者能夠正確實現智慧技能遷移的關鍵學習條件。這些條件最可能在教學事件 5「提供學習指導」期間加以安排。同樣，間隔複習能促進智慧技能和動作技能的保持，應將其設計為事件 6「引出行為表現」和事件 7「提供回饋」之間的若干次循環。

最後我們還要說，九個教學事件並不是教學成功的全部。而且，事在人為，它們的正確實施與否還與「老師的權威和信譽」有關。

老師對於學生的「積極的權威」和信譽越多，學習就越強。大量學習的發生只是由於老師為自己的學生提供了「正能量」。這一變量

稱之為「安慰劑效應」── 即如果你相信你的某一做法（教學法）對你、對學生將會有幫助，它更可能有用。

　　一位「強」學習引導者的識別特徵應該是 ── 性格的力量、正直、目的性、沉著、個人魅力、自信和勝任力。作為學習引導者，應該注意以下這些方面。

- 示範尊重。尊重你的學習者，他們將會更加尊重你。
- 分享你的閱歷。你已有多長的職業生涯，你是如何發展你的專業知識或專長領域的，對你的成長有幫助的個人經驗是哪些？
- 談論你敬佩的老師和你的角色榜樣。
- 經常在某些學習和學術領域（最好是你的專長領域）參加活動，最好能是領導者。
- 持續關注「繼續教育」和各類社會教育活動，並經常與學生談起。
- 信守諾言，承擔義務。
- 採用正面的語言，體現正義感、正直的力量，樹立正面的形象。
- 不斷地用學術成果（發表文章、舉辦活動、參觀考察）表現榜樣的力量。

　　你的學生也是會「以貌取人」的。所以老師的儀表、穿著、態度也會大大左右學習的氣氛。儀表、穿著較好的老師會較少地面對學生的紀律問題，也會讓學生養成良好的習慣。當你心情好時，你的學習者似乎就像是你的鏡像一樣地回饋你。微笑、幽默、行為舉止令人愉快和真誠快樂的老師，一般會有高水準表現的學生！

簡而言之，我們感覺好時，學生的學習效果就比較好！

4.3 不同階段的老師，扮演不同角色

> 心隨精英，口隨大眾。逆流而上難以糾正錯誤，並且危機四伏 —— 只有蘇格拉底才敢這麼做。與他人唱反調，他人會視為侮辱，因為這相當於你在譴責其判斷力。你譴責了某種看法，也就譴責了贊成這種看法的人，因此，你會招致雙倍的厭惡。真理屬於少數的人，謬誤惡劣卻普遍。你不能根據人們在大眾之前所言去判斷其是否明智。智者在那裡說的話都不是發自內心，只是迎合大眾趣味而已，他內心也許對此深惡痛絕。謹慎之人應避免被人反駁，也應盡量不反駁別人 —— 雖然他們老早便已做出評判，卻不急於發表。人的思想生而自由，不容亦不應遭到貿然侵犯。智者因此保持緘默，如果他願意敞開胸懷，也只是在隱蔽之處，在一小部分合適的人面前。
>
> —— 《智慧書》（43）

資訊時代是一個知識大霹靂的時代，知識「隨手可得」。作為學習者的學生們的智力、體力和理解能力也空前提高。所以，老師的地位和作用需要我們重新認識、定義。

人在一生的成長過程中，最關鍵和最重要的人，應該是父母和老師了。回憶一下走過的路，每個人頭腦中都會顯現出幾個親切的老師的形象。但是，在個人成長的不同階段，老師的地位和影響是不一樣的。

4.3.1 幼稚園老師是「保姆」

　　幼稚園老師是保姆，我想這句話應該不會有人反對。幼兒時期，沒有意識，自己的生活不能自理，只能靠別人的照顧；但是，幼稚園老師發揮保姆的作用，但他的地位則絕不是保姆。而是說：幼兒時期，人雖然沒有意識，但卻是人的一生中最重要的智力、親和力、交際能力等「非智力因素」的啟蒙時期。大家可能都會看到，在幼稚園長大的孩子比較有集體意識，比較能夠關心別人。所以，幼稚園老師的地位，可以說是一個人的智商和情商起點高低的決定者，尤其是智商和情商「閾值」的大小。

　　我們都知道，東方的教育體制有其本身的問題，最大的缺陷就是限制了學生的想像力和獨立發展的空間。而這一切，在人還沒有主觀意識的幼兒時期是相當關鍵的。因為他沒有主觀意識，也就沒有判斷正誤的能力。他所認為的「好的」和「壞的」，在很大程度上，也可以說基本上是取決於老師的意志。這樣來說，幼稚園老師的地位看起來就更像一個「居高臨下」的決定者，在你我之間的無意識中，就造成了一個引導人出發的功用！

　　至於某些「幼稚園老師」打罵孩子的現象，表面上應該是屬於個人素養、個人道德和社會分配制度的問題。但是它的根源應該是整體的社會教育的缺失，尤其是生命的教育、對人對物尊重的教育，付出與回報的教育等等。最為關鍵的還是價值觀的教育。有些人認為是缺乏「信仰」的問題，我認為不是主要方面，但是，可以利用一個人信仰建立的過程，培養他的價值觀。其中包含人生價值和社會價值。

　　最新的社會心理學調查表明，幼稚園老師普遍認為，當前階段，

他們面對的最令人頭痛的問題，不是不知道字母和數字的那些孩子，而是不知道如何控制情緒、或者在被激怒後如何讓自己安靜下來的孩子。這當然說明，幼兒家庭教育的缺失。但是也就更加要求，幼兒老師不僅僅是我們上面提到的那些功能，還是幼兒性格的塑造者。看來，幼教產業應該是「大有可為」。

4.3.2 小學老師是「皇帝」

他們並不真的是皇帝，而是說他們說的話就像「聖旨」。當一個小學生回家之後，不是做作業或是去玩，而是很著急地去做某一件事情，那不用問，一定是老師指定的。如果小學生和家長之間有了什麼分歧（非原則性的），這時如果小學生講一句：「這是我們老師說的。」那家長只有投降的份。

小學生是人生中最純潔、最天真的時期。而且，不像幼兒時期的懵懂，小學生已經是「可塑造的」了。所以，我一直認為，在小學階段我們應該配備最出色的老師。他們應該是「故事大王」，為學生們描繪現實和未來的世界；他們還應該是「模特」，一舉一動都是學生們模仿的對象；他們還應該是「公平的法官」，讓學生們從小就有正確的「是非觀」。老師終究是老師，但小學老師是最需要有發展潛力的老師。

4.3.3 中學老師是「第二家長」

國高中生有很強的個性，無論男孩子、女孩子都有一定的叛逆心理。這是一個不好把握，但又十分關鍵的時期。用心理學家的話說：「這是人生中最不可靠的年齡」、「之所以說青春期是一段危險期，是

因為（人的）刺激處理系統在青春期初期階段已發育成熟，而認知控制系統的成熟則要到二十歲之後」。這個意思就是說，如果人就像是一部車，車子的各個系統都已經測試完成，完全可以正常使用，包括方向盤、各式的輸入感測器，而控制這部車子的人，則只是一個剛剛摸過幾次車子的「新手」。大家都明白，「新手上路」是怎樣的情景。

這個時期裡，老師的影響，我說是「第二家長」，實在是比較勉強。你可能會說：「他們連家長都不放在眼裡，更何況你！」是的，我們說，中學生時代是一個人的人生觀、世界觀、方法論萌芽的時期，他們往往對自己頭腦中產生的某種想法很欣賞，但又不能判斷正誤，可是他們又很難接受你（老師）的觀點。這個時期對他們影響最大的，往往是他們的朋友和同學。但老師的角色還是相當關鍵的，他要正確引導學生樹立適合於自己的人生觀；他要真實、有啟發性地為學生們去介紹這個世界，讓學生們有現實而客觀的世界觀；他要博古通今、循循善誘地為學生們展開一條求知的道路，讓學生們盡量學會解決問題的各種方法。所以，國高中老師應該是在家長之外的，帶領學生認識真實的物質世界、精神世界和科學世界的「第二家長」。我們都知道，榜樣的作用是無窮的！畢竟，中學時期能進入他們心中的人物很少，老師起碼是他們天天看到的人！

4.3.4 大學老師是「朋友」

大學階段是人的世界觀、人生觀、方法論形成的時期。總是有人回憶，大學時光是一生中最美好的。美好嗎？實際上，相對複雜的社會來講，大學校園可以算得上是「世外桃源」了。這裡沒有世俗的紛爭，因為大家都是處在充實自己、鍛鍊自我的年齡；這裡有你所需要

的不同科系、不同水準、不同年齡的老師，你可以學習或實踐各種技能；這裡有良好地充實自己、鍛鍊自我的環境，圖書館、實驗室、室內外運動場，你可以隨意地充電、施展才能。

有人說，國高中生已經把老師「當擺設」了；到了大學，老師在學生心目中不就更沒地位了嗎？不是，老師的地位不是沒有了，而是更加重要了。大學時期個人判斷是非的標準已經建立，而且大學生，已經不再具有青春期的「叛逆心理」，他們渴望得到別人的指點，渴望在更多更高的層面上鍛鍊自己、發現自己。實際上，他們最想得到的是一個或一群知識水準高、平易近人，又知道如何去嚴格要求他們的老師 —— 朋友。因為，他們已經可以和你討論問題了，而且在一定程度上，他們的觀點有足夠的新穎性和啟發性，如果你能夠讓他們相信你，我說的是老師讓學生相信，他們會很主動地成為你的朋友。

從最近時期的發展來看，我們已經進入了「大眾化教育」階段。大學生的水準參差不齊；而且經過高三的「衝刺」，他們對社會的認識有些人幾乎為零；再加上多數人第一次「經濟獨立」、一部分人第一次遠離父母這一對保姆，使得大學老師的作用更加突出、更加複雜，也更加奇怪。大學老師要成為大學生的朋友，因為大學生們歡迎！

4.3.5 指導教授是「老闆」

近些年來，隨著教育事業的極大發展，研究生的數量越來越多了，可他們的品質可以說是相差很大。這有許多方面的原因，但是，一個不能忽視的原因，就是一個指導教授所帶的學生的數目越來越多，已經違背了教育、教學規律！

我們這裡想說的，並不是針對指導教授應該帶多少學生的問題，而是指導教授與學生的關係問題，或者說是指導教授的作用問題。大學畢業之後，許多學生不論在哪一方面都已經基本成熟，可以和教授一起做研究了。那現在指導教授發揮什麼作用呢？這不太好說，至少有幾點作用應該是指導教授要發揮的。

首先，指導教授應該是學生更高一個級別的人生榜樣。研究生已經進入了社會的「精英階層」，這時候就更需要作為各個領域權威的教授，樹立一個現實的榜樣，不僅僅是「潛移默化」。我自己讀研時的指導教授有兩個，他們都是中研院院士，其中一位教授的一件小事，讓我們師兄弟終身受益。在七〇年代，教授去日本做訪問學者，而教授帶回來一臺小型電腦。後來有機會我問他原因，他說：「我已經老了，如果不在方法、工具上超過你們，我不是更加落後了嗎！」

第二，指導教授應該是學生從事專業研究的權威。有一位科學家說過：碩士畢業才有資格說你能夠做研究了。這裡還有一個真實的小故事：那個時候我還在讀研，一天在學餐吃飯，一個資工所的同學走過來，把手裡拿著的一本雜誌向桌上一摔，很生氣的樣子。

我們問他：「幹嘛生這麼大的氣？」

他回答：「我的一篇論文發表了。」

我們都說：「很好啊！」

他翻開雜誌對我們說：「你們看看，我 ×××（粗話）只排在第五名，可這篇文章是我寫的！」

我拿過來一看，這可是他們那個領域的權威雜誌，我就問他：「那前面四個人都是誰？」

「第一個是我的指導教授……」

我就打斷他，問道：「研究方向是誰確定的？」

「教授！」

我隨後就說：「我們先不管誰做了多少工作，我只問你，如果不把你指導教授的名字放在第一位，這種水準的雜誌你上得了嗎？」

第 5 章
學習的「三角戀」：學習媒介

　　現在學習之三角戀的「第三者」該出場了。學習媒介的作用，隨著交通的便利、通訊的發達，生活變得越來越多樣化，也越來越不容易選擇、不容易控制了。老師們當中，經常聽到一句話「現在的學生不如從前......」，但我可不這樣認為。

　　現在的學生是一定比從前的學生好的，因為學習環境、個人條件好太多了！那麼，為什麼學習效果不好呢？開個玩笑吧，從前的學生在學習時，面對的誘惑是什麼？誘惑面有多大？都是什麼水準上的誘惑？現在的學生，面對的誘惑是什麼級別的？他們在這樣多而廣的誘惑面前還能夠學習，已經是相當不錯了。

5.1 書，鋪就了學習之路

> 擁有關於發現之天賦，這是頂級天才的一大發現。但是，天才何時沒有一點瘋狂呢？如果善於發現是天才的一項特殊稟賦，善於選擇則是良斷的一項標誌。善於發現是一種特殊的恩賜，十分罕見。大部分人能探究已被發現之事，但首先發現它卻只是少數人的才能 —— 他們是最優秀的，在整個時代也是首屈一指的。新奇事物讓人讚嘆，如果成功，則為擁有者贏得雙倍的榮譽。在作判斷之時，追新求異是很危險的，因為那樣可能謬誤；而在發明創造方面，求新求異則應得到十足的稱讚。如果二者都能成功，則都值得喝彩。
>
> —— 《智慧書》（283）

這節的題目稱之為書，但我們談的並不全是書。我們談的是以學習者為中心的學習過程中，學習媒介的作用。書是學習媒介的一種，而廣義的「書」應該更加重要。

5.1.1 見多識廣

見過的「世面」多，遇到事情就不會大驚小怪。而我理解，這句話還有一層含義，就是了解我們的世界，應該透過多方面的管道。借助英語老師經常提醒大家的：聽、說、讀、寫、譯，每一個都是重要的。我們這個世界，是一個五光十色的世界。我們怎麼可能只透過一個或很少的管道去了解它呢？

讀書、學知識，讀只是學習的方法之一。有一個非正式管道的統計，說目前書店裡什麼樣的書銷量成長最快？是一種配了許多圖畫、

表格的讀物。也就是說，不單單是在讀文字，還要透過看圖畫去多一個層次的理解。這是不是說，成人們都懶惰了，閱讀能力退化了？我不這樣認為。想想看，你每天會在電腦螢幕前停留多長時間，電腦螢幕大多數時間是透過什麼向你傳遞資訊的？是畫面。

聽故事，是我們小時候最喜歡的事情之一，長大了似乎沒有這樣的感覺了；可是，在課堂上明顯感覺學生們注意力不集中了，這時你說：我跟你們講個故事吧。那些趴在桌子上的人一定會抬起頭來。那麼，它和學習有什麼關係呢？當然有。上課時你在幹嘛，不就是在聽嗎？而且，不僅是課堂上，隨時隨地多聽聽別人的說法，肯定是大有益處的。

在學習時，寫和說可能有它類似的地方。有許多人實際上是忽略了它們在學習中所發揮的作用。但是，你仔細想一下，看到的和看到後寫下來的是不是差別很大？讀書時，默讀的效果和大聲朗讀的效果是不是不一樣？

可能前面說的聽、說、讀、寫對學習的幫助你都認可，而「譯」有什麼關係呢？但如果我把「譯」解釋為，你如何把書本的東西「翻譯」到你腦子裡；你如何用自己的思維去「翻譯」別人的思維。我想你就會同意「譯」在學習中也是很重要的。

最根本的是我們要強調，開發一切可能的方法去學習。

5.1.2 各式各樣的書

大學時，有一堂課給我留下了很深的印象：

那是「分子物理學」的第一堂課，老師照例介紹了自己之後，就

寫了有半個黑板的「參考書」。然後，他對大家說：「下課之後，每個人都要去圖書館，去借來其中的兩到三本。你們手中的課本，我們也可以稱做『主要參考書』。」隨後他的解釋讓我們都認為很受啟發。他講，即使是基礎性的知識，每個人在理解它們時也會有不同的角度，而且作者在寫書時更是糅進了自己的理解和看法。所以，同樣的一個知識，不同人的理解和認識問題的思路，肯定是有差異的。而作為學習者，在學習這個知識時，如果你的思維能和作者共鳴，才能夠產生好的效果。如果學習的效果不好，不一定是你的理解力出了問題，也可能是你和教材沒有產生「共鳴」。這時你去看看其他人的說法，可能問題就迎刃而解了。

　　廣義的書，各式各樣的書，包括參考書、課外書、技術指導書、學習指南和習題解答等。如果利用好它們，可以使你的學習過程變得輕鬆而有效。

　　參考書可以是與課本同步的，可以是從不同的角度去認識同一個問題，也可以對某一些枝節的問題進行較深入的探討；課外書就有點不大一樣了，它應該是課本知識的擴充。而且，某些課外書表面上看與所學的知識不相干，但是，它有啟發人思維的潛移默化的作用。我們希望學生去讀更多的課外書來擴充自己所學的知識，這樣可以幫助他們更好地學習。現在有些家長甚至有些老師，都極力反對學生看課外書，認為是不務正業。我倒認為，不喜歡看課外書，或者不知道如何看課外書的學生，早晚會是「籠中鳥」、「井底蛙」，前途是有限的。

　　談到學習指導和習題解答之類的書，總讓我想起在國高中時，老師們手中所拿的所謂「教師用書」，那裡面有教學大綱、課時安排、重點難點、常見問題等，讓我很是羨慕。一直不理解，這麼好、這麼

有用的東西為什麼只是「教師用書」呢？為什麼不能與學生一起分享呢？好不公平！我認為，這首先就違背了「以學習者為中心的」學習理念；其次，沒有達到「共同學習」的目的；再次，沒有建立起多通道掌握資訊、資訊共享的氣氛。應該把所學課程的所有有關資料與學習者共同享有，這樣還可以為學習者營造一種是為自己學習的氣氛。

現在的課堂講授非常善用「多媒體」，但得到的評價不同，收到的效果也不同。比如，有些學生講，上有些「多媒體」形式的課就想睡覺。當然，那些老師上課時把窗簾一拉，然後自己坐在講臺後面讀電腦螢幕，你說這不是「催眠曲」嗎？「多媒體」教學肯定是好事情，關鍵是如何因時、因課程的利用。它的主要作用應該是打開學生的學習空間，更多地讓學生去體驗學習過程，讓學生全面地、立體地去學習知識，而不是一種「事先準備的黑板」。

5.1.3 每個人都是一本書

讀一個人就像讀一本書，每個人都是一本特別的書。人們現在所在做的一切都是在「書寫」自己的書，我們在學習時也要注意利用人 —— 這一本特別的書。

記得在大考複習時，和幾個朋友自發地組成了讀書會。當時，還有人提醒自己，不要讓他們拖了你的後腿。可是，當時想加入進去的最初的想法，就是大家在一起，學習興趣會更高。果然，共同的學習，讓大家都能發現別人的優點，也能夠很快地改正自己的缺點，而如果造成一種良性的競爭氣氛，大家都會「從別人的身上」得益。最後的效果是理想的，因為我前面說過：國高中時代，對自己影響最大的是你周圍的朋友和同學。現在，很多學生和家長都在「擇校」，實

際上，「擇校」表面上是選學校、選老師，實際上，更確實地說是在選擇你的學習環境和你的學習夥伴。這很重要。

　　讀者可以去看看那些知名科學家是如何學習的，從中你能看到，朋友、家長、老師等等「人為」的作用是相當巨大的。「為人師表」是在說老師的作用，可影響我們的就只有老師嗎？所以，大家絕不能忽略朋友、玩伴的影響和作用，他們的影響往往更直接、更「有用」，這就是合作的作用和精神。

　　還是給大家講一則故事吧：美國加利福尼亞大學的學者為了完成一個課題，做了這樣一個實驗：把六隻猴子分別關在三間空房子裡，每間兩隻，房子裡分別放著一定數量的食物，但放的位置高度不一樣。第一間房子的食物就放在地上，第二間房子的食物分別從易到難地懸掛在不同高度的適當位置上，第三間房子的食物懸掛在房頂。數日後，他們發現第一間房子的猴子一死一傷，傷的缺了耳朵斷了腿，奄奄一息；第三間房子的猴子也死了；只有第二間房子的猴子活得好好的。

　　究其原因，第一間房子的兩隻猴子一進房間就看到了地上的食物，於是，為了爭奪唾手可得的食物而大動干戈，結果傷的傷，死的死；第三間房子的猴子雖做了努力，但因食物太高，難度過大，拿不到，被活活餓死了；只有第二間房子的兩隻猴子先是各自憑著自己的本能蹦跳取食，最後，隨著懸掛食物高度的增加，難度變大，兩隻猴子只有合作才能取得食物，於是，一隻猴子托起另一隻猴子跳起取食。這樣，每天都能取得夠吃的食物，很好地活下來。

　　「讀懂」別人、「讀懂」自己，保有自己所有的，從別人身上獲取自己所沒有的，你需要把人作為一本書去讀。

5.1.4 自己的「書」

這裡所說的「自己的書」，指的是自己的學習筆記、讀書計畫、複習提綱，還有一個大家不太重視但作用很大的「自己的書」—— 日記。

自己的書，相當於自己寫書。你會說，寫書是一件多麼複雜的事！我的那些東西能是書嗎？是，實際上，書都是作者內心的體驗，是作者學習的心得。你的學習筆記、讀書計畫、複習提綱包括日記，不是自己的學習心得和內心的體驗嗎？

學習是一個需要不斷總結的過程，所以寫「自己的書」就顯得相當重要。這方面比較關鍵的是，首先要經常拿起筆來寫，這相當於階段性的總結。寫下來的東西，我們能更好地發現問題，也更容易保存。而且，諸如讀書計畫之類的東西，那可是「白紙黑字」，是不能夠更改的，寫下來是不是經常會激勵你去更主動地學習？

大家都有各式各樣的朋友，但是你有沒有想過，日記其實是你最可靠、最貼心（想說什麼都行）、永遠不會出賣你的朋友。你可能會說：「寫日記？那是那些國中『小女生』做的事。」實際上，你沒有認識到它的作用。日記，哪怕你每天記的都是類似「流水帳」之類的東西，也會讓你清晰地看到你個人的成長過程，尤其是某些重要時刻的「心理」變化過程。讓你更清楚、更全面地認識和了解自己。你把自己「讀懂」了，能不進步嗎？

但是，「讀懂」自己真的是很難做到。

5.2 學校教育是基礎

> 　　忍受愚蠢。智者常常沒有耐性，因為學問增加了，他們對愚蠢的耐心也減少了，常識淵博之人很難被取悅。生活中第一重要準則便是「忍耐」二字，愛比克泰德如果説，他視其為所有智慧真諦的一半。容忍種種愚蠢，需要極大的耐性。有時候，我們不得不忍受的人恰恰是我們最依賴的人，這是鍛鍊我們自制力之有用的一課。忍耐產生安寧，這是世間幸福之無價的恩惠。如果沒有耐性，就要獨處 —— 即便是獨處，也不得不忍耐自己。
>
> —— 《智慧書》（159）

5.2.1 學校教育是大眾教育

　　教育就是一種有目的、有組織、有計畫、系統地傳授知識和技術規範等的社會活動。它在社會中發揮相當重要的作用，而教育又分為家庭教育、學校教育等，這些教育加在一起才能形成教育的合力。

　　家長是孩子的第一任老師；家庭是孩子成長的天堂；好家長是孩子的好榜樣；好家長是能改變和影響孩子一生命運的。然而，我們所有人畢竟都是社會的一員。最終還是要體現我們的社會屬性，而不是家庭的屬性。所以無論是從教育的目的，教育實施的方法和學習者接受教育的條件和情緒來看，學校教育都是遠優於家庭或者其他教育模式的。最佳的教育模式當然是幾個方面的綜合作用，社會的、學校的、家庭的和自己的合力 —— 我們的三位一理的學習理念。

　　目前，由於社會資源還沒有達到極大的豐富，以及存在的某些社

會分配不公，造成了學校教育的負面作用。主要存在於：

（1）感覺鈍化。教育目標的褊狹、教育內容的繁難、學業競爭的激烈，迫使學生每天想著學習、考試、分數、名次，常常對周圍的一切不是無暇他顧就是熟視無睹。這樣日積月累，必然會令他們對與學習無關的東西無動於衷，進而造成感覺的麻木與鈍化。

（2）心理疾病增加。主要是由心理的失衡、鍛鍊的減少和活動的單調引發的。面對學習與升學的巨大壓力，學生往往感到緊張、壓抑甚至恐懼，進而引發失眠、頭痛、焦慮、憂鬱、免疫力下降等功能性、器質性疾病。專家所發現的「感覺統合失調症」、「注意力不足症候群」（ADD）等稀奇古怪的病症，也與學生巨大的學習壓力有著直接的關聯。

（3）人格扭曲。我們的教育一向聲稱是培養人的，但事實上，在由機械操練、強行灌輸所構築起來的教育模式裡，學生原本鮮活可愛的人格被割裂、被剝蝕，風格迥異的個性被忽視、被壓抑，千篇一律、千人一面成為這種模式的必然結果。這些情況，加上獨生子女的日益普遍，這樣在學生中間，就會出現程度不等的孤僻、自私、自閉、自傲、自卑、消沉、怯懦、情感冷漠、言行過激、意志脆弱、性別倒錯等人格的扭曲和不健全。

（4）能力不強。教育本來是要促成人的全面發展的，要使人們各方面的能力得到均衡、和諧、自由的發展，但是我們的教育卻畸形發展了學生的部分能力，而置其他許多能力於不顧。且不說學生的生活自理能力、心理自制能力、生存適應能力等相對較差，就是與學習有關的蒐集和處理資訊的能力、發現和獲取新知識的能力、分析和解決問題的能力、交流與合作的能力等，也未得到有效的培養。我們教

育出來的許多學生，已逐漸成為不會生活、沒有激情、不會創造的一代人。

　　雖然存在著許多的弊端，但是學校教育依然是不可替代的，這主要有下面幾方面的原因。

　　（1）父母的知識有限，不可能在各個方面都能給予孩子很好的教育與引導，必須要有更專業、更多的人來共同教育孩子，學校是最好的選擇。

　　（2）人是具有社會性的，一個個體想要很好地生存在這個社會上，就必須要與外界接觸，學習與人相處、交往的能力，然而家庭卻不能很好地提供這樣的場所，學校是必選，孩子們年齡都相差無幾，相處起來容易。

　　（3）學校有嚴格的規章制度，犯錯就得接受懲罰，這有利於培養孩子的法制觀念。家庭教育不能很好地解決這個問題，很多家庭都沒有嚴格的家庭規則。

　　（4）學校是一個評級系統，在學校接受教育的孩子，都能夠很好地發現自己的長處、短處，與別人相比自己的優勢與劣勢在哪裡？從而更好地給自己定位。

　　而且，學校的性質決定了它「大眾化」的屬性。換句話說，學校教育的弊端，教育管理部門、教育機構不清楚嗎？他們應該是比一般大眾更關心、更清楚。但是，改變不是發生在一朝一夕的，社會的存在更多是體現它的複雜性和多元性。學校不是學習者個性的培養基地，也不可能促進個性化教學，這是違背學校教育的宗旨的。所以，弊端存在，應該改變，也可以改變。不過，除非父母改變，學校是不

會、或者是很少改變的。那我們就需要明白，我們在學校主要要學什麼？我們需要彌補什麼？

「學會認知」、「學會做事」、「學會共同生活」和「學會生存」，這被稱為學習的四大支柱。當然它們並不是單一能在學校完成的，但是我們要充分利用學校教育的特點，取其所長、補其所短。弊端的部分主要存在於差異性教育，優勢的方面主要體現在集體性和廣博性。所以，學校教育具有如下特點。

（1）職能的專門性。學校教育職能是專門培養人，學校是專門教育人的場所。

（2）組織的嚴密性。學校教育可以做到有目的、有計畫地影響人。

（3）作用的全面性。學校教育對人的發展作用是全面的。

（4）內容的系統性。學校教育內容是連續的且具有很強的系統性。

（5）方法的有效性。學校具有從事教育的完備的教育設施和專門的教學設備，如聲像影視等直觀教具、實驗實習基地等，都是學校教育的有效方法。

（6）形式的穩定性。學校教育形態比較穩定。它有穩定的教育場所、穩定的教育者、穩定的教育對象和穩定的教育內容以及穩定的教育秩序等。

5.2.2 「高中」還是「職校」

國家實施義務教育，我們說這是為了提高整個國家和民族的素

養，也是為了國家的每一個公民都能具備基本的社會生存能力。或者說，不是每個人都需要拿到博士學位；不是每一個上大學的人都要讀頂大；學而優則仕，學習真的就是為了仕途、為了當官嗎？

　　曾經有朋友諮詢過我一個問題：兒子書讀得不是很好，國中畢業了，是要念「高中」還是去上「職校」？對家長來說，似乎真的很難抉擇。看上去這個岔路口上的選擇，就決定了兒子的一生似的。實際上真的沒有那麼難、那麼嚴重。

　　首先，人生就是在做許許多多的選擇題，而且多數情況下並不是二選一、四選一。而是多種多樣的選擇，樂觀地去看，我們看到的是人生的豐富多彩；悲觀或者是「短淺」地去看，那就可能看到的是「生死抉擇」。

　　第二，經常有學生來問，大學讀得差不多了，接下來的一步是去「讀研」，還是去找工作？這看上去也是選擇題，實際上也不是。我的回答是：讀書（學習）是一輩子的事情；但讀書並不是我們最終的目標，而是過程，我們的目標是生存，是「養家餬口」，所以你先找了工作沒什麼不對，但心裡要想著繼續讀書，或者是「讀研」完了還要接著找工作，這似乎有點「悖論」的意思？看得簡單一點，也就是一個選擇題 —— 現在，好的工作很難找，所以能找到好的工作，就先去，工作中也可以學習，也可以深造讀研；如果一時工作找得不滿意，就去「考研」，一方面充實自己，另一方面為找到好的工作做一個緩衝。這，與「高中」和「職校」的問題差不太多，只是層次的區別。

　　第三，「高中」就是普通高中，「職校」就是職業學校，它們的區別在於教育的形式、內容，關鍵還是出路。前者主要是讀書、考大

學、拿學位，以期待有更好的前途，實際應該是有更多的人生選擇；後者主要是學習某項技能，掌握一技之長，更快地工作以養活自己。這就要看你的能力和你做選擇時的實際情況了，牽扯到個人能力，家庭經濟狀況，社會的需求和個人的理想、抱負等多方面因素。務實是必需的，但是不斷進取是我們每一個人本能的追求。

第四，重大的人生選擇可以適當推遲。當然，許多選擇是不可能推遲的，但是還是要依據幾個原則：

（1）選擇最好是本人決定，這樣才不會出現動機和動力的問題。

（2）選擇應該是在「選擇」之後，這可不是「繞口令」，是要你在做出選擇之前要充分地珍重。

（3）此一時彼一時，隨著個人境遇的改變，年齡增長，有些選擇就會是自然而然的。我們都有這樣的體會，回過頭去看自己的人生，彼時的選擇是多麼「幼稚」！

最後要說的一點，讀書、拿學位在目前的社會中應該是一種必須經歷的過程。可能某些人也會說，哪個人沒有讀過多少書，更沒有多高的學歷，不是也很成功嗎？這樣的話，你真的相信嗎？如果真的這樣說，那起碼現在，社會發展進步到如此程度，大學教育都已經變成了「大眾化教育」的年代，你再相信這樣的話，那就純粹是誤人誤己了。

5.2.3 一定要上「頂大」嗎？

去圖書館或者書店找書，經常看到「怎樣才能上哈佛」之類的書。腦子裡不禁要想：是個人就能讀哈佛嗎？一定要上「頂大」嗎？

　　當然，哈佛、劍橋都是頂尖學府，代表著讀書的最高境界。但是，我們說讀大學只是過程、只是人生的某一段路程，並不是我們的最終目標。而且，這些學校每年錄取的學生就是那麼些，不可能每個人都錄取，那也就不叫「頂大」了。經常有家長用「頂大」去激勵自己的孩子，激勵可以，真的認真地去做，那就大可不必了。

　　首先，為什麼大家都會對「頂大」趨之若鶩？「那裡錄取的可都是大考狀元」、「那裡的師資最好」。大考狀元就能保證讀好大學的課程嗎？人家是大考狀元與你何干？每天和他們在一起你就能更強嗎？我要說，上「頂大」我們追求的更應該是一種「氣氛」。

　　其次，讀哪個大學，更重要的是你要往哪個方向發展，最重要的還是「氣氛」。

　　再次，讀書只是人生的一個階段，我們指的是在學校的集中時間讀書。人生更重要的階段還是要到社會上去「奮鬥」。但是機會也不都是針對每一個人的，一個人的人生機會也不是時時刻刻都有的。不斷地充實自己，能夠在機會出現時適時地抓住、利用，這才是關鍵。

　　最後，千萬不要聽那些別有用心的人的哄騙，不一定每個人都適合上「頂大」，更不是每個人都能上哈佛劍橋。重要的是認清自己、讀懂自己，確立自己明確的目標和方向。天生我材必有用，不拘一格降人才。

5.3 我要和兒子當同學

> 做個實在的人。如果你是個實在人，就不會喜歡不實之人。聲名顯赫而無根基，是可憐的。看上去實在的人並非都實在。有些人是欺詐的源頭 —— 虛妄的妖精播下孽種於其大腦，滋生出各種欺詐。另一些人與此類似，喜歡謊言，不喜歡真實，因為謊言的承諾很多，但是真實卻表現一般。但最終這些妄想沒有好的結局，因為它們缺乏堅實的基礎。只有真正的功績才能帶來真正的名譽，只有實在的資產才能帶來真正的利潤。一個欺詐需要更多欺詐來彌補，這種空中樓閣必然會很快土崩瓦解。沒有根基的事物就沒有長久的生命力。承諾太多，令人質疑，就像證明過多反而有假一樣。
>
> —— 《智慧書》（175）

5.3.1 可憐天下父母心

你可能想不到吧，「可憐天下父母心」這句話出自慈禧。

慈禧母親七十大壽的時候，慈禧沒有時間去參加母親的壽宴，就讓侍臣給母親送了很多的東西，同時，親筆寫了一幅書法，裱好後送去了，這幅書法一直保存了幾代人，最後毀於文革。那是慈禧寫給母親的一首詩：

世間爹媽情最真，淚血溶入兒女身。

殫竭心力終為子，可憐天下父母心！

俗話說，「兒女是父母的心頭肉」，這句話一點也不假。這方面的

「事蹟」可以說是比比皆是，我還是給大家講一個真實的故事吧。

　　迪斯是美國洛杉磯一家生命科學研究所的研究員，酷愛探險，由於沉浸於事業之中，在兒子克諾 6 歲時，妻子和他離婚了。離婚的第二天，迪斯翻閱資料時發現，在太平洋的夏威夷島附近有一種他希望探求的微小生物存在，帶著對事業的探索和追求，迪斯駕船出海了。當然，陪他一起出海的，還有他的兒子克諾。

　　在淺海，船行駛得很平穩，但到了深海，浪頭掀來，船隨時都有傾翻的可能。迪斯這才後悔把兒子帶出來，因他剛剛離婚，兒子一時找不到人照顧，而且迪斯認為，讓兒子經歷些風浪也不是壞事，所以就把兒子帶了出來。風越起越大，浪越湧越高，為了安全，迪斯不得不順風而下。這樣一來，船已經偏離了夏威夷的方向。後來，迪斯累了，索性任船自己漂流。迪斯擁緊克諾，讓他不要害怕，克諾點點頭，眼睛裡居然沒有一絲恐懼的神色。漂泊了一天，船被沖到一個荒島上，船板裂成了幾塊，被浪一沖，很快就漂走了。迪斯掏出預先放在懷裡的幾個麵包，遞給克諾。克諾遞給爸爸一個，迪斯又放到克諾懷裡，說：「爸爸不餓。」其實迪斯很餓，他已經撐了半天的船，但是，他是爸爸，在兒子面前，他不能說餓。

　　這是一個遠離內陸的荒島，島方圓不過幾平方公里，舉目望去，除了亂石，連根雜草也沒有。迪斯在等待著奇蹟的出現，如果沒有奇蹟，他知道，自己將和兒子餓死在島上。

　　一天一夜過去了，迪斯感覺到自己的體力在明顯下降。又一天一夜過去了，迪斯看到克諾的肚子癟癟的，但是兒子很堅強，硬是沒說出一個「餓」字。

　　連續幾天幾夜過去了，迪斯已經連站起來的力氣也沒有了，他趴

在克諾身邊，給克諾講著一些頑強生命的故事，但是講著講著，就看到克諾的眼皮沉沉地垂了下去。迪斯身上突然湧上來一股力量，他猛地站了起來，說：「克諾，爸爸這就去找一條大船回來，你等著。」

克諾的眼睛睜得大大的，望著父親點點頭。迪斯說完，大步向島邊走去，一踏上海邊的岩石，他回過頭來，再看一眼克諾，大聲說：「記住，爸爸不回來，你不要閉上眼睛！」說完，迪斯跳進了大海。

迪斯一投身大海，就再也沒冒出來，克諾卻天真地認為父親真的回了洛杉磯。於是，他充滿希望地等著，耳邊時時迴響著爸爸的聲音：「記住，爸爸不回來，你不要閉上眼睛！」克諾不敢閉上眼睛，他擔心自己的眼睛一旦閉上，就再也見不到爸爸了。

一天過去了，又一天過去了……終於，一艘繞航的墨西哥客輪發現了克諾，把他救到船上。

後來，克諾常常到海邊遙望。當然，長大的他已經知道了父親當時的做法，也許只有這樣，才能讓克諾活下來，等待奇蹟的發生。

5.3.2 人生輪迴 —— 和孩子一起再長大

一次和一個同事在路上相遇，發現她穿了一雙學生們才會穿的鞋，我說：「嚮往自己的學生時代了？」她的回答出乎我的意料 ——「我要和兒子當同學。」

細細回味，這句話說得實在是很好！

兒子在讀小學二年級，他班上的一個女孩子成績不太好。剛上二年級成績就這樣子了，有一次開家長會的時候，我正好和她的媽媽坐在一起，她媽媽很擔心，我就對她說了許多關於如何養成良好的學習

習慣，如何引導孩子讀書、做作業之類的話。一開始她說自己也只有國中畢業，很難教女兒的功課等許多的理由，被我一項項地「駁倒」之後，她坦誠道出實情。原來她老公是「跑船」的，長年不在家，自己每天沒什麼事情可做，基本上就經常打麻將。女兒放學回家，基本上只是照顧她吃飯，做作業都是她自己在做，什麼養成良好的學習習慣，那就更不用提了。

　　總感覺現在的家長在走兩個極端：一種是事事處處都把孩子「抱在懷裡」，什麼事情都替他們做主，最終的結果就是孩子從小就不問「世事」，更是缺乏處理事務哪怕是個人生活事物的能力，基本上就是「廢人」一個；另外一種基本上是「不聞不問」，認為教育孩子是學校的事情。

　　他們是到了兩個極端，那我們應該怎麼辦呢？我們前面說過，學校是不負責培養個性的，所以，孩子一生的大部分還是要交給父母。總體來說，就是一定要和他們當朋友、當同學、當同伴，讓他們產生足夠的信任感，這樣才能和你推心置腹，才能和你同舟共濟。

　　「和孩子一起長大」就成了我們培養孩子的座右銘。不要認為這是一件苦差事，如果你真心地和孩子融在一發揮了，你會感覺到從孩子們身上獲得的快樂遠大於你的付出！而且，這是一件事半功倍的事情，孩子在成長早期建立起來的良好的生活和學習習慣，受益者不僅僅是孩子本身。打一個不太恰當的比喻：養過孩子的人都清楚，最大的麻煩是什麼？就是孩子生病，孩子一生病，那就把一切的一切全都打亂了。想要孩子不生病，辦法之一就是讓孩子平時鍛鍊，而孩子在很小的時候，去鍛鍊、去學習各種技能是需要大人的陪伴的，許多家長做得很好，許多家長怕麻煩可能就做不到。可是想想孩子生病時的

痛苦，和一家人的手忙腳亂，我們還是把努力放在平時吧。

　　和孩子一起長大，及早地建立起良好的溝通，好處不僅僅只有這兩項，更重要的一點是，孩子到了一定的年齡（尤其是青春期），你想和他溝通都是一件很不容易的事情。我的一位朋友，是一個 17 歲男孩的媽媽，她是教育大學的老師。我們每年開會都能碰到，有一年見面，她看上去心情很好，精神煥發。我就詢問「有什麼喜事」，答案真是有點出乎意料——「兒子和我一起出來玩了！」說實話，剛一聽到還是有點不理解，隨後幾天的「討論」，讓我明白了許多。她說，平時在家裡基本上很少能夠和兒子「講到話」，也不是兒子孤僻、性格不好，自己是研究教育學的，也明白溝通的重要性。可是有一點被忽略了，被從小就忽略了，那就是應該和兒子一起成長。這話怎麼講呢？比如說，兒子在生活上遇到問題了，現在經濟條件好了，基本上都能解決。如果兒子在學業上遇到問題了呢？父母都是大學老師，解決學業上的問題不是「小菜一碟」嗎？還真的不是，而且有些問題你還真的是「無從下手」，怎麼會這樣呢？第一，社會發展，文化進步，兩代人學習的內容有些可以說是大相逕庭，如果你沒有跟著他們一步步地學下來，忽然把問題擺在你面前，你還就是會「無從下手」；第二，大學老師，一般都具備碩士學歷，大家知道知識的學習一般是一個螺旋上升的過程，就是不斷地學習新方法、掌握新方法去解決我們面對的問題。而中小學生面對的問題，許多是不能夠用我們掌握的「更高級的」方法去解決；第三，我們一直在強調，學習是一個以學習者為中心的過程，刺激學習者內心的動力，學習才會成功。可是孩子們還小，在經驗上、方法上還是需要指點和幫助的。但是「完全徹底」的幫助，首先要和他們建立起「完全徹底」的溝通。所

以，我們會再一次提出我們的口號：我們要和孩子一起成長！我要和兒子當同學。

　　道理我們明白了，具體應該怎樣做呢？我們從嬰兒開始和你慢慢聊吧。

　　在孩子出生後的第一年裡，如果父母總是習慣於以最快的速度、而且毫無選擇地對嬰兒的哭鬧做出回應，那麼，這樣的孩子往往比那些經常被父母置之不理的孩子更加獨立，而且在性格上往往更加勇敢、剛毅。專家說：父母的呵護與無微不至的關懷，為孩子探索世界創造了一個「安全基地」。

　　別擔心「寵壞」孩子，在人生的最初幾年，缺少關愛或父母感情投入很少的孩子表現是最糟糕的。能即時適應孩子的情緒並對孩子的暗示做出有效反應的父母能培養出安全依戀型孩子；與孩子相互隔離、存在矛盾或是採取敵意應對的父母只能培養出焦慮依戀型孩子。他們成人後的表現更可能會是，自私、不善社交和不成熟。而且，生命早期依戀性造成的心理影響可能會持續終生。身為父母，你可以為孩子創造一個環境，用實際的證明來鼓勵他們覺得自己是漂亮、聰明、可愛、有天分、有愛心和具有其他許多優點的。責備的方法沒有辦法改變孩子的表現，而讚美則可以收到可觀的成效。只要你是誠心要幫助孩子，讚美永遠不嫌多。

　　兒童期遭受的不良經歷與成年後負面行為的相關性非常顯著，以至於達到令專家震驚的程度。我們從一出生就不斷地在大腦中經歷著「成功」和「失敗」，良好的、鼓勵性的反應會給我們帶來成功感和具有力量的強烈感受；反之，負面的、消極的、被忽視的反應會讓我們經歷強烈的失敗感，同時也會感覺自己沒有力量。兒童期我們很多的

感受和經驗是依賴於別人的。比如說，一個孩子數學成績不好，不太可能是他的邏輯思維能力差，更可能的原因是數學學習的早期受到了傷害或是負面的影響，使得他一提到「數學」兩個字，大腦就進入了警覺狀態，當然就不能好好地學習了。

應該讓孩子盡早地培養「獨立生活」的習慣。每當感覺到需要幫助時，媽媽便會「即時」地出現在我們的面前；生活上完全徹底的保證，使得我們對生活完全沒有了要求。這樣的父母被許多專家和老師稱之為「直升機」式父母——高高在上，隨時做好俯衝下來解危救難的準備。他們捨不得「放手」，也沒有建立起和孩子共同分享的舞臺和管道。而兒童期「自制能力」的強弱直接關係到他的成人經歷，據研究，自制能力最弱的兒童，比自制能力最強的兒童在成年後，涉嫌犯罪的機率要高出三倍。

當兒童達到青春期早期時，給他們帶來最有效激勵的方式並不是親吻，而是另外一種完全不同的關愛。透過某種活動（學習西洋棋、練習跆拳道或者打籃球等）讓他們關注、練習、痴迷其中，產生對自身能力的信任以及不斷提高的挑戰。當前家庭撫養中的核心矛盾就是：我們不顧一切、甚至是近乎於生物本能般地滿足孩子的一切要求，為他們創造一切可以創造的條件，保護他們免受一切可能遭受的危險和不適，想讓自己的孩子總能高枕無憂。但我們也知道，至少在某種程度上，每個孩子都需要一點點困難——這是一種挑戰，是某種他們可以克服的障礙，哪怕只是為了證明他們有能力克服這些挑戰。年輕人塑造性格、鍛鍊能力最好的辦法就是用現實的失敗去磨練自己，去體驗真正的挑戰。可是，許多家長想是這樣想的，真正做起來，就又是另一回事了，比如，千方百計為自己的孩子挑選「好」學

校，在某種程度上就是為了規避失敗而採取的一種策略。

最後，我們給家長和孩子們提一些具體的建議吧。

對於幼稚園到小學低年級的孩子：

· 減少利用和接觸電腦到最低限度（機會太早、太多都要付出代價）。

· 增加語言學習的時間和機會（第二語言、臺語、國語）。

· 強制的音樂和藝術訓練（至少每週三次，每次50～60分鐘），為以後的數學和科學技能訓練建立起強大的神經網路。

· 強制鍛鍊，每天最少30分鐘，而且是有效率的30分鐘，關鍵字是：堅持。

· 強調情緒智商技能（表達的能力、接受的能力、克制的能力、推遲享受的能力等），關鍵字是：盡快開始，並堅持做。

· 增加健康教育（了解營養、有害與無害物質、危險和暴力等）。

· 強調學會學習技能，如何利用資訊資源，如何連接傳統和現代，如何進行學校和社會的角色扮演。

對於小學高年級到國高中階段的孩子：

· 非常強調學習技能和終身學習。

· 強調社會技能、合作學習、協同作業和人際關係。

· 提供使用電腦的機會，鼓勵他們使用多種功能，開發他們的潛能。

· 深入鑽研幾門學科，而不僅僅是觀察現象和處理數據。

· 強調生活技能（財務計畫、記帳、職業規劃、心理健康、身體健康、消遣、應對衝突、人際關係和決策）。

· 減少強調機械學習、語義學習和不必要的學習內容。

· 循序漸進地進入家庭的「決策層」。

5.3.3 家教、現代「私塾」

私塾，許多人都不太熟悉的一種教育模式，是古代家庭、宗教或者老師個人所設立的教學場所。

私塾的學生多六歲啟蒙，學生入學不必經過入學考試，一般只須徵得先生同意，並在孔老夫子的牌位或聖像前恭立，向孔老夫子和先生各磕一個頭或作一個揖後，即可取得入學的資格。私塾規模一般不大，收學生多者二十餘人，少者數人。私塾對學生的入學年齡、學習內容及教學水準等，均無統一的要求和規定。

私塾的教材，有古代通行的蒙養教本「三、百、千、千」，即《三字經》、《百家姓》、《千家詩》、《千字文》，以及《女兒經》、《教兒經》、《童蒙須知》等，學生進一步則讀四書五經、《古文觀止》等。私塾的教學時數，一般因人因時而靈活掌握。

這看上去倒是有些類似我們現代的家教。人數不多、課時靈活、因人施教等。當然，還是有很大的區別的。最大的區別在於，私塾在古代基本上是教育的主流形式，而家教是一種「輔助」教學，是主流教學形式之外的補充。這也是家教的特點和需要充分認識的地方。

學校教育永遠應該是主流教育。目前許多人只看到了學校教育的弊端，而輕視、甚至放棄學校教育，這不僅僅是不科學的，就是從「既得利益」來看也是「不划算」的。從利益角度而言：學校肯定可以讓人變得更聰明，一年的學校教育等於年齡增加兩歲；和歷史相比，社會的普遍「智商」有明顯的提高，這得益於越來越多的人接受了學校教育；學校教育的內容改變也使我們在某些非常實用、非常重要的

方面變得更聰明，比如說普通民眾「社會智商」的快速增長。對於學校教育的「短處」，最明顯的就是限於條件、形式和社會需求，不能實施個性化教育，所以我們應該開發「家教」、利用「家教」予以補充，以達到全面教育的目的。

　　家教，字面的理解就是「家庭教師」。主要是幫孩子補課或者傳授一些學校正常教育以外的專業技能知識，成人請家教輔導英語、樂器的情況也比較多。也有進行單獨或小團體輔導的行為。家教的範圍已不限於在校學生的課程輔導，而是囊括幾乎所有專業性技能，滿足各個年齡層的個性化輔導。隨著社會、家庭對下一代教育問題重視程度的提高，「家教」一詞已經被深度、廣度衍生。不僅僅是家庭教師，而是可以廣義地理解為一種「補課」形式。

　　家教怎樣「請」，或是作為家教主力軍的大學生們怎樣才能做好家教呢？教育專家總結出了成為「高效」家教的「5C 原則」——Control（控制感）、Challenge（發出挑戰）、Confidence（灌輸信心）、Curiosity（培養好奇心）和 Contextualize（思考問題）。

- Control（控制感）。讓學生能感覺到他能夠把握住他所學的內容，培養學生對所學知識的控制力和掌握能力；
- Challenge（發出挑戰）。在所學知識的基礎上進行拓展，這種拓展主要是廣度的拓展，深刻認識到家教形式的靈活性、個性化教育特點，結合學生的知識面、知識水準，拓展教學以加深對所學知識的理解和掌握；
- Confidence（灌輸信心）。一般意義上，請家教的學生在學習上是存在一些缺陷的，許多人最主要的缺陷是學習信心方面的，也就是不能「證實」自己的學習。所以，家教應該針對學生的具體情況鼓勵成功、發揮學生的優勢；淡化失敗，和學生

一起分析失敗的具體原因，更重要的是告訴學生失敗是學習中必然存在的一個過程。向學生灌輸信心；

· Curiosity（培養好奇心）。使用蘇格拉底的問答法（誘導性的提問），並將問題在深度和廣度上加以延伸（這裡應該更加注重深度）。透過這樣的方法培養學生的好奇心；

· Contextualize（思考問題）。將問題放在真實世界的環境裡或是電影、電視節目中出現的環境裡，使學生學會在一定的情境裡思考問題。

當然，這是專家提出的「原則性」的建議。具體來說，我們請家教，或者說「當家教」要做到的，主要應該是：

（1）與學生共同成長。這是最好的形式，可以給孩子請一個「大哥哥」、「大姐姐」，經常陪伴，為孩子樹立一個「活生生」的學習、生活的榜樣。這就要求作為家教的「老師」具備很好的言傳身教的能力，尤其是素養。

（2）培養良好的學習習慣是最重要的。每個孩子都很聰明，每個人天生都是「好學」的，之所以一時成績不好或者是沒有學習興趣，主要還是沒有養成良好的學習習慣。乾脆說，有些孩子根本就不知道如何養成良好的學習習慣，特別是那些家庭學習環境比較「惡劣」的孩子，這時候就必須請一個好的家教，一點一點地、循序漸進地去培養。

（3）查漏補缺。家教畢竟不是主流教育，也不應該是主流教育。所以，一定要做好「輔助」工作，為孩子做好複習、指導孩子做（階段性）總結、解答孩子的問題（不一定是疑難問題，也不一定是學習中的問題）以及為孩子準備接下來的學習等，這應該是家教老師的大

部分工作。

（4）並不一定就是「一對一」最好。許多的教育輔導機構貼出來的廣告，都在明顯的位置告訴你「絕對的一對一輔導」等。實際上，尤其是小學生和國中生，結伴學習、合作學習的效果往往是最佳的。所以，作為家長，可以考慮聯繫孩子的幾個「玩伴」一起組成「讀書會」，當然，人數不能太多（最多三四個吧），否則很難實施個性化教學。

（5）目前來看，大學生是家教的「主力」。那麼請什麼樣的大學生做家教比較合適呢？成績要好，尤其是要有良好的讀書習慣和方法；其次，大二、大三的學生比較合適，大一的學生剛入大學，他還不能夠站在一個不同的高度上教育學生；大四的學生「比較忙」，考研、找工作、處理戀愛，關鍵是他們已經「油滑」了，不太適合教導孩子。

（6）家教的時間和地點當然是因人而異，雙方協商。但是，作為家教老師的大學生，應該以不影響自己的學業為前提。而且，既然是「輔助教育」，時間上也不宜過多、過長，要制訂計畫、目標，完成目標、達到目的、解決了問題即可。地點可以是學生家裡，大學校園、教室、圖書館也是不錯的選擇。當然，也可以利用社會課堂。

5.3.4 要和「玩伴」做朋友

1. 合作還是競爭

達文西和米開朗基羅是同時代的人，今天，我們在沉醉於《蒙娜麗莎》和《大衛像》之美時，往往會視其為由天才所創作的非凡作

品，卻很少注意到作品背後的人文色調，無形中忽視了高成就文化中最重要的內容：成功源於比較和對抗，尼采就說過：「每種天賦都必然來自於競爭！」成功，尤其是偉大的成就往往不是某個人的事情。我們相信如果沒有達文西，也可能就沒有米開朗基羅，他們是競爭對手，但更是競爭夥伴，成就人類偉大藝術道路上的「玩伴」。

人類不是孤島，從根本上講，人類是社會，是競爭性企業。我們從「一個人」那裡學習，然後又與「另一個人」分享，還會不停地與其他人比較和爭奪關愛、成就和資源。「agon」一詞來源於希臘文，它更多地指的是競爭本身，而不是競爭的勝利或者是失敗。不是單指兩個人之間的衝突，更有惺惺相惜的意思。

合作還是競爭，似乎是一對「對立統一」的矛盾。合作是相互的幫助、給予；競爭就要分出高低上下，沒有合作不可能有社會的發展，而沒有競爭社會就不可能發展而會變成死水一潭。所以，要在合作中產生競爭，在競爭的同時強調合作。

我們還是講一則小故事吧：有一名很虔誠的教士，得到了一次面對上帝的機會。他對上帝提問說：「上帝，天堂和地獄有什麼區別嗎？」上帝說：「來，我先帶你去看看地獄。」他們進入了一個房間，那裡有許多人正在圍著一口煮食的大鍋坐著，每個人的眼睛都直呆呆地望著大鍋，又餓又失望。每個人手裡都有一支湯勺，因為湯勺的柄太長，所以食物無法送到自己的嘴裡。

「來，現在我帶你去看看天堂。」上帝又帶著這名教士進入了另一個房間。這個房間和上一個房間的情景一模一樣，也有一大群人圍著一口正在煮食的大鍋坐著。他們的湯勺柄跟剛才那群人的一樣長，但不同的是，這裡的人又吃又喝，有說有笑。教士看完這個房間，奇

怪地問上帝：「為什麼同樣的情景，這個房間的人快樂，而那個房間的人卻愁眉不展呢？」上帝微笑著說：「難道你沒有看到嗎，這個房間裡的人都學會了餵對方。」教士恍然大悟。

地獄裡的人都是吝惜鬼，只知道競爭、自私，不知道合作、分享；天堂裡的人明白在合作的基礎上大家才能夠快樂，有合作才有競爭，有愛才有生活。英國詩人伯朗寧就說：「把愛拿走，地球就變成一座墳墓了。」

2.「擇校」？選擇的是學習夥伴

現在孩子上學「擇校」成風。學校之間的差距真的就有那麼大嗎？難道「明星學區」出來的學生就直接變成了天才嗎？不可否認，當前的社會，當前的教育制度，使得你的孩子如果進不了好的幼稚園，就進不了好的小學；進不了好的小學，就進不了好的高中；進不了好的高中，就進不了好的大學。這似乎成了一條社會定則。我們這裡不想討論這個問題的社會原因和教育體制的問題，只想明白一點 —— 原因究竟是什麼？有人說：為孩子選擇好的學校，就是為了選擇好的教育資源，選擇好的老師，實際上真正拿出來進行比較，教育資源和老師的差異並不是那麼大。可是，從效果來看，差距卻是存在的。為什麼呢？有一點大家不要忽視，「好的」學校，讀書氣氛好，有而最重要的是能夠找到水準更高、學習習慣更好的同儕。

前面我們提到過，榜樣的力量是無窮的，尤其是對處於成長過程中的青少年。後面我們也會提到，合作學習的好處和重要性。這裡我們要說，能讓自己的孩子進入「名校」最好，如果真的進不了，也不需要灰心，更不需要刻意去鑽營。我們可以為孩子創造條件，鼓勵孩子找到好的學習夥伴，合作學習。學習終究是一個變化的過程，是需

要學習者、學習引導者和學習媒介的交互作用、努力的，不是一成不變的。把精力放在營造良好的學習環境和良好的學習習慣上，比千辛萬苦地求人要好。

3.《動物星球》給我們的啟示

合作學習真的能發揮很好的作用嗎？大家回想一下《動物星球》節目裡獅子成長的過程，成年的公獅子會被「趕出家園」，自己去開拓自己的領地，而那些未成年的小獅子則可以成群結隊地打打鬧鬧，牠們只是在單純地打打鬧鬧嗎？不是，它們是在為今後的獨立生存鍛鍊技能、累積經驗。成年獅子之間的競爭一定會是你死我活，而小獅子，玩伴們之間的競爭就顯得沒有那麼殘酷了，這就是動物世界給我們的啟示。

4. 同齡人的影響大於父母

美國心理學家哈里斯（Judith Rich Harris）的研究發現：青少年成長過程中更易受流行文化、同齡朋友等來自家庭生活以外因素的影響。她說道：「與家庭生活和遺傳基因相比，外部因素，如流行文化、同齡朋友甚至街頭混混等，對兒童的成長和性格形成影響更大。」

他們「為了能在學校受歡迎，和朋友們打成一片，孩子們更容易接受來自同齡人的影響，而對父母的『耳提面命』很『感冒』」。

哈里斯不否認父母對兒童的日常生活有很大影響，但她認為，長期來看，家庭背景和遺傳基因對兒童性格習慣和行為舉止的形成並無明顯影響。

「與父母的關係影響兒童每天的快樂，就像婚姻關係影響成年人

每天的快樂，但事實上對孩子性格形成均無太大作用，」哈里斯說，「從長遠來看，來自家庭以外的因素對兒童行為、性格的形成影響更大。」

兒童父母的感情狀況、家庭經濟條件、居住環境、父母的興趣愛好等，對孩子性格和行為形成的影響都不大。

「如果與不良少年交了朋友，在家教嚴格家庭中長大的孩子也一樣會變壞，」哈里斯說。「有其父必有其子」的觀念，這可能更會發生在社會環境簡單、社會交往不太迅捷的年代。現代的兒童會接受同齡人影響而形成自己特定的口音、說話方式和處世態度，而不太會聽從父母的教誨。

可愛、可憐的家長們，你們相信嗎？看來我們不僅僅要「與兒子當同學」，還要在兒子的同學當中去選擇合適的同儕。

5. 合作學習的好處

最後我們再從理論上對合作學習的好處為大家做一些歸納吧。

（1）培養合作精神。人類今後所面臨的問題越來越複雜，要解決這些問題，光靠個人力量已很難實現。

（2）培養交往能力。社會越發展，人際交往的重要性就越明顯。在合作學習的過程中，學生強化了交往，形成了初步的社交能力。小組合作學習是同學之間互教互學、彼此交流知識的過程，也是互愛互助、相互溝通情感的過程。這些都促進了學生交往能力的提高，使學生既能「忘情」投入，又能規範、約束和指導自己的課堂行為。

（3）培養創新精神。合作學習是一個知識不斷生成、不斷建構、具有創造性的過程，可以肯定，這樣一個過程要比傳授性教學更受學

生歡迎，更有利於學生創新能力的提高。

（4）培養良性競爭意識。合作學習組成了一個小團隊，和其他的團隊之間的競爭可以促進學生的「集體榮譽感」而不是單純的個人榮耀，是一種良性的競爭。

（5）培養平等意識。在學校裡，每個班級中都存在著歧視性、階層性的結構，如性別、體力的強與弱、長相的美與醜、家庭的貧與富、能力的高與低，尤其是學習成績的好與差等的差異與對立。團隊（小組）學習，創建民主平等型集體的任務，促進平等意識。

（6）培養承受能力。無論我們在學習中、生活中還是在工作中，失敗的機會總是比成功要多。失敗是一種常見的挫折，挫折可以使一個人徹底消沉、憂鬱下去，從此一蹶不振，也可以使人刺激其潛力，去取得更大的成功。所以，一個人對挫折的心理承受力越高，他成就的事業也就越大。在合作學習的過程中，學生在組內真誠地合作，公平競爭，在合作與競爭過程中逐漸完善人格，養成良好的心態。

（7）激勵主動學習。合作學習能使學生把被動學習變為主動參加。在學習過程中，問題會在小組中合作討論，這時的學生都是主動參與學習的。在合作討論中，學生得到一些結論，無論對錯都是主動學習的結果。學生對方法、結論會留下深刻的印象。

5.4 音樂、旅遊、事事處處皆學問

在萬物中尋求慰藉。在無用之物裡你也能找到慰藉：它們可以不朽。煩憂都可以得到補償。諺語曰：傻瓜有福，

醜女有夫。事物的價值越小，其生命就越長。有裂紋的杯子
永遠都不碎，耐用得讓人厭煩。天妒英才，它讓無用者長
壽，而讓天才早逝，以求得平衡。擔當重任者面帶悲傷；無
足輕重之人，總是活得安然。要麼看上去如此，要麼確實如
此。那些不幸的人認為，自己既被死亡之神遺忘，也未被幸
運之神想起。

—— 《智慧書》（190）

生活經歷、社會文化背景都會影響學習。至少生活經歷會影響
我們的認知反應。認知豐富的可能性始終包含於我們的日常決策之
中 —— 從我們吃的食物和我們交往的人，到身體與心理練習以及睡
眠的量。決定我們認知水準的大腦要麼為我們的行為所滋養，要麼被
忽視。營養不良、缺乏心理或生理挑戰、濫用毒品和酒精、重複擊頭
與極度緊張都是學習和認知的殺手。我們每天都在失去腦細胞，但新
的腦細胞也會生成，而且，研究表明新異、刺激的環境，複雜的學習
過程都會刺激腦細胞的生成。

5.4.1 音樂能刺激你身上的每一個細胞

快樂、愛、崇敬、熱情、憤怒、性和憎恨的聲音是被跨文化識別
的，也就是說，它們不需要大腦的深加工。而音樂就是這些本能資訊
的最好的表現形式。

1. 音樂為我們的大腦提供能量

音樂對於我們，可以改變新陳代謝；可以減輕痛苦和緊張；可以
釋放情緒；可以減輕疲勞增加肌肉能量；可以刺激創造性、敏捷性和

思維。音樂的影響還可以由我們的心率察覺到，測得的脈搏傾向於與我們所聽音樂的節拍同步。音樂越快，我們的脈搏也越快。或者說，音樂可以改善身體的分子結構，身體與一個穩定的分子波長產生共鳴。當音樂的頻率與我們身體的規律產生共鳴時，我們感覺到了「同步」，我們更加機警和警醒。

腦波的研究發現，聲音提供一種電荷使大腦活躍。腦皮質中細胞的作用就像小電池，生成的腦電流顯示在腦電圖測量儀的螢幕上。這一點很令我們驚奇，給腦供電的「電池」不是靠身體的新陳代謝供電，而是靠外部透過聲音充電。低頻的基音會釋放出心理和生理的能量，而特殊的較高的基音會給腦充電。特殊的光頻能加速腦的再充電過程，這種再充電效應影響身體的姿勢、能量流、態度和肌肉健壯。

2. 音樂刺激腦細胞，為我們的學習做好準備

在對學齡前兒童、中小學生和大學生的研究中，電腦生成的腦活動圖像，顯示出與莫扎特的音樂總譜驚人的相似。這是巧合嗎？莫扎特音樂以我們在生物學上可接受、或有標題的方式刺激了腦嗎？有必要進行進一步的研究（這個時期的音樂，被認為更接近人的精神本質。它們通常以優美的旋律打動聽眾，以激昂和娓婉交替的方式，使聽眾產生一種複雜的解決方法，像是精神上的沉思狀態，來解決困擾已久的矛盾），但音樂對於開發學習潛力的美好前景是一種誘惑。想想看，世界上每一個具有最高科學與教學成果的國家，都有很強的音樂和藝術背景。

實際上，音樂能使腦的神經通路做好準備。腦的神經刺激模式用於音樂欣賞和抽象推理基本上是相同的。大量的實驗表明，學習是受益於音樂的：

- 放鬆和緊張降低（緊張抑制學習）
- 透過腦波活動激勵創造性
- 刺激想像和思維
- 刺激運動技能、語言能力和詞彙
- 減少紀律問題
- 有利於集體活動能量的聚集和密切合作

音樂是意識與潛意識資訊傳遞的載體，我們大腦的注意力是由變化引起的，而不是什麼可預計的模式。

如果你要增加對寫作的專注，小音量的巴洛克背景音樂就很好。它不像其他類型的音樂，是高度可預測的，較少形成分心。

巴洛克音樂適宜用做背景伴奏或用於課時結尾時的複習；如果你要強化你的小組的能量水準，選擇搖擺音樂（Rocky）、Hip — Hop 文化音樂等，可以獲得非常好的效果；如果你要讓學習者放鬆，自然的聲音或是輕柔的鋼琴音樂比較理想；而古典音樂和浪漫音樂比較適合引入新資訊。

看來音樂在我們的日常生活和學習中，發揮重要而特別的作用，它還有如下的功能：

- 帶動我們，使身體的步伐與常見節奏和節拍一致
- 音樂可以使人們走到一起 —— 社會化
- 管理學習者的狀態 —— 引出較好的認知狀態
- 情緒，音樂、歌唱、聆聽或表演，能夠觸發腦的天然鎮定劑和激素的釋放
- 將詞彙嵌入音樂，作為學習內容的傳遞系統

- 觸發記憶，引出先前的時間、地點和人物以觸發強的記憶狀態
- 減緩和平靜身心，讓我們處於平靜狀態
- 準備好，為了學習內容、完成任務或創造而刺激精確的、特殊的神經通路
- 組合學習和意義，創擬連接概念和狀態的記憶
- 運動，讓學習者起立並走動：跳舞、工作、過渡、談話或採取行動

5.4.2 大千世界讓我們去旅遊

大千世界無奇不有，也就時時處處刺激著我們的感官、我們的腦細胞，也就讓我們隨時隨地處於學習的狀態當中。

我的女兒去瑞士讀書，自己會時不時地到處走走，這一週告訴我去了挪威，下一週又告訴我搭火車去了義大利，我一點也不驚奇。在城裡晃晃，當然比不上去暢遊名山大川。可是如果只是沒有任何計畫、目的地到處亂轉，到了景點還是在玩手機遊戲。但是，世界的奇妙都在時時牽動我們的心，走吧，還是上路吧，外面的世界很精彩！

目前「看上去」和學習有關的旅遊有兩種：修學旅行和文化旅遊。

修學旅行，修學就是說一學期結束，旅行就是旅行的意思。類似於春秋遊，也就是學期結束的旅行，更近似於「夏令營」或「冬令營」，最早由日本的中小學開始興起，不過從其形式和目的看，應該是早就存在了。比如說義大利的馬可波羅，也還包括早期的日本人到中國大陸「求學」等。當然，這的確是一件很好的事情，一種很好的學習模式。

文化旅遊，是那些以人文資源為主要內容的旅遊活動，包括歷史

遺蹟、建築、民族藝術和民俗、宗教等方面。還有說法認為文化旅遊屬於專項旅遊的一種，是集政治、經濟、教育、科技等於一體的大旅遊活動。

「讀萬卷書，行萬里路」，不論是什麼形式的旅遊，到大千世界走走看看總會有所收穫。但是，我們還是要注意，一定要做「有心人」，出去之前要做好功課，走哪裡、看哪裡、怎麼走、看什麼……不然就是「到此一遊」了。至於要看的東西、透過旅遊能夠學習的東西，那就太多了！你可以去北歐四國旅遊 —— 去看極光；你可以去南非旅遊 —— 去探索鑽石、黃金；你可以去埃及大金字塔、百慕達三角、尼斯湖去冒險。

5.4.3 世事洞明皆學問，人情練達即文章

「世事洞明皆學問，人情練達即文章。」這是《紅樓夢》裡的一副對聯。我們拿來比喻學問處處都有，文章時時都在。還是那句話，只要你是有心人，你就是一個「全能」的學習者。

事事處處就是說我們要隨處留意可以學習的東西，全面地「打開」我們所有的感覺（輸入）器官。也就是憑直覺去學習，發揮「非意識學習」的作用。

被我們稱之為直覺的東西，經常是由蜿蜒的人生旅途上偶爾出現的非意識學習所觸發。事實上，我們的大多數知識都是「內隱的」 —— 即沒有與之連在一起的符號語言。例如，你一定知道如何從椅子上站起來，但你能精確地寫出來這樣做的步驟嗎？

觸發非意識學習應該成為我們學習中一個十分重要的途徑。怎

樣才能使我們經常處於非意識學習狀態呢？下面的一些提示應該有些用處。

- 　保持積極的學習態度，時時刻刻去享受學習的快樂
- 　在學習的環境中張貼標語和安置一些輔助設備
- 　樹立積極的「崇拜」對象、追求的目標，經常進行角色扮演
- 　多接觸學科領域的專家
- 　結合使用與學習內容有關的影片、圖片等一切媒體
- 　組成讀書會，經常講一些勵志的故事
- 　用當代的主題和觀念結合學習內容，使學習者感到「很酷」和有關聯
- 　反對消極的老一套東西和類似「現代神話」一樣的人和事
- 　聚焦技能建設和問題解決，使學習看上去立刻就能看到成效
- 　開始讀書時，舉行某種活動，讓我們的記憶「身臨其境」
- 　小組學習，鼓勵大家把有關學習的經歷、感受、擔憂和關心都談出來
- 　尋找、建設、提供足夠的選擇，努力使自己以「最自然」的方式學習
- 　鼓勵學習者在學習的內容和進行的項目中找到與個人有關的意義
- 　自始至終注意學習的回饋，積累問題
- 　盡可能地在身體上和情緒上認為「安全」的環境中學習，讓我們有被接納、受到重視、積極的感覺

說句實話，世事洞明已經是很難做到了，人情練達那就基本上要達到極高的境界才有可能。而且，每個人的理解還有不同。所以，還

是來講個小故事吧，一個關於學問及人生的小故事。

從前有一位王子，他問他的老師——一位年長的智者：「我的生活之路將是什麼樣的呢？」智者回答道：「在你的生活之路上，你將遇到三道門，每一道門上都寫有一句話，到時候你看了就明白了。」

於是王子上路了。不久，他就遇到了第一道門，上面寫著「改變世界」。王子想：我要按照我的理想去規劃這個世界，將那些我看不慣的事情統統改掉，於是他就這樣去做了；幾年之後，王子又遇到了第二道門，上面寫著「改變別人」。王子想：我要用美好的思想去教化人們，讓他們的性格向著更正確的方向發展；再後來，他又遇到了第三道門，上面寫著「改變你自己」。王子想：我要使自己的人格變得更完美。於是他就這樣去做了。

一天，王子又見到了他的老師，王子說：「我已經看過生活之路上的三道門了。我懂得，與其改變世界，不如改變這個世界上的人，而與其去改變別人，不如去改變自己。」智者聽了，微微一笑，說：「也許你現在應該向回走，再回去仔細看看那三道門。」

王子將信將疑地向回走。遠遠地他就看到了第三道門，可是和他來的時候不一樣，從回來的這個方向上，他看到門上寫的是「接納你自己」。王子這才明白，他在改變自己時為什麼總是生活在自責和苦惱之中：因為他拒絕承認和接受自己的缺點，所以他總把目光放在自己做不到的事情上，忽略了自己的長處，他因此學會了欣賞自己。王子繼續向回走。他看到了第二道門上寫的是「接納別人」。他這才明白他為什麼總怨聲載道：因為他拒絕接受別人和自己存在差別，所以他總是不去理解和體諒別人的難處，他因此學會了寬容別人。王子又繼續向回走。他看到第一道門上寫的是「接納世界」。王子這才明白

他在改變世界時為什麼失敗連連：因為他拒絕承認世界上有許多事情是人力所不及的，忽略了自己可以做得更好的事情，他因此學會了包容世界。

這時智者已經等在那裡了，他對王子說：「我想，現在你已經懂得什麼是和諧與平靜了。」

本章最後為大家摘錄一些詩句，讓我們共勉吧！

風聲，雨聲，讀書聲，聲聲入耳；家事，國事，天下事，事事關心。（明‧顧憲成‧東林書院門前對聯）

滿招損，謙受益。（《尚書》）

莫等閒，白了少年頭，空悲切。（宋‧岳飛〈滿江紅〉）

知人者智，自知者明。（《老子》）

前事不忘，後事之師。（《戰國策‧趙策》）

塞翁失馬，焉知非福。（《淮南子‧人間訓》）

人無遠慮，必有近憂。（《論語‧衛靈公》）

近朱者赤，近墨者黑。（晉‧傅玄〈太子不少傅箴〉）

生於憂患，死於安樂。（《孟子‧告子下》）

千里之堤，潰於蟻穴。（《韓非子‧喻老》）

失之東隅，收之桑榆。（南朝宋‧范曄《後漢書‧馮異傳》）

精誠所至，金石為開。（南朝宋‧范曄《後漢書‧廣陵思王荊傳》）

兼聽則明，偏信則暗。（宋‧司馬光《資治通鑑》）

鍥而捨之，朽木不折；鍥而不捨，金石可鏤。（《荀子‧勸學》）

臨淵羨魚，不如退而結網。（《漢書‧董仲舒傳》）

非淡泊無以明志，非寧靜無以致遠。（三國‧諸葛亮〈誡子書〉）

勿以惡小而為之，勿以善小而不為。（西晉‧陳壽《三國志》）

天生我材必有用，千金散盡還復來。（唐‧李白〈將進酒〉）

業精於勤荒於嬉，行成於思毀於隨。（唐‧韓愈〈進學解〉）

千淘萬漉雖辛苦，吹盡狂沙始到金。（唐‧劉禹錫〈浪淘沙〉）

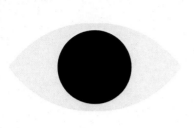

第 6 章
開啟你自己的學習模式

　　現在，你已經體會到學習是一件快樂的事情了；已經明白學習是一門藝術，需要正確的對待、良好的環境和適合自己的學習方法。進一步，你一定也同意了我們的看法：學習是一個整體協同的系統，是一場「三角戀」，把握好自己的角色很重要，而且自己扮演的角色還在不斷地變化之中。

　　在木章，我們會來確定你是哪一種學習類型。如果你是順暢地讀到這裡的讀者，那接下來的事情是很容易的，你只需要思考、判斷、總結自己的認知方式、思維模式、記憶類型等，就可以得出結論啦。總之，這一章我們一起開啟你自己的學習模式。

6.1 性格決定學習

> 了解自己。要了解自己的天賦、才智、判斷和傾向。
> 不了解自己的人無法掌控自己。世上有可以照臉的鏡子，卻
> 沒有照出心靈的鏡子。那麼，就用認真的自省來代替吧！
> 當你忽略外部形象時，就會不斷提升、檢驗自己的勇氣，
> 以便加以運用。穩固你的根基，保持頭腦清醒，以應對一
> 切事情。
>
> ——《智慧書》（89）

學習的事情很複雜，學習的人就會更加複雜，先讓我們判斷一下自己是屬於哪一種性格類型的人吧。

6.1.1 你是哪個「半球」的

雖然左腦、右腦的理論已經被證實太主觀，但是，人畢竟還是有差異的。問題不在於你到底是左腦型還是右腦型，而是在於你明白了自己的「腦功能傾向性」之後，就能發揮自己的長處，克服自己的短處。

我們使用了「腦功能傾向性」這一不得已的詞彙，實在是因為，最新的腦科學研究表明大腦是「協同」工作的，絕對不存在「左右」大腦類型。但是，大腦在感覺、認知、分析加工和記憶方面也的確是有著「區域」分工。還是那句話：聊勝於無！我們知道了大腦存在左右半區，明白大腦在工作時有分工的傾向，總是要更好一些，思維、記憶、處理問題總是能更主動一些。

那麼怎樣才能知道你是哪個「半球」的呢？

1. 從思維特點上辨別

左腦更注重詞彙、邏輯、數字、次序、線性、分析和序列；

右腦更注重節奏、色彩、維度、想像、白日夢、空間知覺和整體意識。（圖 6.1）

2. 從行為特點上辨別

左撇子一般是右腦型。如果你不知道自己是不是左撇子，那麼，雙手合十，十指相扣，哪邊的拇指在上，就是習慣於用哪邊。左邊在上，形象思維強，右腦型；右邊在上，邏輯思維強，左腦型。

如果有人在後面叫你，你經常（無意識地）左轉身，那麼，你通常是右腦發達的「左傾分子」；右轉身，則通常是左腦發達的「右傾分子」。如果比較平均，那你就是走「中間路線」。

一般認為，理解數學和語言的腦細胞集中在左半球；發揮情感、欣賞藝術的腦細胞集中在右半球。所以，左腦具有語言、概念、數字、分析、邏輯推理等功能；右半球是管人的左邊的一切活動的，右腦具有音樂、繪畫、空間幾何、想像、綜合等功能。

右腦最重要的貢獻是創造性思維。右腦不拘泥於局部的分析，而是統觀全局，以大膽猜測跳躍式地前進，達到直覺的結論。在有些人身上，直覺思維甚至變成一種先知能力，使他們能預知未來的變化，事先做出重大決策。右半腦發達的人在知覺和想像力方面有可能更強，而且知覺、空間感和把握全局的能力都有可能更敏銳，在各種動作上相對更敏捷。

左腦的記憶迴路是低速記憶，而右腦的是高速記憶，左腦記憶是

一種「劣根記憶」，右腦記憶則讓人驚嘆，它有「過目不忘」的本事。

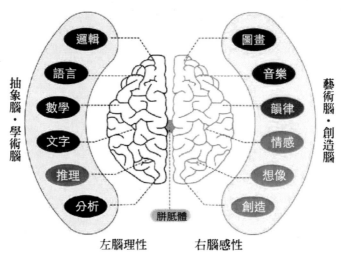

圖 6.1 我們的大腦存在著左右分工的傾向性

　　處理簡單的語言問題時人們左腦相對活躍；左腦發達的人處理事情比較有邏輯、條理；在社交場合比較活躍，善於判斷各種關係和因果。

　　左腦發達善於統計，方向感強；團體活動中善於組織；善於做技術類、抽象的工作（如寫程式）。

　　男性是根據右腦和左腦各自不同的分工來使用大腦的；相比之下，女性卻可以同時使用左腦和右腦。

　　男性和女性大腦的最大區別，主要是大腦皮質的構造不同。女性大腦的溝通交流能力特別發達，她們細緻、敏感，能夠透過察言觀色來了解對方的心理，直覺也很靈敏。從構造上看，女性左右腦的腦梁部分粗於男性，因此左右腦可以順利地同時使用；多數男性方向感天生就比女性強；男性的語言表達能力和理解能力遠遜於女性……

3. 選擇題測試你是左腦型還是右腦型

如果透過前面的思維判斷和行為判斷，你還是沒有完全明確你自己是左腦發達還是右腦發達，或者是個「左右為囊」的人（左右為難、左右逢源，看你的心態！），那麼，我們就來把問題「數字化」吧！我們一起來做一下下面的測試題。

測試：你是「左半球」還是「右半球」？

1. 對於化妝和髮型，你會：	答案
A. 嘗試各種造型	
B. 有時會試著改變	
C. 幾乎從不改變	
2. 在急須決斷的時候，你會：	**答案**
A. 憑直覺決定	
B. 小事當機立斷，大事認真思考	
C. 左思右想，難以決斷	
3. 正在制訂旅行計畫，你會：	**答案**
A. 渴望冒險，不怕危險	
B. 一般不會冒險，但也會根據周圍的意見，做適當改變	
C. 經過了曾經的失敗，要慎重制訂計畫	
4. 閱讀《甘地傳》時，你會：	**答案**
A. 「事實是這樣嗎？」心存疑問	
B. 覺得就是如此，偶爾有疑問	
C. 不抱任何猜疑	
5. 公司安排新人到你的部門，人力資源部提醒你注意這個人，你會：	**答案**
A. 沒有先入為主的觀念，接觸後，再判斷	
B. 稍有戒備之心	
C. 表面正常，內心卻非常戒備	

6. 查閱相機使用說明書時，你會：	答案
A. 只看必要的地方	
B. 從頭到尾粗閱一遍	
C. 從第一頁開始仔細閱讀	
7. 和朋友看電影時，你會：	答案
A. 坐右邊	
B. 坐左邊	
8. 你擅長：	答案
A. 語文	
B. 數學	
9. 看展覽時，你會：	答案
A. 依照喜好，喜歡的才看	
B. 依次看	
10. 從事熱衷的活動時，你會忘記工作嗎？	答案
A. 是	
B. 否	

測試結果：

前 6 題，選 A 得 5 分，選 B 得 3 分，選 C 得 1 分，後 4 題，選 A 得 3 分，選 B 得 1 分。

答案

30 分以上：右腦型。

29 分以下：左腦型。

分數越大或越小，傾向越明顯；接近 30，就是「左右為囊」。

4. 開發右腦

大約有 90% 的人是左腦相對發達（其中左腦特別發達的，其實

也只是 10%）的，為尋求才智發揮的平衡，有必要開發他們的右腦，下面是一些簡單的鍛鍊右腦的方法，你可以試試：

· 經常聽音樂，並且閉上眼睛去想像音樂旋律中感受到的情景圖像。

· 看小說不要只是文字理解，要訓鍊自己在頭腦中形成畫面（例如武俠小說的刀光劍影）。

· 鍛鍊你的嗅覺。經常猜你聞到的東西是什麼，並且感覺一下。

· 上班時，別一直埋頭工作，觀察一下老闆和同事的臉色，看看誰心情不佳，或者焦慮不安（這同時對你處理辦公室裡複雜的人際關係有幫助）。

· 有時間就去做運動。溜冰、打保齡球、游泳都是鍛鍊右腦的良好途徑。

· 用左手拿杯子、刷牙……可以一隻手、一隻腳做的事，盡量用左邊。

· 學習畫畫、設計（例如插花），做一些和色彩搭配有關的遊戲，做一些需要想像特別是空間和情景想像的東西。

6.1.2 我們都是「有色」人種

眼睛是心靈的窗戶，資訊輸入的 90% 都是透過視覺通道進行。所以，刺激我們的視覺資訊，以可見光的不同波長形式存在的顏色，當然對我們的身體、資訊輸入、思維、認知、記憶等過程有著極大的影響。我們在本書的第 2 章中已經簡單介紹了顏色對於學習環境的影響，從而影響我們的學習。實際上，受顏色影響更強烈的是我們的性格取向、我們的興趣愛好，這一點已經被大量的心理學實驗所證實。

　　就拿簡單的生活體驗來看，你在選擇服裝時，除去考慮服裝的尺碼、樣式之外，最重視的就是顏色。或者說，我們生活中的任何地方都被顏色所包圍，我們是生活在自己喜歡的顏色中。這個，不僅僅是我們、我們的祖先，希臘人、因紐特人以及商周時期的人，都已經注意到了顏色在生活中的作用，顏色和我們的性格有關。

　　古希臘的哲學家把人類的性格分為四種類型，他們認為這是人體四種「體液流」的表徵（黏液質、膽汁質、多血質、憂鬱質），它們的平衡對人類的健康和行為有著非常重要的影響。如果某個人表現出四種人格類型中的一種，就表明某種「體液流」占據了主導地位。在因紐特人的尤皮克文化（Yupik）中，有一個重要的宗教符號，被稱為「意識之眼」，這個符號刻劃了人類精神，這種精神透過四種基本元素使我們成為人類。這些元素即身體、感情、思考、文化或者意志。

　　中國古代的哲學思維，一直認為是金、木、水、火、土五行構成了物質和精神的基本元素，它們的相生相剋、排列組合就形成了萬事萬物以及複雜多變的人生（圖 6.2）。五行分為五色，即金為白，木為青，水為玄，火為赤，土為黃，因而傳說中的五帝有白帝、青帝、黑帝、赤帝和黃帝。

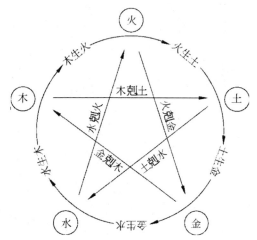

圖 6.2 金、木、水、火、土五行，相生相剋構成萬物

　　最新的心理學研究，將人類的基本性格用金色、藍色、綠色、橙色四種顏色來代表。你是哪一種顏色，就具有哪一種性格傾向。當然，事物的存在並不都是絕對的，我們每個人的「顏色」都是「混合的」，只是具備一種傾向性。這你也就明白了，獲取你的顏色，認識你的性格，只應該是對你的學習產生引導的意義、參考的價值。

　　總體來說：金色性格的人會按照判斷和標準來作出決定；藍色性格的人會隨心隨性行事；綠色性格的人會遵循分析性思維來判斷行事；橙色性格的人會依照身體技能和感官來作出決定（表 6.1）。

表 6.1 四色人類性格概述

顏色	基本要求	價值觀	關鍵經驗	學習風格	激勵因素	困擾因素
金色	秩序	服務責任	判斷	具體的有組織的實用的	成就服務認同	無秩序不穩定無責任感

藍色	真實	誠實 共鳴	情感	熱情的 合作的 參與的	精神視野 親密愛情	不和諧 不誠實 沒感覺
綠色	理性	客觀 完整	邏輯	獨立的 數據支持的 分析的	智慧 發現 創新	無邏輯 不公平 多愁善感
橙色	自由	行動 個性	感覺	實踐的 技巧支持的 身體活躍	行動 興奮 勝利	權威 規則 自大

　　你現在可能很想知道你是什麼「顏色」的，那就隨我們一起做一個測試吧。記住：一定要讓自己處於一種自然、放鬆的狀態；不要理睬別人認為你「應當」是什麼樣子；忽略你的工作要求，並且暫時忘掉你在生活中的角色，僅僅保持你最舒服、最自然的樣子。

　　這裡有 10 道測試題，每題有四組描述排列，你只需要準確地選擇「最像你」的程度。也就是在每個排列的填空中，填「4」表示和你最像，填「1」表示和你最不像。最後把 A、B、C、D 的總分相加，分別填寫在金色、藍色、綠色、橙色旁留出的空白處，你就能知道你的「主色調」是什麼了。再次強調，我們每個人的「顏色」不是單一的，你很可能是兩種甚至三種顏色的混合，也可能你的四種顏色都是均衡的，那你就是一個很「冷靜」的人。

測試：你是哪種顏色的性格

1.	A：可靠的，沉著的，謹慎的	
	B：感性的，同情的，和藹的	
	C：冷靜的，聰明的，獨立的	
	D：活潑的，機智的，充滿活力的	

2.	A：通情達理的，品行方正的，工作努力的	
	B：敏感的，真誠的，關心他人的	
	C：邏輯的，抽象的，按部就班的	
	D：靈巧的，愛玩的，風趣的	
3.	A：可靠的，守信的，忠實的	
	B：親切的，個性的，參與的	
	C：好奇的，科學的，深思的	
	D：膽大的，充滿幻想的，勇敢的	
4.	A：可信賴的，有條理的，嚴肅的	
	B：溫和的，融洽的，熱心的	
	C：性急的，完美主義的，執拗的	
	D：活在當下的，衝動的，積極的	
5.	A：言行一致的，有組織的，按計畫的	
	B：意義深遠的，精神性的，有靈感的	
	C：分析的，實驗的，空間感強的	
	D：高影響力的，令人信服的，寬宏大量的	
6.	A：穩健的，忠誠的，樂於支持的	
	B：詩人氣質的，有音樂才能的，有藝術氣質的	
	C：精於理論的，勤學的，有原則的	
	D：富於表演的，愛玩耍的，創造性的	
7.	A：承諾，貫徹，堅持	
	B：交流，鼓舞，培育	
	C：告知，討論，疑問	
	D：活躍，競爭，參與	
8.	A：保全，維持，防衛	
	B：啟示，理解，欣賞	
	C：設計，發明，構造	
	D：促進，刺激，刺激	

9.	A：重視，尊重，提供	
	B：共享，聯繫，表達	
	C：尊敬，激勵，對話	
	D：感動，娛樂，驚奇	
10.	A：傳統的，忠誠的，保守的	
	B：歸屬的，參與的，合作的	
	C：懷疑論的，不妥協的，公正的	
	D：自由的，獨立的，反抗的	
總計	A—金色（　　）；B—藍色（　　）；C—綠色（　　）；D—橙色（　　）	

下面針對不同顏色的青少年做如下一些表格（表 6.2 和表 6.3）。

表 6.2 不同顏色孩子的需求、優勢與挑戰

	要求	優勢	挑戰
金色孩子	安全、保險、穩定、具有組織性、歸屬感、參與性、可預見、延續性、傳統、清楚的期望、別人的責任心、規則、邊界、權威、角色、責任感、工作欣賞、清晰的身分界定、允許放鬆	創造安全的空間、組織能力、整理事物、定義合適的結構、適應團隊、維持團隊/家庭的角色做出貢獻、保持傳統、設定並達成期望、制定規則維待邊界、支持/運用權威、執行角色、貫徹責任、工作努力、因認同受鼓舞、支持清晰的身分界定、堅定不移	有風險的活動、不可預見性、不穩定性、混亂、孤立、缺乏指導和清晰的價值觀、行動的非理性結果、長時間缺少交流、新奇和新鮮的事物、非理性的期望、其他人不努力、無政府狀態、持續的變化和流動性、沒有人負責、沒有清楚的職責和明確的責任、沒有意義的工作、得不到認同、不清晰的身分層次、來自工作的壓力

藍色孩子	鼓勵、支持、培育、回饋、理解、自我表達、歸屬感、參與感、內涵、朋友、誠實、和諧的關係、與其他人在一起、敏感、藝術、音樂、裝扮遊戲、彈性的結構、獨自的自由、溫柔的觸碰、事實檢查	給予鼓勵／支持、接受培育、認真對待回饋、給予理解、自我表達清楚、認同集體、參與、帶動其他人、友愛、慷慨、對隱藏情感的敏感、想像力、調停能力、親密感、創造力、自我管理、孤芳自賞、親密的觸摸、夢幻	其他人的疏忽、沒有或專權的結構、其他人的漠不關心、刻薄的環境、高度一致的要求、孤立、不被認同、失去（自我或物品）、充滿感情的祕密、人與人的衝突、常規非個人的標準、被迫參與、粗暴或是缺少觸摸、被限定的角色
綠色孩子	理性、時間、耐心、空間、自制、不斷的學習機會、探索、調查、質疑、解釋、挑戰、很多興趣、理性的權威、獨處與社會保持一定距離、社交方面的鼓勵、做決定方面的幫助	清晰的理性、堅定不移（在有興趣時）、按照自己的時間表、善於獨處、為自己思考、熱愛學習、喜愛新體驗／資訊、善於詢問、探究原因影響、熱愛智力挑戰、思維廣闊、個人誠信、學習社交技能（如果必要）、複雜的分析、自力更生	處理非理性、堅定不移（在沒有興趣時）、倉促被催促、擁擠、被指點、重複的活動、生搬硬套、滿足於表而、常規、缺少資訊來源、專權的權威、強制的社交要求、團隊行動、無聊的談話、感情的親密、專制的標準

橙色孩子	獨立、自力更生、在一定範圍內的自由、彈性的體系、行動、冒險、挑戰、樂趣的興奮、改變和多樣性、關注、激勵、動手學習、身體的參與、競爭、表現、技術建模、技能實踐、做而不是觀察、友愛、堅實有力的觸摸、給予尊重的界限	積極實施、自治、自我鼓勵、隨機應變、活力、承擔風險、熱愛新鮮事物、享受樂趣、適應性、彈性、不害羞、能同時處理很多刺激、自然生理的理解、身體智能、足夠的驅動力、表現力、膽識、透過行動進行學習、專注（在有興趣時）、愛交際、回應尊重	服從和遵循、融合、接受指導、接受體系、安靜／靜止的期望、安全第一、保持政治正確、嚴肅對待事物、例行公事、尋求關注、無聊、遵循指導、內省和分析、自我犧牲、扮演匿名的角色、遵從文字說明、專注（在沒有興趣時）、安靜的觀察、獨立工作、親密的接觸、專橫獨斷的規定、孤獨

表 6.3 不同顏色父母的優勢與挑戰

	優勢	挑戰
金色父母	責任心奉獻、穩定感、以家庭為導向、工作努力、給予幫助、好的榜樣、有權威、堅定的價值觀、清楚的期望、重視規則、建立常規、傳統的、有組織性的、實際的、客觀的	靈活可變通、接受差異、與他人分享權威、處理不確定性、應對變化、處理反抗、處理不負責任、支持創造性、處理情緒化與敏感、對付雜訊和困惑、處理缺少欣賞、應對別人的不尊重、順其自然
藍色父母	培育教養、投入、情緒上敏感、重視親近感、重視個人、良好的交流、支持潛能、鼓勵自我表達、人際的和諧、建立家庭凝聚力、靈活的、民主的、不乏關懷的紀律、熱心的、熱情的、重視精神的、非競爭性的	行使權威、設定限制和邊界、處理衝突、說再見、應對拒絕、遭遇到反感或者批評、始終如一、保持客觀、將需求放在慾望之前、將事物放在情緒之前

綠色父母	邏輯、客觀、感情冷靜、指導和影響、利用資訊、講究養育的方法、陳述理由、深思熟慮、注意原因和影響、利用獨立的判斷、重視成長、鼓勵發展、自律與成就、在智力層面啟發、設定高智力標準、運用自然的結果	行使權威、設定限制和邊界、做堅定的決定、避免太多的演說、避免挖苦和退縮、處理不合邏輯者、處理反抗、交流感覺、應付他人的感情、雜訊和分心、困惑和衝突、處理細節、面對時間壓力、社交
橙色父母	樂觀的、靈活的、直接的、接受新事物、喜愛改變、愛冒險、放鬆的、不經意的、無偏見的、友好的參與、情緒強烈、立刻的、親自動手、愛玩的和工作努力的、期望服從	始終如一、行使權威、計畫和組織、時間管理和日程安排、重視職責、將工作放在娛樂之前、鼓勵整潔、感情敏感、保持嚴肅、保持理智、保持耐心、應對暴躁的脾氣

6.1.3 性格決定學習

性格反映了一個人的人格內涵，更是在極大的程度上影響著你的學習和人生。

人格綜合了我們的各項動機、需求和偏好，構成了我們每個人不同的優勢和劣勢，組合成我們每個人的人格模式，形成我們的性格，也就是我們真實的自我。最新的心理研究都表明：你的人格為你的生活指引著方向；自我意識越強烈的人，越能駕馭自己的人格，越能發揮自己的潛能。而學習的關鍵也就在於，客觀地評價自己的人格，建構和完善自己的人格模式，最出色地展現自我。

心理學的創始人，哈佛大學的馬斯頓博士（William Moulton Marston）認識到人格的存在伴隨著四種獨特的因素，或稱四種特質。他將其稱為 DISC 模型。D 代表支配型（Dominant），I 代表

人際型（Interpersonal），S 代表穩健型（Steady），C 代表審慎型（Conscientious）。雖然我們每個人的個性人格多是幾種特質混合的，但是了解我們發揮主導作用的特質依舊十分關鍵。

D 型：支配型特質突出的人群，直率、自信；

I 型：人際型特質突出的人群，開朗、友善；

S 型：穩健型特質突出的人群，穩重、真誠；

C 型：審慎型特質突出的人群，認真、細緻。

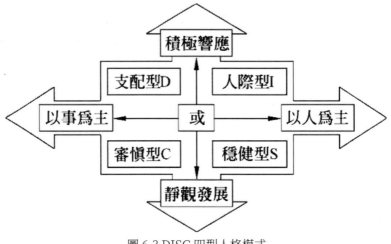

圖 6.3 DISC 四型人格模式

如果你上網去查，你會發現哪裡只有什麼「四型人格」類型！九型、十四型、十六型、十八型比比皆是，讓人「無所適從」。然而，不管有多少「型」，它們對我們的人生、學習僅僅是參考。我們對照一下，調整好自己的性格和思維，明確自己的學習方向是最重要的。

這裡倒是有一個號稱根據華人特點總結出來的「四型人格」，也稱之為「四象體質」。它是由「陰陽」起源演變而來，分為：太陽、少

陽、少陰、太陰四種體質特徵，我們也可以參考一下，可以明瞭我們的體質（人格）特徵，指導我們的人生和學習，還可以清楚我們是屬於哪一類身體體質，對我們的健康有利。如果你認為毫無道理，那就付之一笑吧！

我們還是來做一套體質測試題，有點長，但是並非全無裨益。請你在下面的 30 個問題中選擇 ABCD 填空。

1. 你的容貌特徵是：	答案
A. 五官端正，高鼻梁，大耳朵，雙目炯炯有神	
B. 口唇薄，下顎窄，尖下頜，前額與後腦勺突出	
C. 眼皮稍下垂，耳目口鼻均偏小	
D. 鼻頭圓，口唇厚，下頜寬，臉型圓	

2. 你的身材特徵是：	答案
A. 頭部、胸部發達，腰部虛弱不足	
B. 胸部寬厚結實，臀部以下比較單薄	
C. 肩膀窄，胸部不發達，髖骨寬，臀部發達	
D. 腰部與上腹部發達，頭頸部氣勢不足	

3. 你的走路特徵是：	答案
A. 不太安穩，長時間走路或站立就會感到很疲乏	
B. 輕快如飛，走路較快時身體會晃	
C. 腳步自然安靜	
D. 腳步較慢較重	

4. 你容易患哪種類型的疾病：	答案
A. 眼病，頭痛病，心腦血管疾病	
B. 腰痛，便祕，泌尿與生殖系統疾病	
C. 厭食，腹瀉，消化系統疾病	
D. 風寒，感冒，各種慢性疾病	

5. 感冒後，你的常見症狀是：	答案
A. 很少感冒	
B. 全身痠痛	
C. 流鼻涕，打噴嚏	
D. 頭痛，咽喉痛	
6. 如果身體不適，首先會反映在：	答案
A. 小便困難	
B. 便祕	
C. 消化不良	
D. 不出汗	
7. 如果病得比較嚴重，你的表現是：	答案
A. 吞嚥困難，嘔吐反胃	
B. 心理脆弱，胸部悶熱	
C. 腹瀉不止，小腹冰涼	
D. 心悸怔忡，腹部堵悶	
8. 你的排汗狀況是：	答案
A. 平時流汗不多，流汗後也不怎麼累	
B. 平時流汗較多，流汗後也不怎麼累	
C. 平時流汗不多，流汗後也覺得很累	
D. 平時流汗較多，流汗後覺得很舒服	
9. 你的飲食習慣是：	答案
A. 飲食清淡，不喜油膩和刺激性食物	
B. 吃飯又急又快，胃口好，有暴食傾向	
C. 有挑食傾向，容易消化不良	
D. 喜歡甜食和油膩性食物，經常吃得過飽	

10. 你的衣著習慣是：	答案
A. 對流行時裝不敏感，重視實用性	
B. 追求流行，敢於嘗試特色服裝，寧可冷也要追求漂亮	
C. 關注時尚，衣著端莊，重視整體協調	
D. 對穿著不太在意，舒服就好	

11. 你給他人的印象通常是：	答案
A. 勇敢而威武	
B. 敏銳而幽默	
C. 執著而孤高	
D. 敦厚而樸實	

12. 初次見面，你的表現通常是：	答案
A. 很主動，敢於表達意見，不隱藏自己的想法	
B. 很主動，很快摸透對方的心情，主動迎合對方的想法	
C. 不主動，不願輕易表達自己的想法，也不願意接納對方的想法	
D. 不主動，但能夠寬容地接納對方的想法	

13. 你說話的時候，通常是：	答案
A. 簡短有力，有啟發性，但態度強硬，要求對方接受你的觀點	
B. 風趣幽默，有說服力，但話太多，喜歡吹牛，有時讓人覺得不可信任	
C. 平靜認真，邏輯性好，但經常絮絮叨叨，沒完沒了	
D. 沉默寡言，喜歡訓誡說教，但說話沒條理，邏輯性差，有時讓人聽不明白	

14. 有人不同意你的觀點，你通常是：	答案
A. 怒火難耐，甚至破口大罵	
B. 一定要說到對方心服口服為止	
C. 表面上不動聲色，但心理記恨	
D. 當場很容易被對方說服，但事後卻堅持自己的觀點	

15. 你做事的習慣是：	答案
A. 不管結果怎麼樣，先做了再說	
B. 什麼事情都想做，但做成的不多	
C. 先計算結果，再制訂計畫，按部就班地做	
D. 一旦開始，就堅持不懈，不受外部環境的干擾	
16. 遇到集體活動，你通常會：	答案
A. 除非自己感興趣，否則不會參加	
B. 積極參加各種聚會	
C. 找個藉口不去參加	
D. 去不去都行，無所謂	
17. 別人更多時候認為我是：	答案
A. 敢作敢當	
B. 親切活潑	
C. 謹小慎微	
D. 輕鬆隨意	
18. 你對下列哪一項欲望最強烈：	答案
A. 反抗	
B. 美色	
C. 權力	
D. 名聲	
19. 遇到一件新工作時，你通常的表現是：	答案
A. 急躁，總是擔心來不及做	
B. 事前興奮事後慌張，虎頭蛇尾	
C. 忐忑不安，總是擔心做得不夠細緻	
D. 小心翼翼，但還是會細節出錯	

20. 你對於金錢的態度是：	答案
A. 嚮往賺大錢，敢於接受具有冒險性的工作挑戰	
B. 嚮往賺大錢，總是夢想著中樂透的好機會	
C. 賺穩定的月薪就很好，不願意冒險，小富即安	
D. 對金錢沒有太大的欲望，有錢就花，沒錢也能忍著	

21. 當社會活動與家庭生活出現矛盾時，你的做法是：	答案
A. 參加社會活動，但對家人感到歉意	
B. 為了社會活動，不在乎犧牲家庭生活	
C. 為了家庭生活，不在乎放棄社會活動	
D. 無所謂，參加社會活動也行，照顧家庭生活也行	

22. 你的朋友屬於：	答案
A. 多半是工作過程中的事業夥伴	
B. 多半是吃喝玩樂的泛泛之交	
C. 只有幾個親密的朋友	
D. 平時很少聯繫，見面了依然親切熟悉	

23. 初次見面，你通常會看重對方：	答案
A. 是不是正經人	
B. 是不是有地位	
C. 是不是有本事	
D. 是不是有潛力	

24. 你的缺點是：	答案
A. 粗魯無禮	
B. 不懂裝懂	
C. 自我中心	
D. 過於謹慎	

25. 如果別人取得了成功，你通常會：	答案
A. 如果可能，就占為己有	
B. 表示蔑視，故意詆毀對方	
C. 外表清高，內心垂涎	
D. 既羨慕，又嫉妒	
26. 遇到中意的對象，你通常會：	答案
A. 直接了當，不管對方是否拒絕都要表白	
B. 甜言蜜語，博得對方歡心後再表白	
C. 默默關注，沒有十拿九穩的把握絕不表白	
D. 放在心裡，不讓對方知道，直到很久之後才可能表白	
27. 如果被中意的對象拒絕，你通常會：	答案
A. 死纏爛打，不達目標誓不罷休	
B. 轉換目標，天涯何處無芳草	
C. 立刻放手，就算心裡捨不得也不再關注對方	
D. 不會糾纏，但仍然願意關心對方，幫助對方	
28. 想要做成一件大事，你認為以下哪個因素最有推動力：	答案
A. 行動，只有做事才能成功	
B. 語言，只有不斷用語言鼓勵鬥志才能成功	
C. 情感，只有內在的情感的驅動才能成功	
D. 觀念，沿著正確的道路前進才能成功	
29. 當你實現了某個目標，通常會：	答案
A. 主動尋找下一個目標，並為之繼續努力	
B. 得意洋洋地吹噓自己的成績	
C. 總是覺得還不夠盡善盡美	
D. 除非有人制訂了下一個目標，否則就停下來休息	

30. 你理想的人生狀態是：	答案
A. 不斷征服各種具有挑戰性的難題	
B. 享受現在擁有的美好生活	
C. 讓生活有條理有秩序地運行	
D. 留名後世，用觀念影響他人	

總結一下，A、B、C、D 分別代表太陽、少陽、少陰、太陰四種特質。它們的心理和行為特徵主要是：

（A）太陽人屬狂躁型，勇於挑戰，破舊出新；但也容易過分自信，高傲自大，做事、學習只注意目標，不注重方式。

（B）少陽人屬躁鬱型，躁表鬱裡。幽默風趣，親和力強；頭腦靈活，事業心強；但少陽人容易涼薄，只重目的，不注意大局；學習中容易滿足，不求甚解。

（C）少陰人屬憂鬱型，鬱裡抑表。誠實守信，原則性強；但少陰人容易貪婪，內心裡常常會以自我為中心，且易受情感影響；學習中會因小失大。

（D）太陰人屬憂鬱型，太陰人心懷天下，懂得節儉，儒雅謹嚴；但太陰人容易自卑，總是低估自己的能力，學習上謹小慎微，常常會造成止步不前。

6.2 你是哪種類型的學習者

事物本身及做事的方法。只注意事物本身還不夠，還需注意做事的方法。壞的方式會毀掉所有的事情 —— 哪怕

你是有道理的和正義的；好的做事方式可對事情有所補益，
可讓「拒絕」冠冕堂皇，讓真相更喜聞樂見，甚至讓蒼老的
面孔增色一點。如何做事，至關重要。禮節可獲得人們的好
感。良好的風度給生活增添樂趣，令人愉快的表達助你輕鬆
地擺脫困境。

—— 《智慧書》（14）

　　本節我們再做一些和學習環境、學習狀況有關的測試，目的是在
下一節幫助你找到、建立適合自己的學習模式。記住，自然、放鬆，
隨著自己的意識走。

6.2.1 情感特徵測試

　　情感是推動我們學習的最重要的動力，如果我們不喜歡學習，
那就談不上會獲得學習的樂趣和學習的成效。這裡我們為你準備了兩
套關於情感的測試題，前面的一套能幫你判斷生活中你更可能的行為
傾向和心理傾向；後面的一套可以幫助你分析一下自己的思維模式、
類型，找出自己的優勢和缺點。我們還是要提醒你，像這樣類似的測
試題真的很多，它們的測試形式和測試目的其實只有很少的不同，而
且，對待測試結果，大家也一定要有一個客觀和現實的態度，時刻記
得，它們是我們學習過程中的方法、工具，不是結果。至於採用什
麼樣的測試題，用哪些（一套）測試題，我們認為並不重要，只要能
反映問題即可，最少也可以造成一個「拋磚引玉」的效果。就讓我們
開始吧。

情感特徵測試題（一）

下列題目中，請選擇你認為最合適的答案。

1. 你何時感覺最好？	答案
A. 早晨	
B. 下午及傍晚	
C. 夜裡	

2. 你走路時是？	答案
A. 大步地快走	
B. 小步地快走	
C. 不快、仰著頭面對著世界	
D. 不快、低著頭	
E. 很慢	

3. 和人說話時，你：	答案
A. 手臂交疊地站著	
B. 雙手緊握著	
C. 一隻手或兩手放在臀部	
D. 碰著或推著與你說話的人	
E. 玩著你的耳朵、摸著你的下巴，或用手整理頭髮	

4. 坐著休息時，你的：	答案
A. 兩膝蓋併攏	
B. 兩腿交叉	
C. 兩腿伸直	
D. 一腿捲在身下	

5. 碰到你感到發笑的事時，你的反應是？	答案
A. 欣賞地大笑	
B. 笑著，但不大聲	
C. 輕聲的咯咯笑	
D. 羞怯的微笑	

6. 當你去一個派對或社交場合時，你？	答案
A. 很大聲地入場以引起注意	
B. 安靜地入場，找你認識的人	
C. 非常安靜地入場	
7. 當你專心工作時，有人打斷你，你會？	**答案**
A. 歡迎他	
B. 感到非常惱怒	
C. 在上兩極端之間	
8. 下列顏色中，你最喜歡哪一顏色？	**答案**
A. 紅或橘色	
B. 黑色	
C. 黃或淺藍色	
D. 綠色	
E. 深藍或紫色	
F. 白色	
G. 棕或灰色	
9. 入睡的前幾分鐘，你在床上的姿勢是？	**答案**
A. 仰躺，伸直	
B. 俯躺，伸直	
C. 側躺，微捲	
D. 頭睡在一手臂上	
E. 被蓋過頭	
10. 你經常夢到你在？	**答案**
A. 落下	
B. 打架或掙扎	
C. 找東西或人	
D. 飛或漂浮	
E. 你大部分不做夢	
F. 你的夢都是愉快的	

題號	答案與對應分數						
1.	A2	B4	C6				
2.	A6	B4	C7	D2	E1		
3.	A4	B2	C5	D7	E6		
4.	A4	B6	C2	D1			
5.	A6	B4	C3	D5			
6.	A6	B4	C2				
7.	A6	B2	C4				
8.	A6	B7	C5	D4	E3	F2	G1
9.	A7	B6	C4	D2	E1		
10.	A4	B2	C3	D5	E6	F1	

計算完畢，請將所有分數相加，然後再對照一下下面的分析。

測試結果：

【低於 21 分：內向的悲觀者】

人們認為你是一個害羞的、神經質、優柔寡斷的人，需要人照顧、永遠要別人為你作決定、不想與任何事或任何人有關，他們認為你是一個杞人憂天者，一個永遠看到不存在的問題的人。有些人認為你令人乏味，只有那些深知你的人知道你不是這樣的人。

【21～30 分：缺乏信心的挑剔者】

人們認為你勤勉刻苦、很挑剔。他們認為你是一個謹慎的、十分小心的人，一個緩慢而穩定辛勤工作的人。如果你做任何衝動的事或無準備的事，你會令他們大吃一驚。他們認為你會從各個角度仔細地檢查一切之後仍經常決定不做。他們認為對你的這種反應一部分是因為你的小心的天性所引起的。

【31 ～ 40 分：以牙還牙的自我保護者】

人們認為你是一個明智、謹慎、注重實效的人。也認為你是一個伶俐、有天賦有才幹且謙虛的人。你不會很快、很容易和人成為朋友，但你是一個對朋友非常忠誠的人，同時要求朋友對你也有忠誠的回報。那些真正有機會了解你的人會知道要動搖你對朋友的信任是很難的，但相等的，一旦這信任被破壞，會使你很難熬過。

【41 ～ 50 分：平衡的中道】

人們認為你是一個新鮮的、有活力的、有魅力的、好玩的、講究實際的、而永遠有趣的人；一個經常是群眾注意力的焦點，但是你是一個足夠平衡的人，不至於因此而昏了頭。他們也認為你親切、和藹、體貼、能諒解人；一個永遠會使人高興起來並會幫助別人的人。

【51 ～ 60 分：吸引人的冒險家】

人們認為你是一個令人興奮的、非常活潑的人，你的個性相當易衝動；你是一個天生的領袖、一個做決定很快的人，雖然你的決定不總是對的。他們認為你是大膽的和冒險的人，是一個願意嘗試機會的人。因為你散發的刺激，他們喜歡跟你在一起。

【60 分以上：傲慢的孤獨者】

人們認為對你必須「小心處理」。在別人的眼中，你是自負的，自我中心的，是個極端有支配慾、控制慾的人。別人可能欽佩你，希望能多像你一點，但不會永遠相信你，會對與你更深入的來往有所躊躇及猶豫。

情感特徵測試題（二）

與剛剛的測試題一樣，選擇最符合自己的選項。

1. 在你看來以下哪句話是完全正確的？	答案
A. 只要下雨，地上就會濕	
B. 先有雞蛋，才會有雞的存在	
C. 先有雞，才會有雞蛋的存在	
D. 有錢人都不會了解自己到底有多少錢	
2. 看這張圖，你覺得單車的主人在哪裡？ 	答案
A. 單車的主人肯定在草地上睡覺	
B. 單車的主人在遠處的位置看彩虹	
C. 單車的主人畫了這幅畫	
D. 單車的主人不要這輛車了，然後跑向了遠方	
3. 和前男（女）友分手後你會？	答案
A. 哭天喊地，想盡方法要求對方和自己復合	
B. 找另外一個男（女）人，來填補自己的情感空白	
C. 拚命工作，讓自己不去思考	
D. 立即結束自己的感情，沒心沒肺是種快樂	
4. 早上起床你突然找不到準備好的衣服，你的第一反應是什麼？	答案
A. 完了，衣服跑哪裡去了？	
B. 隨便找件乾淨的穿上去上班	
C. 反正準備了一個星期的，隨便哪一套都好看	
D. 趕緊再找一套好看的衣服換上	

5. 你認為圖中的兩個人在做什麼？	
	答案
A. 一對熱戀中的情侶在接吻	
B. 在談判的兩個人，正在對峙	
C. 兩個舞者，正在交流感情	
D. 兩個盲人撞在一起了	
6. 有天你走在馬路上，突然你的鞋壞了，你會怎麼辦？	答案
A. 站在原地。糾結！糾結！再糾結！	
B. 自認倒楣，不知所措地打電話向他人求救	
C. 直接想辦法自己搞定	
D. 脫了鞋子，光腳走路，去旁邊店裡買一雙新的	
7. 逛商場的時候，你會選擇以下哪種方式進行地毯式搜索？	答案
A. 直奔自己經常買的品牌店，地毯式搜索太累	
B. 逛完經常買的品牌店，再進行地毯式搜索	
C.S 形地毯搜索，確保每家店都能逛到	
D. 走馬觀花式地亂逛，看哪個合眼緣就逛哪家	

8. 看到這張圖片你會聯想到什麼？	
	答案
A. 在草地上練體操的人	
B. 一個準備跳崖自殺的人	
C. 特技演員的一個優美的跳躍動作	
D. 一個癌症患者的最後躍起，直奔希望的陽光	
9. 某天你工作特別繁忙、疲勞，你會採取以下哪種方式完成你的工作？	答案
A. 做一下這個，做一下那個，交叉著做	
B. 按照順序依次完成，一樣一樣做	
C. 最緊急的最先做，不急的工作之後做	
D. 直接找主管報告，當天完成不了手頭上所有的工作	

10. 看到這張圖片，你有什麼感覺？ 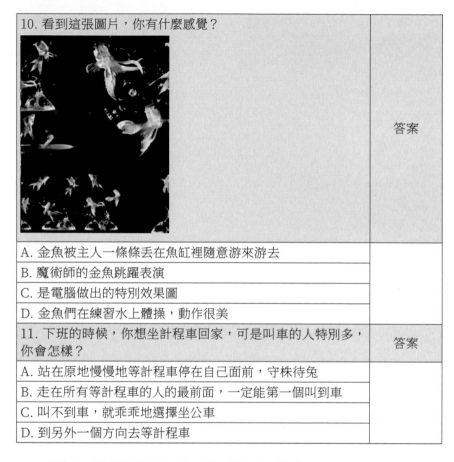	答案
A. 金魚被主人一條條丟在魚缸裡隨意游來游去	
B. 魔術師的金魚跳躍表演	
C. 是電腦做出的特別效果圖	
D. 金魚們在練習水上體操，動作很美	
11. 下班的時候，你想坐計程車回家，可是叫車的人特別多，你會怎樣？	答案
A. 站在原地慢慢地等計程車停在自己面前，守株待兔	
B. 走在所有等計程車的人的最前面，一定能第一個叫到車	
C. 叫不到車，就乖乖地選擇坐公車	
D. 到另外一個方向去等計程車	

選擇 A 類答案最多的人：單行道，易糊塗

　　絕對的單行道式思維模式，情感分明。你認為任何事情不是對的就是錯的，整個世界都是一個黑白分明的世界，在這類人的思路中，世界沒有灰色。所以這類人面對事情很容易出現刻板的狀態。這類人屬於顧此失彼的類型，常常忘東忘西，想起了這個，就疏忽了那個。

選擇 B 類答案最多的人：溯源型，愛挑戰

坐在角落裡探究深層事物的人，就是你這類人，你總是熱衷於探究事物的本質。這類人的思考模式屬於溯源型，熱衷由點到面的思考問題，這類人也是日常生活中最愛問為什麼的一類人。但是，由於好奇心很重，很愛嘗試各式各樣不同的事物，而缺乏一定的定性。除非遇到特別多的挑戰，否則免談。

選擇 C 類答案最多的人：歸納型，沒創意

這類人屬於不折不扣的循規蹈矩型思考模式。做任何事情最重視結果，認為一切過程都沒有結果來得重要。喜歡沿用現有資源整理歸納，並過於依賴而缺乏創意。很容易固執己見，落後於時代。建議多吸收新鮮思路，擴寬自己的視野。

選擇 D 類答案最多的人：偏執型，很極端

要說愛走極端，這類人認第二沒人敢認第一。思維模式屬於偏執型，經常會以偏概全，主觀臆斷地下結論。而跳躍性的思維模式，也容易讓大家跟不上你的腳步。不過，習慣性任性妄為，卻屬於絕對的文藝型人才。建議行事前多聽聽大家的意見。

6.2.2 認知模式測試

所謂認知模式，應該包括你的資訊輸入方式的喜好、分析問題過程的偏好和記憶的習慣等方面。由於思維的偏好和記憶的習慣表現得比較抽象，也更加難以確定，所以，我們把它們留給讀者，你自己應該在學習過程中去慢慢地體會、總結、歸納，這也是一種學習。我們這裡主要為大家確認一下你的知覺通道的偏愛情況。

請閱讀下面的 24 個句子，你認為表述得非常適合你，就在句子後面填上數字「5」；如果你認為表述得非常不適合你，就在句子後面填上數字「1」；若屬於中間，就填上數字「3」。

1. 對我來說，聽比看能記住更多的內容	
2. 看書面的說明，比聽口頭說明容易	
3. 喜歡記錄或做筆記以便日後閱讀複習	
4. 用鉛筆或鋼筆書寫時很用力	
5. 看圖表或視覺指示時需加以解釋、提示	
6. 喜歡做使用器具的工作	
7. 擅長並喜歡繪製圖表	
8. 能敏銳地辨別出不同聲音	
9. 教科書抄寫幾遍後記得最清楚	
10. 能理解並根據地圖上的圖示說明看地圖	
11. 透過聽講座或聲音的學習效果較好	
12. 愛玩硬幣和鑰匙	
13. 透過大聲重複朗誦字母比在紙上拼寫字母記憶單字效果更好	
14. 讀報比聽廣播更能理解新聞素材	
15. 學習時喜歡吃口香糖、吸菸或是吃零食	
16. 記憶的最佳方式是將所學素材在腦中想像出一幅畫面	
17. 透過書寫或抄寫學習生字	
18. 對教材內容願意聽老師講而不願自己看	
19. 長於玩拼圖和走迷宮	
20. 喜歡透過眼睛看而學習	
21. 了解新聞喜歡聽廣播而不願意看報紙	
22. 透過閱讀參考資料來獲取感興趣的有關資訊	
23. 與他人接觸如擁抱、握手感到很舒服	
24. 聽口頭說明比看書面說明容易	

計分方法：將各題得分填入下表，並分別按視覺、聽覺、動覺求得總分，哪一項分數最高，你就是具有那一個偏好。

視覺		聽覺		觸覺	
題號	得分	題號	得分	題號	得分
2		1		4	
3		5		6	
7		8		9	
10		11		12	
14		13		15	
16		18		17	
20		21		19	
22		24		23	
總分		總分		總分	

找出我們最適宜的知覺通道的目的是為了更好地學習。尤其是要在總結自己學習狀況的基礎上去完善自我，去取長補短。表 6.4 中提出了三種感覺通道所具有的學習特徵和適應的教學策略，供學習者參考。

表 6.4 三種感覺通道的學習特徵和適應教學參考

		視覺	聽覺	觸覺
學習特徵	長處	長於快速瀏覽，接受視覺指示效果好，易看懂圖表，書面測驗得分高	長於語音辨別，接受口頭指導效果好，口頭表達能力強，日常表現優於考試結果	運動節律感、平衡感好，書寫整潔，易裝配、操作事物，操作測驗分數較好
	短處	接受口頭指導，不易分辨聽覺刺激	書面作業與抄錄困難，運動技能差	透過視覺、聽覺接受資訊欠佳

適應教學策略	匹配	閱讀、影片教學，實驗演練，榜樣示範，盡量將資訊轉化為畫面	講授、談話、討論、廣播等	做筆記、實驗、實習、練習、遊戲、角色扮演
	不匹配	做筆記，重複地聽或寫	做筆記、閱讀、影片材料	講授、閱讀、影面放映、播音

6.2.3 學習風格測試

　　學習風格實際上就是你的學習習慣，或者是在學習過程中你對資訊資源類型、獲得資訊過程、學習時間、地點、環境選擇上的偏愛。我們先來做一個你的最佳學習時間的測量，然後再做一個你的學習風格的測試，為我們在下一節幫助你確立自己的學習模式做好準備。

　　下面的測試中包含 15 個大項、20 個小項的選擇，你需要在每個問題後面的「是」或「否」中打鉤，表示符合你或者不適合你。最後查閱表 6.5 中的選項，在表格中把你的總分相加，你就可以知道自己是「布穀鳥」還是「貓頭鷹」了！

　　1. 學習時間偏愛測量表

	是	否
(1) 早上通常不願意起床		
(2) 晚上通常不想睡覺		
(3) 希望整個上午都能睡覺		
(4) 上床後須要很久才能睡著		
(5) 感覺到只有過了上午 10 點自己才完全清醒		
(6) 假如晚上睡得很晚，會睏得什麼都記不住		
(7) 午飯後通常感到是個低潮		

(8) 當我需要集中精力完成一項任務時，喜歡早點起床工作		
(9) 我會把最需要集中注意的任務放在下午去做		
(10) 一吃完晚飯就開始做通常最需要集中注意的工作		
(11) 能整夜不睡		
(12) 希望在中午前不要工作		
(13) 希望白天在家晚上出去工作		
(14) 喜歡清晨工作		
(15) 能使我集中注意保持最佳記憶效果的時間是：		
a. 清晨		
b. 午飯時分		
c. 下午		
d. 晚飯前		
e. 晚飯後		
f. 晚上（深夜）		

評分標準：

請你在表 6.5 的四大欄八小欄中，每符合一處打一「√」得一分，然後將四大欄的得分相加，你可以以時間（清晨、上午、下午、晚上）作為橫軸，以你的得分作為縱軸做一張圖，那就是你的學習時間曲線。

表 6.5 學習時間偏愛測量分數彙總

	清晨		上午		下午		晚上	
	是	否	是	否	是	否	是	否
得分	8 14 15a	1 3 5 10 11 12 13	5 15b	3 8 9 10 11 12 13 14	3 5 9 12 15c 15d	7 8 11 13 14	2 4 5 10 11 13 15e 15f	6 8 14
小結								
總分								

　　知道了你是什麼時間學習效果更好，我們接下來可以測試一下你的「學習風格」了。這包含兩個有連帶性的測試，一個是關於你的獲取知識的方式的；另一個是關於你如何接受和「消化」知識的。

　　2. 知識獲得方式測試

　　下面的 20 道測試題，是用來測試獲取知識的方式的。也就是說判斷一下你是屬於「抽象認知」型、「直覺體驗」型還是「實證操作」型。下面的 20 題中，每一題都包含三個選項，你只需判斷你最喜歡的是什麼，填「1」，最不認同的填「3」，餘下一個填「2」。

(1) 我喜歡讀有關 _____ 書。	答案
A. 實用和有用的	
B. 藝術和傳記的	
C. 理論和科學的	

(2) 我願意和 _____ 的人在一起。	答案
A. 不做作的	
B. 值得信任的	
C. 現實的	
(3) 好老師能幫助我 _____ 。	答案
A. 改進邏輯思維	
B. 變得更有信心	
C. 獲得實用的技能	
(4) 我更願意接受 _____ 勸告。	答案
A. 邏輯思維的	
B. 感情的	
C. 常識的	
(5) 玩遊戲和參加體育運動時，我 _____ 。	答案
A. 憑我的感覺去做	
B. 更注意技巧	
C. 表現出靈活性	
(6) 在危險的情況下，我 _____ 。	答案
A. 想像如何逃脫	
B. 觀察形勢	
C. 隨機應變	
(7) 工作應該為 _____ 提供機會。	答案
A. 個人發展	
B. 在智力上的挑戰	
C. 更廣泛的經歷	
(8) 如果有人在 _____ 方面指責我，我會感到受了傷害。	答案
A. 觀察時有偏見	
B. 不思考就採取行動	
C. 沒有原則性	

(9) 我佩服 _____ 的老師。	答案
A. 鼓勵自我發現	
B. 上課井井有條	
C. 愛思考和分析人	
(10) 我願意相信我是 _____。	**答案**
A. 憑直覺和不做作的人	
B. 實際和現實的人	
C. 愛思考和分析現實的	
(11) 當老師在 _____ 中鼓勵我時，學習效果最好。	**答案**
A. 接觸和動手操作	
B. 思考新的方法	
C. 表達個人的情感	
(12) 一個好朋友應該是 _____。	**答案**
A. 實實在在和實際的	
B. 堅持原則的	
C. 同甘苦共患難的	
(13) 當到一個新地方時，我喜歡 _____。	**答案**
A. 看的東西越多越好	
B. 交接新朋友	
C. 按計畫行事	
(14) 學校應該有助於我們 _____。	**答案**
A. 以批評的眼光思考	
B. 更了解自己	
C. 學習技術和技能	
(15) 買衣服時，我想買 _____。	**答案**
A. 能表現出我個性的衣服	
B. 製造精良、款式好的衣服	
C. 實用和舒適的衣服	

(16) 我敬慕 _____ 的老師。	答案
A. 實際能幫助我的	
B. 有創造力的	
C. 專業知識豐富的	
(17) 我的看法常常是基於 _____。	**答案**
A. 所觀察到的事實	
B. 原則或邏輯思維	
C. 預感或感覺	
(18) 我理解事情，憑 _____。	**答案**
A. 我的直覺	
B. 我的思考	
C. 常識	
(19) 朋友常常形容我 _____。	**答案**
A. 太敏感	
B. 太實際	
C. 太理智	
(20) 如果我參加競賽，我 _____。	**答案**
A. 調整自己以適應新的情況	
B. 憑自己的直覺去做	
C. 照事先定好的計畫去做	

現在分別將 A、B、C 選項中的數字相加，得分最少的就是你最喜歡的獲取知識的方式。

還記得我們在本書的第 2 章提到過四種風格的學習者嗎？即以抽象概念和主動驗證兩環節為主的集中型風格；以具體經驗和沉思觀察兩環節為主的發散型風格；以沉思觀察和抽象概念兩環節為主的同化型風格；以主動驗證和具體經驗兩環節為主的順應型風格。相信讀了第 2 章的內容，明白了表 2.3 中各種風格特徵，你對自己屬於哪一種

風格，心裡應該「有數」。我們也可以簡單地做一下接下來的學習風格測試題，讓自己更明確一些。

　　下面 12 道測試題，每一題包含 4 個選項，分別代表了你更可能的傾向性，你可以在最認可的選項後面填「4」；最不認可的選項後面填「1」；其他兩個填「3」和「2」。選擇、填好數字之後，再去看答案分析。

（1）我學習時 _____。	答案
A. 喜歡思索自己的體驗	
B. 喜歡看和聽	
C. 喜歡思考	
D. 喜歡動手做	
（2）當 _____ 時學習效果最好。	答案
A. 相信自己的預感和體驗	
B. 仔細看和聽	
C. 依靠邏輯思維	
D. 努力把工作做完	
（3）學習時 _____。	答案
A. 情感反應強烈	
B. 安靜緘默	
C. 喜歡推理	
D. 責任心強	
（4）我透過 _____ 而學習。	答案
A. 情感	
B. 觀察	
C. 思維	
D. 行動	

(5) 學習時 _____。	答案
A. 虛心接受新東西	
B. 觀察問題的各個方面	
C. 分析事物，將整體分解為部分	
D. 喜歡動手嘗試	
(6) 學習時，我是個 _____。	答案
A. 好直覺的人	
B. 好觀察的人	
C. 邏輯性的人	
D. 好行動的人	
(7) 學習 _____ 的內容時效果最好。	答案
A. 人際關係	
B. 行為觀察	
C. 抽象理論	
D. 嘗試練習	
(8) 學習時 _____。	答案
A. 沉浸在所學內容之中	
B. 從容不迫	
C. 喜歡理論觀念	
D. 喜歡看到自己工作的成果	
(9) 學習時，我發現自己更加會 _____。	答案
A. 依賴情感	
B. 依賴觀察	
C. 依賴觀念	
D. 自我實踐	

(10) 學習過程中，我習慣於充當一個 _____。	答案
A. 善於接受的人	
B. 緘默觀察的人	
C. 自我分析的人	
D. 責任心強的人	
(11) 學習時 _____。	**答案**
A. 易入迷	
B. 眼觀六路，耳聽八方	
C. 喜歡評價事物	
D. 自己帶頭去做	
(12) 學習過程中，我能做到 _____。	**答案**
A. 虛心接受	
B. 認真仔細	
C. 縝密分析	
D. 講究實際	

　　上面 12 個問題中，A、B、C、D 四個選項，分別代表了具體經驗（CE）、沉思觀察（RO）、抽象概念（AC）和主動驗證（AE）四種學習風格。你現在將四個選項的得分分別求和，然後求出 AC － CE，AE － RO 的差值。AC － CE 維度上得正分，表明你學習中抽象程度要高；反之，得負分說明你更喜歡從具體事務中去領悟學習。同樣的，AE － RO 維度上得正分或負分分別表明你更傾向於行動還是沉思觀察。

　　你可以為自己做一個和圖 6.4 一樣的「四象限座標圖」，在橫軸上找到 AE － RO 的差值；在縱軸上找到 AC － CE 的差值。看看它們構成的那個點落在哪個像限上，你就更可能是某一風格的學習類型，差值偏離座標原點越遠，說明你的學習風格表現得越典型、越突

出；如果很靠近中心，說明你的學習風格比較均衡。

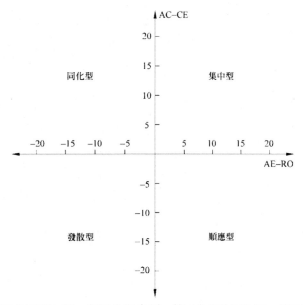

圖 6.4 學習風格類型：第一象限為集中型、第二象限為同化型、第三象限為發散型、第四象限為順應型

　　四種學習風格所具備的典型特徵，我們已經在第 2 章的表 2.3 中進行了分析。

6.3 建構自己的學習模式

　　　　了解事物成熟的時機，並善加利用。萬物都有其成熟之時 —— 在此之前它們不斷完善，然後逐漸衰退。至於人工之物，則很少能夠達到完美的頂點而無須改進。那些高品味的人的特權，就是在事物達到完美之時充分享受它。並非

> 人人都能分辨出這一時刻；即便能夠辨別，也未必知道如何享用。智慧的果實也有成熟之時，要善察其時，以便利用它的使用價值和交換價值。

—— 《智慧書》（39）

　　大家也可能注意到了，我在前面的寫作中，已經把關於學習模式選擇的這一問題分解了；到了現在，我希望你只需要根據自己的情況作出決定即可。所以，在前言中我也會提醒讀者，你讀這本書時，最好做一些記錄，甄別、記錄你的特點、特徵和喜好等，以便於在這一章做一個決定。

　　而在這一節裡，我準備談三個問題。第一，在確定你的學習模式之前，理解兩點：

　　①千面千人，沒有哪一種確定的學習模式恰好適合你，你要結合自己做出選擇、決定；

　　②事半功倍，學習的進程中我們是需要適時地選擇停下來，審視自己，審視自己的學習方法、學習狀態和學習環境。然後制訂出更好的讀書計畫和策略，是會「事半功倍」的；第二，我們會以整本書的內容提醒你，做出一個讀書計畫，或者說是確定你的學習模式，你只需要一條條地對照自己，確定下來就可以啦；第三，每個人都有自己的優勢和劣勢，關鍵是我們要充分地認識到它們，而更關鍵的是採取措施取長補短。所以，我們會給大家提一些建議。

6.3.1 事半功倍

　　從我們的智力發展來看，也是經歷了幾個明顯的變化過程。所

以，我們應該針對每一個發展過程、發展階段，制訂不同的發展目標、發展策略。

學前階段主要是適應生活環境，培養自己的基本生活技能，那個階段也差不多是我們自己所掌控不了的。

小學階段，似乎應該分為兩個發展過程。小學低年級和中高年級，在兩個階段之間我們應該停下來考慮一下自己的學習和生活經歷。這一項工作，學生本人，尤其是低年級的小學生是很難做到、做好的，但是還是希望家長和老師鼓勵他們去做，起碼讓他們參與其中。現在許多學校為每個孩子都配有「成長紀錄」，這個很好，要充分、切實地加以利用；到了三年級之後，作為家長和老師就要監督和提示孩子去做「磨刀」的工作了，最好是自己做，而家長和老師一定要有檢查和監督，還要及時地、百分之百地兌現「承諾」。

國高中生我們已經強調過了，是一個「麻煩」的階段，他們習慣於「以我為主」。家長和老師的作用被他們淡化了，但還是發揮作用的。潛移默化也好，旁敲側擊也罷，一定要將自己的想法、經驗、體會告訴他們，影響他們。他們的「獨立」只是表面化的，或者說，只有自我獨立的「虛表」，缺少實質的東西；表面上「唯我獨尊」，內心裡是渴求幫助的。只是需要我們採取「奇妙」的方式方法，既不傷害他們的自尊心，又能達到我們的目的。當然，最好的狀況就是和他們一直是朋友，那事情就好辦多了。具體做什麼呢？無非是學習方法、學習狀態、學習環境的各方面內容。還要注意三點：①最好是自己做；②多看，多想，多記錄，更好地了解認識自我；③回饋，修正，改變，要不斷地、循環往復地進行。時間節點上，有兩個需要注意：國二結束和高一開始。

　　對於大學生，我認為最重要的時刻應該是第二和第三學期。這一學年極易產生「迷茫」，也極易使自己「脫隊」或是「脫穎而出」。應該花一定的時間，找一個安靜的場合，最好再加上一個你信賴的人，幫助你從生活、學習、前途、目標各個方面分析自我，量度自我，制訂出自己的發展計畫和策略，讀書計畫和學習模式的確定當然是最主要的了。需要注意的也和前面提到的國高中生差不多。①自己做；②多參考；③及時回饋。這裡還要加上一點，對自己今後發展的展望，以及如何將現在與將來「銜接」。

　　我們提倡的是終身學習，所以讀書計畫的制訂、學習模式的選擇，當然不只是在校學生的事情。那麼對於我們一般的「社會人」，需要怎樣去做，需要注意什麼呢？

　　我們沒有每個學期、每門功課的限制，但是我們有時間的節點、有事物的分類和需要完成任務的要求，這些實際上就為我們提供了「天然的」選擇時機和節點。不是許多人喜歡「三個 W」嗎？我們都可以這樣或那樣開始。關鍵要注意的：①「好的開端是成功的一半」，這裡面最重要的應該是要有一個良好的計劃；②在日常的生活和工作中，進一步的、深入地熟悉自我。然後，按照學習的規律，大腦思維的習慣，工作的要求去「規劃自我」，去改變自我；③我們強調「全面發展」，不認為哪些是有用的，哪些就是無用的。世事洞明皆學問，人情練達即文章；④也是回饋。這裡我們還要強調慶祝和懲罰，嚴格要求自己，一貫性地對待自己，才能進步，才能跟上社會潮流的發展。

6.3.2 獨特的自我

對於學習模式的確定，我們說了是「千面千人」的問題。就如今的學習方式而言，每一種都有其強大的方面。之所以有如此的不同，是因為它們分別是評估了不同的事物，針對了不同的人群。就像是「盲人摸象」的故事一樣，每個人都有不同的觀點和看法。而且，就我們的大腦來說，也並不是只偏好一種單一的學習模式。我們的大腦要複雜得多，比你想像的更能適應學習的要求。我們這裡需要做的就是，盡可能多地熟悉和認識各式各樣的學習方式，讓它們適合於我們、我們的大腦；其次，找出我們的特點，突出我們的強項，改進我們的弱項；再次，不斷地回饋，修正，調整以期最終能找到適合於我們自己的學習模式。

從大的範圍來說，學習模式的確定，我們應該注意以下四個大的方面：

1. 背景

背景的選擇會告訴我們，需要提供什麼樣的學習環境，在學習期間會發生什麼。這方面的基本內容，我們在前面的幾章中都有介紹，基本選項包括：

（1）**場依存／場獨立**。對學習整體環境的要求，教室的／戶外的；理論的／實踐的；直接的／間接的；邏輯的／文化的等。

（2）**易於適應的環境**。變量包括：照明、音樂、溫度、家居設計、座位排列、知識的新異水準、學習內容的結構水準和學習中出現的人等。

（3）**有結構的環境**。學習規則、讀書計畫、學習指導、學習「權

威」等。

(4) **依存／獨立**。或者說判斷一下你是否是一個喜歡獨自學習的
學習者。

(5) **同伴學習**。我們已經證明了同伴學習的效果要好於獨自學
習，現在就是要你去考慮如何選擇合適自己的「玩伴」了。

(6) **關係驅動**。確定什麼樣的人，哪一類人向你傳遞資訊更
加有效。

(7) **內容驅動**。什麼樣形式的學習內容，具有什麼價值的學習內
容，更能夠刺激你的學習動機，開啟你的學習狀態。

2. 輸入偏好

我們已經探討過，每個人對資訊的敏感程度和輸入偏好是有很大
的不同的。及時地、恰當地明確了你的輸入偏好，對學習將具有很大
的促進作用。這方面的選項包括：

(1) **外部視覺**。如果你上課喜歡眼睛一直看著老師，坐姿是很好
的，那你基本上是屬於偏好外部視覺輸入的。學習中應該多
利用書籍、圖片、宣傳品和眾多的學習媒介的器物。

(2) **內部視覺**。喜歡用心裡的眼睛「去看」。學習時傾向於想像、
幻想和「內部構思」。

(3) **外部聽覺**。對於語言極其敏感，注重語速、語調、音調和音
量。喜歡討論、大聲閱讀、講故事。不喜歡拼寫練習，甚至
做作業。

(4) **內部聽覺**。喜歡在心裡和自己對話。我知道什麼？我對此怎
麼看？這對我意味著什麼？自我的元認知很強，自己的想法
很難被別人左右。

(5) **可觸知動覺**。透過做學得最好。經常的語言就是：我的感覺怎樣。右腦有優勢，注重個人的意願和最接近於自己的事物。

(6) **內部動覺**。喜愛推理和情感輸入。學習時需要強烈的「非語言交流」，必須對任務有好感，自己才能夠全身心投入。

3. 加工形式

最好的加工形式當然是全面考慮，照顧到各方「利益」的形式了。我們也知道那是不可能的，所以對照一下下面的內容，看看自己是偏好於哪一類的。及時的調整、彌補應該是最重要的。

(1) **上下文綜合的**。這是一種整體的、格式塔式加工的學習方式。喜歡關注重大問題、主題現象和大場面。更適應於多重學習和全方位學習。對細節把握不好，或者是乾脆不看重。

(2) **順序／詳細／線性**。是一種有目錄或程序化的學習。傾向於分析、測量、問問題、比較和對照。注重細節，和前一種方式似乎正好「對立」。

(3) **概念的（抽象的）**。喜歡談話和思維，比他們喜歡做的要多。

(4) **具體的（物體和感覺）**。偏好具體的世界 —— 能觸摸、越過、持有和操作的事物。

4. 反應過濾器

我們在前面提到過，回饋很重要。沒有回饋你會發瘋的。對於回饋，我們也是有很強的偏好和傾向性的。知道了我們的傾向性，就能使我們在注意學習效果時，有更好的效率。這基本上反映在以下幾種情況：

(1) **外部參考**。敏感於社會規範與準則，經常會問的問題就是，

「其他人期待我做什麼、想什麼或說什麼？」他們會依據與他人的參考做出反應。

(2) **內部參考**。他們由於經常做獨立判斷，而非常獨立。

(3) **匹配者**。更贊成以前做過的，適合排進整體規劃的，與其餘的學習相一致的事情。他們透過關注「相似性」而作出反應。

(4) **不匹配者**。他們是透過關注「差異性」而作出反應。他們懷疑像「總是、每個人、所有的、絕不和沒有一個人」等詞彙。他們更多的反應會是「是的，但……」

(5) **衝動實驗**。偏好於實踐的檢驗和回饋。典型的行事方式就是：嘗試—錯誤—經歷。如果後面跟上很好的總結，倒是一種很好的學習方式。

(6) **分析反省**。習慣於做出內部反省。是天生的實用主義者，傾向於與他人保持較大的距離。喜歡站在身後看，更喜歡做過去參考或未來參考。

這樣為你確定自己的學習模式是不是感覺有點抽象、不具體？好吧，如果你在讀我們這本書時，一直在做著記錄，那就太好了，把你的記錄拿出來，我們可以一一對照下去，來確定你偏好的學習模式。如果沒有記錄，也沒關係，跟著我們下面的順序，對你的學習模式做一個大致的描繪吧。

1. 態度的確定

我們都不是「十全十美」的，學習的態度問題，也會有一個學習、發展、培養的過程。掃描一下自己的學習態度，為自己列出整改計畫。

2. 學習週期和學習時間

你每天的最佳學習時間是哪一個時段（記住，它是 25 小時週期。所以，每天要向後推遲一小時）；

你是屬於內向型的（每天的前 2／3 時段狀態較好），還是屬於外向型的（每天的後 2／3 時段狀態較好）；

一天中，學習會存在四個高峰時段（清晨、上午、下午和晚上），每人都會存在自己的偏好，你清楚嗎？如果不是很清楚，就去測試一下。

我們說，學習的最好時刻、最佳狀態，就是「flow」的時刻，通常你的「flow」的狀態，最容易出現在哪些時刻？記錄下來！

3. 學習環境

雖然我們強調了，我們大腦的左右分區並不明顯，但是還是存在一定的區別的。你的大腦偏向於「哪一邊」？這一章的開頭，我們提供了測試題。

學習的外部環境對學習的重要性，我們已經在第 2 章為大家強調了。檢測一下，適合於你的「物理環境」是怎樣的？視覺的（光的強弱、顏色）、溫度的（高低、濕度），植物的背景、音樂的背景等。為自己設計一個適合自己的學習環境。

4. 學習者類型學習風格

你的知覺風格（場依存／場獨立）；

你的資訊加工風格（同時加工／繼時加工）；

你的記憶風格（趨同／趨異）；

你的思維風格（細節／整體、發散／集中、歸類寬窄）；

你的個性風格（感覺／知覺、思維／情感、內傾／外傾）；

你的學習風格屬於四大類型（集中、發散、同化、順應）中的哪一類，或是有哪些偏好。

以上這些，我們都為你提供了較詳盡的說明和測試方法，確定自己屬於哪一種，還是需要你自己動手。

5. 學習（讀書）法

第 2 章當中，我們為你提供了常見的 12 種學習方法。當中總歸能有與你靠近的，如果你以前對這一類問題沒有太留意，那你可以再仔細地讀一讀這一段，或者乾脆將我們提供的學習法做一個「排序」，根據你的喜好程度排序，也可以根據與你的符合程度排序。

6. 學習的 12 項原則

我們在本書的第 3 章，「為自己製造適宜的學習氣氛」一節裡已經具體為你提出了這 12 條原則。你需要針對自己的情況做一個詳細的規劃。建議你提出一個類似「力的三要素」一樣的簡單規劃，把自己的某一個階段的學習目標、方向、所需時間長短、需要下功夫的環節一一列出，具體地指導自己的學習。

最後一點需要提醒學習者的是，我們的大腦是以三種方式逼近學習的：

（1）後退至嘗試和校正的方法，這一般是不能促成新的學習的；

（2）一點一點地「吃下」新的領域，漸進地、慢慢地消化，用舊的消化新的；

（3）徹底「重組」你頭腦中對新事物的看法，把別人的變成

自己的。

　　一個類似於圖 6.5 的學習週期循環圖，應當對你是有幫助的。當然，這裡只是「拋磚引玉」，這張圖還是要你自己畫！

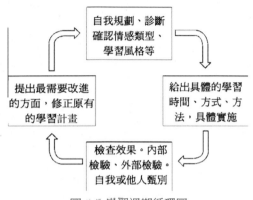

圖 6.5 學習週期循環圖

6.3.3 大腦「集訓」

　　學習是可以計劃的，大腦也是可以塑造的。相信你現在對自己的學習狀態、學習模式已經有了一定程度的了解了，自己有很多的強項需要保持、發揚；也會有許多弱勢的地方需要我們去彌補、去強化。這就需要去訓練我們的大腦。現在越來越多的專家和普通人開始談論大腦維護和認知促進的話題。我們這裡把它稱為「大腦集訓」吧。

　　研究表明，健康的生活方式、積極的生活態度、愉悅的精神、良好的葉酸供應以及認知訓練的常規程序，再加上廣泛的閱讀、積極地參與爭論和偏愛智力遊戲、字謎遊戲並投入到終身學習中，都是「大腦集訓」的常規科目。

　　具體的一些做法，你可以參考下面的內容：

1. 腦力速度訓練

各種搜索、涉及數字的測驗練習，最簡單的是一種心算減法 —— 從 100 開始，重複減去相同的數，直到 0。可以從減 5 開始，然後是減 7、減 9，逐漸增加難度。可以練習你的數學能力和短時記憶。

2. 口語—語言智力訓練

（1）多多閱讀。尤其是多讀更具挑戰性的素材，從中學到新詞、新的詞彙間的語義關係，以及運用語言的新方法。試著讀些不常見的主題和體裁，如經典著作、詩歌、科普和歷史等。

（2）多寫。寫日記、寫信、創作故事 —— 都會鍛鍊表達能力和語言運用能力，也讓你對語言能力更自信（這種自信可以幫助你在執行與口語能力相關的任務時放鬆並集中精力）。

（3）學習新語言。新語言能讓你對如何掌控自己有更多思考，也能使你更加清楚母語的構建方法。語言學習可以鍛鍊大腦，可以在神經細胞之間創建新的連接，還能維持大腦皮質的興奮，使之更加健康。

（4）文字遊戲。這是基於字母、單字和語言的智力遊戲，可以幫助你保持口頭資質的巔峰狀態。

3. 數學（字）資質

數學（字）資質屬於一般智力或者稱之為基礎智力。所以訓練數學資質可以提高一個人的整體智力水準。訓練項目：

（1）分數轉換百分比。即不需要計算機，將一組以分數表達的數字轉換為百分比的表達形式。

（2）邏輯排序。確定某一系列數字中所包含的規律或指導原則，然後運用這一邏輯推斷此系列中的下一個數字。

（3）數學網格。類似於字謎格和上面的邏輯排序遊戲的一種數字遊戲。

（4）找出異類。在一組數字中，找出「有差異」的數字。也是一種利用邏輯思維進行數字組合的遊戲。

4. 空間資質

一般認為，空間智慧是一般智力的核心，甚至是整個思維的核心。思維工作的主要原理就是建立對世界、他人、時間和因果關係等的思維模型。它們可能是純粹地對概念本質的抽象，但是，更可能是概念在空間和形式層面上的維度、順序和其他屬性的表達。

提升我們的空間資質，主要涉及識別圖像、創建和操作心智模型（式）、描述空間形式等。透過對每件事、在每個時刻在大腦裡構建自己的智力地圖；繪製某一個區域（範圍）的地圖；以地圖為藍本對某一地區做遠距觀察或描述；做一些地點、位置、座標的定位等，都可以訓練我們的空間資質。

5. 邏輯思維

邏輯思維似乎是智力的最高等級。實際上，我們每時每刻都在做邏輯思維。比如，判斷、推理、排序等。邏輯思維的訓練方法很多，例如：

（1）對事物進行邏輯判斷。

（2）經典的邏輯謎題小故事。

（3）數學邏輯中的「數獨」和「數和」遊戲。

（4）漸進式空間推理（圖形套進）等。

6. 創造力訓練

創造力的作用毋庸置疑，培養創造力一直是各類教育的目標。進行創造力訓練一般的方式方法包括：

（1）橫向思維和發散型思維訓練。

（2）繞過自己的慣性思維方式，放棄已經想好的解決問題預案和設想，對問題本質做全新的假設。

（3）豐富思想，不約束思維，接受新思想，以期待大腦的「靈光一現」。

（4）不要抑制潛意識。

（5）讓大腦完全進入狀態，留意睡眠中的創新。

7. 記憶訓練

（1）注重工作記憶和長時記憶。

（2）對資訊進行「長久」編碼，比如，聽覺和視覺的雙重編碼、關係和組織關係的雙層次編碼。

（3）使用「場景」、圖像提升記憶。

（4）刺激聯想，嵌入新異性和差異性，增加娛樂和幽默元素，運用個性差異和智慧，開發創意，利用已知的事物，對位記憶等。

電子書購買

國家圖書館出版品預行編目資料

極度專注：精準打造專屬你的最佳學習模式 / 姚
建明編著 . -- 第一版 . -- 臺北市：崧燁文化事業
有限公司 , 2021.10
　　面；　公分
POD 版
ISBN 978-986-516-864-3(平裝)
1. 學習 2. 成功法
176.34　　110015806

極度專注：精準打造專屬你的最佳學習模式

臉書

編　　著：姚建明

編　　輯：簡敬容

發 行 人：黃振庭

出 版 者：崧燁文化事業有限公司

發 行 者：崧燁文化事業有限公司

E - m a i l：sonbookservice@gmail.com

粉 絲 頁：https://www.facebook.com/sonbookss/

網　　址：https://sonbook.net/

地　　址：台北市中正區重慶南路一段六十一號八樓 815 室

Rm. 815, 8F., No.61, Sec. 1, Chongqing S. Rd., Zhongzheng Dist., Taipei City 100,
Taiwan (R.O.C)

電　　話：(02)2370-3310　傳　　真：(02) 2388-1990

印　　刷：京峯彩色印刷有限公司（京峰數位）

定　　價：450 元

發行日期：2021 年 10 月第一版

◎本書以 POD 印製